José Cabanis

de l'Académie française

Le Sacre de Napoléon

2 décembre 1804

Gallimard

Cet ouvrage est originellement paru dans la collection
« Trente journées qui ont fait la France ».

A André Cabanis.

INTRODUCTION

Le personnage fascine, ou rebute, aisément, et les commentaires qu'il a suscités sont innombrables : en parler avec équité est aussi difficile qu'en dire du neuf. Je crois qu'il faut écarter les commentaires, autant que possible, et si on veut le connaître s'en tenir aux témoignages directs, et au sien propre, quoique suspect. Jusque dans ses confidences, il donna le change. Dès la première campagne d'Italie, il faisait dire de lui : « Il vole comme l'éclair et frappe comme la foudre. Il est partout et voit tout. » Cette volonté de créer un mythe est un signe à ne pas négliger, en même temps qu'un obstacle à vaincre. Il convient avec l'Empereur de traquer la vérité, qui en vaut la peine. Cette légende qu'il organisa tout au long de sa carrière, et au-delà de sa mort, l'histoire parviendra difficilement à la résorber, et sa prodigieuse aventure mérite en effet d'échauffer les cervelles humaines. Certains n'ont vu que le héros, aussi grand dans la déchéance que dans la gloire : « La gloire de Napoléon est une propriété nationale; qui y touche commet un crime de lèse-nation [1]. » D'autres ne pardonnent pas au tyran impitoyable, et au chef de guerre qui répandit tant de sang inutile. Qu'il fut à la fois l'un et l'autre, on pourrait le soutenir, mais balancer froidement l'éloge et la critique serait très ennuyeux. L'objec-

1. Prince Napoléon Bonaparte, *Napoléon et ses détracteurs*, Calmann-Lévy, 1887.

tivité est si contraire à la nature humaine, qu'elle tue les
morts une seconde fois. C'est leur rendre la vie que de ne
leur faire grâce de rien, et que de parler d'eux avec autant de
passion que des vivants. Alors, à voir de près Napoléon
Bonaparte, on ne s'ennuie pas.

Ce ne fut pas un solitaire, comme peut l'être un artiste :
il avait besoin des autres, et les a subis autant qu'il en a
été le maître. Il ne fut donc pas responsable de tout, ni du
bien, ni du mal. Il n'a pas fait tout ce qu'il a voulu faire, mais
aidé ou desservi par ceux qui l'entouraient, il a fait davantage. C'est donc toute une société qu'il faut tenter de saisir, et
de comprendre. Il a été un homme d'action qui a brassé des
peuples, mais à certains égards l'instrument demi-conscient
de forces qui se jouaient de lui quand il croyait dominer
l'univers. On le juge très différemment, selon qu'on s'attache à l'homme, ou au courant historique qui l'a porté,
à l'œuvre qu'il a délibérément entendu construire, ou aux
résultats de son passage en ce monde. Avec lui, une époque
s'achève, une autre commence, et il tient de l'une et de
l'autre, il prolonge la première en croyant lui tourner le dos,
il prépare l'avenir en se persuadant qu'il consolide le passé.
On ne saurait isoler l'homme de son œuvre, mais pas davantage dans cette œuvre ce qui lui revient en propre, et ce qui
revient à son temps.

Ce temps fut celui d'une révolution qui pouvait être
compromise et étouffée pour longtemps, ou assurée et main-
tenue dans ce qu'elle avait d'essentiel. Napoléon s'imposa aux
Français par son génie et son ambition, mais il parut à un
moment où était cherchée une solution qui semblait urgente :
on lui donna le pouvoir autant qu'il s'empara de l'État.
Mme de Staël rapporte ce propos d'un conventionnel : « Nous
en sommes arrivés au point de ne plus songer à sauver les
principes de la Révolution, mais seulement les hommes qui
l'ont faite. » Les hommes, et ce qu'ils y avaient matérielle-
ment gagné. La Révolution française fut raisonnable : il suffit
de lire les cahiers des États généraux. Rien de moins utopique,

de plus proche du réel, que les réformes demandées. Les désordres, l'absurde et la guillotine vinrent des résistances rencontrées, et l'utopie fut du côté de la Contre-Révolution qui s'obstina à vouloir maintenir ce qui ne pouvait survivre. Cela est si vrai que, lorsque la Contre-Révolution triompha par le retour des Bourbons, elle ne put rétablir le régime féodal, ni remettre en cause l'organisation nouvelle du pays, ni même revenir sur la vente des biens nationaux. La Révolution française, ce fut une réalité qui demandait à être reconnue, et qui ne pouvait manquer de l'être, mais à plus ou moins longue échéance. Napoléon, à cet égard, permit de brûler les étapes. Parlant de lui, Thibaudeau, ancien régicide, dira : « Après tout, au point où en étaient les choses, c'était la cause de la Révolution, c'était la mienne. » La Révolution avait aboli les privilèges de l'aristocratie foncière, ceux du clergé, détruit les droits féodaux, et créé une bourgeoisie commerçante et propriétaire qui voulut sauver ce qu'elle avait acquis. Napoléon a bien servi cette classe, et le savait : « Il faut distinguer, dit-il à Sainte-Hélène, les *intérêts* de la Révolution, des *théories* de la Révolution. Les intérêts n'ont commencé que dans la nuit du 4 août. J'ai conservé les intérêts de la Révolution. »

L'Empire consacrera les nouveaux privilèges de la classe bourgeoise, qui avait favorisé la Révolution pour que lui soit assurée une place au soleil, se servant du bas peuple si quelque émeute était nécessaire. Quant aux non-possédants, ils eurent dès lors tout juste le droit d'être ouvriers, paysans, valets ou soldats, surveillés de près. Dans les rapports de police, dont Napoléon était si curieux, on trouve à tout moment des notations de ce genre : « Ce matin, un nommé Perré, cloutier, s'est rendu dans un autre atelier que celui où il travaille, pour exciter les ouvriers à exiger une augmentation de paye : il a été arrêté à l'instant. » Napoléon a fait ce qu'on attendait de lui. Il a maintenu l'égalité civile, en confirmant et organisant une inégalité sociale d'un type nouveau qui s'affirmera désormais, et ouvertement, jusque

dans la mort : les jeunes gens de bonne famille, atteints par
la conscription, pouvaient se faire remplacer, puisque ce
n'était qu'affaire d'argent. En 1806, un remplaçant valait
entre 1 800 francs et 4 000 francs, selon l'occasion. Ainsi,
comme le dit Taine, tout garçon bien élevé évitait « la
promiscuité et l'odeur de la chambrée, les gros mots et le
commandement rude du caporal, la gamelle et le pain de
munition ». Surtout, aux autres d'aller se faire fracasser la
tête et trouer le ventre. Ce privilège éclatant de l'argent
fut admis par Bonaparte dès le Consulat : « Chez un peuple
dont l'existence repose sur l'inégalité des fortunes, dit-il au
Conseil d'État, il faut laisser aux riches la faculté de se faire
remplacer. » Fini, le rêve de Saint-Just : « Il ne faut ni
riches ni pauvres, l'opulence est une infamie. » Un fidèle
aussi dévoué à l'Empereur que Savary, et le connaissant
bien, dira de lui : « Il détestait ces idées anarchiques de
liberté et d'égalité avec lesquelles il est impossible de construire un État. »

Ces idées avaient pourtant animé la Révolution, et
Saint-Just les avait exprimées dans le mot célèbre : « Le
bonheur est une idée neuve en Europe. » Le peuple français
s'était rendu compte qu'il n'était pas inévitable de vivre
pour servir les nobles, les prêtres, ou le roi : on pouvait tenter
d'être heureux. Les premiers discours à la Constituante
l'avaient tout de suite rappelé, comme une vérité oubliée
depuis des siècles : « Chaque homme tient de la nature le
droit et le désir d'être heureux. » Saint-Just le disait encore
en 92 : « Un peuple qui n'est pas heureux n'a point de
patrie », et une députation le répétait à la barre de la Convention, au temps des massacres et des proscriptions : « Ce
n'est pas assez d'avoir déclaré que nous sommes républicains français, il faut encore que le peuple soit heureux. »
L'article 1er de la Constitution qui fut alors votée fixait ce
principe définitivement, croyait-on : « Le but de la société
est le bonheur commun. » Le soir du 19 brumaire, on entendit
Boulay de la Meurthe parler du « bonheur domestique de la

nation », ajoutant que tel avait été « l'objet unique de la
Révolution », et Cabanis, qui avait pourtant préparé le
coup d'État, rappela avec passion les principes qu'on allait
si bien méconnaître : « Votre véritable mission, citoyens
représentants, est de rendre heureux ce peuple... Tant qu'il
n'est pas heureux, il peut se croire, il est réellement en droit
d'élever la voix contre vous... Le bonheur, but de tous les
efforts individuels, n'est-il pas aussi celui de l'organisation
sociale et des lois?... Le système républicain et la liberté
elle-même ne doivent être considérés que comme des moyens
de bonheur [1]. »

La véritable rupture de Napoléon avec la Révolution, elle
est là : réformes utiles, efficacité de l'État, gloire militaire,
maintien des droits établis, concorde entre les citoyens;
Napoléon put croire avoir donné cela à la France. Mais qu'on
ne parle plus de bonheur. Le but de la société rénovée ne fut
plus, du jour au lendemain, de rendre les hommes heureux,
mais de les encadrer au mieux. On ne songea plus à améliorer
la condition humaine, et le grand rêve de la Révolution fut
désormais *utopie.*

Napoléon a donc ici trahi la Révolution, qu'à cet égard il
détestait, tandis que dans d'autres domaines il la continuait,
la répandant dans toute l'Europe par ses soldats et ses fonctionnaires. Si la Révolution avait triomphé en France sans
lui, peut-être pour longtemps y serait-elle restée enfermée.
Après avoir vaincu les rois de l'Europe occidentale, il démolit
partout l'Ancien Régime, imposa le Code Napoléon, assura
la prédominance de la bourgeoisie d'affaires sur les nobles et
le clergé. Dans ces nations restées à peu près immobiles
depuis tant de siècles, « son passage, écrit Georges Lefebvre,
marqua comme une nuit du 4 août ». Sans doute ne chercha-t-il jamais à organiser vraiment l'Europe, pour que les
peuples y puissent vivre avec une égalité de chances et de

1. *Le Dix-Huit Brumaire, ou tableau des événements qui ont amené cette journée...,* Garnery, libraire, rue Serpente, nº 17. An VIII de la République. (Anonyme.)

moyens. Il levait des contributions de guerre qui auraient
ruiné tous les pays, si elles avaient été intégralement payées,
et exigeait des troupes et des armes dont il se servait pour
ses conquêtes. Le Blocus continental lui-même finit par être
moins une arme contre l'Angleterre qu'un instrument d'hégémonie au profit du seul commerce français. « Si j'ai conquis
des royaumes, rappelait-il à Murat, c'est pour que la France
en retire des avantages, et si je n'obtiens pas ce que je désire,
alors je serai obligé de réunir ces royaumes à la France. Voilà
ce que je ferai de l'Espagne, et des autres États, si l'on ne
veut pas entrer dans mon système. » Il méprisait ces peuples
qu'il échangeait, cédait, partageait, vendait, récupérait,
selon son bon plaisir, et jusqu'à ces Polonais dont beaucoup
crurent en lui. « Un Polonais, disait-il, n'est pas un homme.
C'est un sabre. » Et, plus généralement : « L'Europe n'est
qu'une vieille putain pourrie, dont je ferai tout ce qui me
plaira avec huit cent mille hommes. » Ce continent occupé,
comme celui que submergea un siècle plus tard Hitler, était
pour lui une source d'hommes, de matières premières, de
matériel et d'or, mais jamais il ne se soucia d'en développer
l'économie, et de rendre prospères les nations vaincues. Seuls
les « vieux départements » étaient l'objet de ses soins. Mais,
là aussi, son rôle fut ambigu, et toute comparaison avec
Hitler devient insoutenable. Celui-ci, aux peuples conquis,
n'apporta rien. Napoléon fut un fléau pour l'Europe, et un
maître égoïste, cependant qu'il imposait des habitudes, des
exemples, des idées, celles même qu'il croyait combattre, qui
avaient un tel pouvoir d'attraction et répondaient si bien à
l'attente des peuples, que la Féodalité ne fut plus çà et là, et
pour peu de temps, qu'une survivance. La Révolution que
Bonaparte avait jugulée en France déferla en dix ans sur
tout le continent par la guerre napoléonienne. Dans le *Manuscrit venu de Sainte-Hélène d'une manière inconnue* qu'on a pu
croire inspiré, ou dicté, par Mme de Staël [1], mais où on

1. Édouard Driault, « Un mystère d'histoire », *Revue des Études napoléo-
niennes*, septembre 1929.

retrouve assez fidèlement la voix de l'Empereur, on lui fait
dire que lorsque Pitt refusa la paix, « il a étendu l'empire de
la Révolution sur toute l'Europe — empire que ma chute
n'est pas même parvenue à détruire. Il l'aurait borné à la
France, s'il avait voulu alors la laisser à elle-même [1] ». Napoléon qui déclarait à la fin de sa vie : « Il n'y a rien de pire que
l'esprit constitutionnel », sema partout où il passait cette
idée qu'un peuple a le droit de n'obéir qu'à des règles conve-
nues d'un commun accord, et de n'être plus soumis à l'arbi-
traire d'un chef de droit divin. Grâce à lui, le vieux monde croula.
Il est d'autant plus singulier qu'il ait voulu ressembler aux
monarques couronnés, oints du Seigneur, dont il allait
balayer les trônes, et qu'il ait pu s'imaginer que seul le sien,
si neuf, serait solide. Le Sacre de Napoléon, s'il marque une
époque, fut une grande illusion et un échec. Quand l'Empereur s'attarda en Russie et qu'un général en rupture de prison
répandit le bruit qu'il était mort, l'idée ne vint à personne
que son pouvoir était héréditaire, et les droits de sa dynastie
consacrés par Dieu même. En 1814, lorsqu'il abdiqua, ses
serviteurs les plus fidèles se rallièrent presque tous, et sans
scrupules, aux Bourbons. La cérémonie de Notre-Dame
n'avait donc trompé personne et l'Empereur qui avait tant
pourchassé *l'utopie* s'était révélé, ce jour-là, un de ces songe-
creux qu'il ne pouvait souffrir. C'est qu'on ne crée pas de
toutes pièces une tradition, on ne fabrique pas à volonté le
respect. « Une génération nouvelle, rappellera plus tard
Lavallette, s'était élevée, pleine d'énergie, nourrie de fortes
études, exempte des momeries de la superstition... L'Empereur n'avait jamais été un monarque, ou du moins les peuples
n'avaient jamais senti pour lui cette espèce de superstition
qui avait environné Louis XIV et Louis XV. » Chateaubriand, qui était un tout autre homme que Lavallette, a écrit
à ce sujet, plus justement : « Hors de la religion, de la justice
et de la liberté, il n'y a point de droits. »

1. *Manuscrit venu de Sainte-Hélène d'une manière inconnue*, Londres, John
Murray, Albemarle Street, 1817.

Ma marche était alors si simple, si grande, que je n'avais rien à redouter. J'étais bon à voir.

Napoléon.

Première partie

LES MARCHES DU TRÔNE

LOUIS DAVID

Il aurait dit à Robespierre, le 8 thermidor : « Si tu bois la
ciguë, je la boirai avec toi. » David survécut, et peu d'années
plus tard était premier peintre de l'Empereur. Au Salon de
1789, il avait exposé deux tableaux. *Les Amours de Pâris et
d'Hélène* montraient un bel adolescent nu, et avaient été
commandés par le frère du roi. L'autre figurait *Brutus*. La
Révolution commençait : on oublia le berger Pâris, et Brutus
méditant au pied de la statue de Rome parut avoir annoncé,
et favorisé, la fin du despotisme. Ainsi se font les destinées.

David fut chargé d'immortaliser le serment du Jeu de
Paume, devint constitutionnel, montagnard, vota la mort du
roi, organisa les fêtes révolutionnaires, et peignit Marat
assassiné.

Le 13 thermidor, Robespierre et les siens morts depuis
trois jours, on dénonça David à la tribune de la Convention :
« Souffrirez-vous qu'un traître, un complice de Catilina,
siège encore avec vous dans votre Comité de Sûreté générale ?
Souffrirez-vous que David, cet usurpateur, ce tyran des arts,
aussi lâche qu'il est scélérat... » Il tenta de se justifier. Le
peintre du stoïcisme et de la grandeur romaine, et qui avait
trouvé toute naturelle la Terreur, fit petite figure. « Il était
pâle, et la sueur qui tombait de son front roulait de ses

vêtements jusqu'à terre, où elle imprimait de larges taches. »

Emprisonné deux fois, il ne retrouva la liberté qu'avec la loi d'amnistie du 4 brumaire an IV (26 octobre 1795). Il n'avait rien perdu de son prestige, et lorsqu'en 1797 il se trouva menacé par la réaction royaliste, Bonaparte lui offrit dans son armée d'Italie un asile, qu'il déclina. Bonaparte représentait alors la fidélité à la République. C'était l'époque où Monge écrivait à sa femme : « D'après les nouvelles de France, il paraît que la Contre-Révolution s'organise à miracle, et que les pauvres républicains passent de durs moments. Nous voyons arriver ici une foule de pauvres patriotes qui viennent chercher un refuge sous les drapeaux de l'armée d'Italie. » Le coup d'État de Fructidor rassura les bons républicains, et David. Dans une proclamation à ses soldats, Bonaparte avait juré « guerre implacable aux ennemis de la République et de la Constitution de l'an III [1] ».

Le Général victorieux fut reçu solennellement dans la grande cour du Luxembourg le 10 décembre suivant. Les Directeurs, les ministres, les membres de l'Institut, étaient là, et parmi eux David. Il crayonna un profil de Bonaparte, au-dessous duquel il écrivit : « Le Général de la grande nation. » Quelques jours plus tard, à un dîner chez le secrétaire général du Directoire, Lagarde, Bonaparte changea de place pour être à côté de David. C'est alors sans doute qu'il accepta de poser devant le peintre.

L'atelier de David était au Louvre, où vint Bonaparte. Il ôta sa redingote et revêtit son uniforme. Le lendemain, David dit à ses élèves : « Quelle belle tête il a! C'est pur, c'est grand, c'est beau comme l'antique! » La séance avait duré trois heures, Bonaparte ne revint pas, et le tableau ne fut pas achevé. Il ne resta qu'une ébauche inoubliable, une figure énergique de jeune aventurier. Bonaparte songeait alors à son expédition d'Égypte, et voulait emmener des

1. « Bonaparte, général en chef de l'armée d'Italie, à l'Armée. » Bibliothèque historique de la Ville de Paris, 12 272, n° 8.

savants et des artistes. Un rapport de police du 4 avril 1798 raconte qu'il assista à une séance de l'Institut, et qu'à la sortie il dit à David : « Eh bien? » David fit signe que non. Bonaparte partit pour l'Égypte sans lui.

« On lui avait dit que David était le premier peintre de son siècle. Il le croyait et le répétait, mais sans entrer jamais dans le moindre détail sur la nature de son talent, et sans se permettre aucune comparaison avec les autres peintres, ses contemporains. Napoléon n'aimait pas les arts » (Chaptal). Je n'aurai garde d'oublier cependant qu'il emmena en Égypte un écrivain charmant, Vivant Denon, auteur de *Point de lendemain* qui est un chef-d'œuvre, plus tard directeur des Musées. Mais Bonaparte s'était fait tirer l'oreille : Denon était un homme à femmes, connu pour ses « priapées », déplore le grave Frédéric Masson.

Le 9 novembre 1799, c'était Brumaire. Le coup d'État trouva David parfaitement résigné : « J'avais toujours pensé, dit-il, que nous n'étions pas assez vertueux pour être républicains. » Il était fort occupé à concilier son talent et ses intérêts : depuis quatre années, il avait travaillé à une vaste toile, *Les Sabines*, et obtenu l'usage d'un nouvel atelier au Louvre, qui pût les contenir, à l'extrémité sud de la colonnade. Ce tableau achevé, David avait eu l'idée, nouvelle en France, d'en organiser l'exposition moyennant une « légère rétribution » des visiteurs. Cette initiative fit du bruit. On parla d' « exhibition mercenaire ». Elle devait rapporter à David environ soixante-dix mille francs, et lui permit d'acheter un domaine, la ferme de Marcoussis. L'exposition s'ouvrit au Louvre, dans la salle de l'ancienne Académie d'Architecture, côté rue de Rivoli, le 30 frimaire an VIII. Le Premier Consul, qui avait l'œil à tout, vint voir *Les Sabines*. Il aurait critiqué la pose des guerriers, et David en conclut que s'il était bon général, il n'entendait rien à la peinture. Au printemps suivant, Bonaparte passait les Alpes et battait les Autrichiens à Marengo. Pour la toile où David le montrait franchissant le Grand-Saint-Bernard, il ne posa pas, mais

tint beaucoup à la ressemblance du cheval, qui d'ailleurs ne
lui avait pas servi : il avait usé d'un mulet. On raconte dans
les *Mémoires* de Constant qu'avaient été confiés à David
l'habit, le chapeau, le sabre que le Premier Consul portait à
Marengo. Il entra dans l'atelier de David, après une parade
décadaire, et commanda trois exemplaires de son portrait.
David en fit cinq répliques, et plusieurs autres, où le cheval
est tantôt blanc, tantôt brun, tantôt tacheté, furent réalisées
par ses élèves. L'un de ceux-ci, Topino-Lebrun, venait d'être
guillotiné avec le sculpteur Ceracchi, pour avoir songé à tuer
Bonaparte. David avait choisi une route plus paisible : tout
dévoué à la gloire du nouveau maître, aucun peintre français
n'avait alors une telle renommée. Il fut fait chevalier de la
Légion d'honneur.

En 1804, nommé premier peintre de l'Empereur, il dut
commémorer les fêtes du Sacre. Il était à Notre-Dame, et
s'est représenté lui-même, dessinant, au-dessus de Madame
Mère. Il avait eu un échange de propos aigres avec Ségur,
Grand Maître des Cérémonies, dont il avait exigé une loge,
et qui lui avait adressé deux billets comme au premier venu.
David prétend qu'il faillit se battre en duel, mœurs d'Ancien Régime qu'on retrouvait tout naturellement. Sur un
plan de l'église, il nota la place des divers acteurs. On pense
qu'il s'inspira du *Couronnement de Marie de Médicis* par
Rubens, qui était au Luxembourg : la souveraine agenouil-
lée sur les premières marches, les porteuses de traîne, le
groupe des prélats autour de l'autel, la foule des assistants
fermant le tableau, on retrouvera le même ordre dans celui
de David. Mais Napoléon y jouera le premier rôle, majestueux et superbe, tandis que Rubens avait placé Henri IV
dans une petite tribune, souriant avec bonhomie. C'était
une autre époque.

David fit d'abord le portrait du pape, qui donna sa béné-
diction à ce régicide, mais montre une figure triste sur la
toile qui est au Louvre. David l'avait signée : « Napoleonis,
Francorum Imperatoris, primarius pictor », ce qui fut effacé

sous la Restauration. D'autres musées gardent des esquisses
nombreuses de plusieurs personnages. A Besançon, on peut
voir Caroline Bonaparte et Murat, à Montpellier, Mme de
La Rochefoucauld, dame d'honneur de Joséphine, à Bayonne,
Duroc et le cardinal Braschi. Toute l'année 1805 fut consacrée à ces travaux préliminaires. Dans une maquette de
Notre-Dame, David disposa de petites poupées habillées.
Pour mener à bien cette toile de plus de six mètres sur neuf,
il dut trouver un vaste atelier, d'autant que les peintres
et sculpteurs installés au Louvre depuis deux siècles en
étaient expulsés. Il paraît que Napoléon, passant avec Duroc
dans la rue des Orties, avait été effrayé du nombre des
tuyaux de poêle qui sortaient des fenêtres. Chaque atelier
avait le sien, et une négligence aurait pu incendier le Louvre.
On mit à la disposition de David l'ancienne chapelle du
Collège de Cluny.

Ce collège avait été fondé au XIIIe siècle par un abbé
de Cluny, pour les jeunes religieux de son ordre venus étu-
dier la philosophie et la théologie. Il ne faut pas le confondre
avec le Musée de Cluny que nous connaissons. Il occupait
tout un côté de la place de la Sorbonne, et comportait un
grand cloître. La chapelle, qui bordait la place, fut regar-
dée au temps du romantisme comme « remarquable par
l'élégance de la construction », et cependant démolie. Au
siècle précédent, elle passait pour marquer le contraste entre
des bâtisses « grossières et rustiques » du Moyen Age, et
« la manière correcte et étudiée » de l'église de la Sorbonne,
qu'on pouvait voir d'un même coup d'œil [1]. Le collège
avait été supprimé en 1790 et, devenu propriété nationale,
fut vendu en fructidor an V (septembre 1797).

Le propriétaire demanda un loyer de cinq cents francs,
et une indemnité de douze cents. *Le Moniteur* annonça la

1. Germain Brice, *Description de la Ville de Paris*, 1713, tome II, p. 412. —
Le Magasin pittoresque, septembre 1836, p. 292. — Félix et Louis Lazare,
Dictionnaire des rues de Paris, 1844, p. 618. — Dulaure, *Histoire de Paris*, 1864,
tome I, p. 456.

transformation de la chapelle, les élèves de David allant s'installer dans le Collège du Plessis, tout proche. Ce fut donc dans cette chapelle que David exécuta *Le Sacre de Napoléon*. Un peintre des décors de l'Opéra, Degotti, en dessina l'architecture, et un élève de David, Georges Rouget, couvrit la toile. David avait d'abord songé à représenter l'Empereur se couronnant d'une main, et de l'autre serrant son épée sur son cœur. Il existe plusieurs dessins qui le montrent ainsi. Sur l'un d'eux, il a son épée pour tout vêtement, de même que le pape figure ailleurs vêtu seulement de sa tiare. Trois albums sont remplis de ces études. L'un d'eux a appartenu à Anatole France, et deux autres étaient conservés dans la famille de Maret, duc de Bassano [1]. Le cardinal Caprara portait une perruque, que David supprima dans son tableau, un tel artifice étant contraire à la simplicité antique, telle qu'il l'entendait. Quant au pape, il avait d'abord les deux mains posées sur les genoux. « Je ne l'ai pas fait venir de si loin, dit Napoléon, pour qu'il ne fasse rien. » On lui fit donc bénir Joséphine à l'instant où elle est couronnée. Napoléon dira à Sainte-Hélène que si le couronnement de l'Impératrice fut représenté et non le sien, ce fut le résultat d'une « petite intrigue de Joséphine avec David; on donna pour prétexte que cela ferait un tableau plus joli. » On a raconté aussi que Gérard avait suggéré à David, qui ne savait quel parti prendre, cette ligne descendante qui va du pape à l'Impératrice, et que coupe la verticale de l'Empereur, force et puissance debout. Hortense de Beauharnais et Louis Bonaparte demandèrent qu'on retouchât leur figure ou qu'on les vît mieux. David dut mettre à la place d'honneur Madame Mère, bien qu'elle ne fût pas au Sacre. Le tableau était achevé en novembre 1807, et Napoléon vint dans la chapelle de Cluny le 4 janvier 1808. Il se déclara enchanté : « Ce n'est pas une peinture, dit-il, on marche dans ce tableau. » On prétend que David fut

---

1. Charles Saunier, « Les dessins de David », *L'Art vivant*, 15 décembre 1925.

satisfait du compliment. L'Empereur, devant toute sa suite, porta la main à son chapeau, disant : « David, je vous salue », ce qui était une marque d'estime extraordinaire, le grand homme étant d'ordinaire peu courtois.

Le tableau fut transporté au Musée Napoléon, c'est-à-dire au Louvre, où le public put le voir dans le grand salon, en attendant l'exposition de 1808, où il figura avec *Les Sabines*. *Le Sacre* fut très admiré, si l'on en croit les rapports de police. L'un d'eux signale toutefois les railleries de certains visiteurs : « Les femmes sont représentées comme dans le paradis de Mahomet, toutes jeunes et jolies. »

Napoléon devait reparaître dans l'atelier de David à son retour de l'île d'Elbe et y contempla *Léonidas aux Thermopyles*, qui venait d'être terminé. David fut promu commandeur de la Légion d'honneur, signa l'Acte additionnel, et après Waterloo mit *Le Sacre* en caisses, coupé en trois morceaux, et l'expédia avec d'autres toiles révolutionnaires ou impériales dans l'ouest de la France. En 1816, bien que Louis XVIII l'ait autorisé à rester à Paris, il quitta la France et s'installa à Bruxelles. C'est là que, dans une salle de l'Hôtel de Ville, il acheva en 1822 la réplique du *Sacre* qu'on peut voir à Versailles, et dont il a dit qu'il la préférait à l'original, qui est au Louvre.

JOSÉPHINE

Cette femme à genoux, les mains jointes, a été mariée très jeune à un noble douteux dont la famille s'appelait jadis Beauvit, changé plus tard en Beauharnais, on se demande pourquoi. Elle a été la maîtresse de Hoche, du marquis de Caulaincourt, dont nous retrouverons le fils, de Barras. C'est d'ailleurs Barras et Tallien qui servirent de témoins à son mariage avec Bonaparte, et quand celui-ci lui écrivit d'Italie, souvent il la chargeait de transmettre son souvenir à ses deux amis. Barras avait aidé à sa nomination à l'armée d'Italie. On disait au début du Consulat : « Madame Bonaparte est une lettre de change, tirée par Barras, endossée par Cambacérès et acceptée par Bonaparte. » La fortune de ce jeune Corse ombrageux commença dans le sillage des politiciens les plus tarés du Directoire, et par la grâce de Joséphine, qui était grande.

« Sans être précisément jolie, dit Mme de Rémusat, toute sa personne possédait un charme particulier. Il y avait de la finesse et de l'accord dans ses traits; son regard était doux, sa bouche, fort petite, cachait habilement de mauvaises dents; son teint, un peu brun, se dissimulait à l'aide du rouge et du blanc qu'elle employait habilement; sa taille était parfaite; le moindre de ses mouvements était aisé et élégant. »

Il paraît que Fouché lui donnait mille francs par jour pour savoir ce qui se passait dans l'entourage de Bonaparte. Elle avait pour amant un jeune officier, Hippolyte Charles, qui avait la réputation de savoir faire rire les dames. Cela changeait de Bonaparte, qui était en Italie. Quand elle dut se résoudre à le rejoindre, Hippolyte Charles était du voyage, et ils eurent encore de beaux jours de l'autre côté des Alpes, et plus tard à la Malmaison, tandis que Bonaparte guerroyait en Égypte. Joséphine devint aussi, pour un moment, la maîtresse de Murat.

C'est en Égypte qu'on avertit Bonaparte. Il voulut divorcer, et il y eut de grandes scènes, à Paris, peu avant le 18 Brumaire. Joséphine supplia comme elle savait le faire, et usa de ses enfants pour attendrir Bonaparte, qui pardonna mais ne fut plus le même.

Avec la complicité de Barras, et par l'intermédiaire d'Hippolyte Charles, elle avait fait de fructueux trafics dans les fournitures pour les armées en campagne. Ses besoins d'argent étaient immenses. Toute sa vie, et quoique comblée quand elle devint impératrice, elle accumula les dettes. Elle achetait tout, et n'importe quoi, elle ne savait résister à aucune tentation.

« Je l'ai réellement aimée, dit Napoléon à la fin de sa vie. Je ne l'estimais pas. Elle était trop menteuse. Mais elle avait un je ne sais quoi qui me plaisait; c'était une vraie femme; elle avait le plus joli petit cul qui fût possible. » Il dira aussi : « L'Impératrice était jolie, bonne, mais menteuse et dépensière au dernier degré. Son premier mot était : *non*, sur la chose la plus simple, parce qu'elle craignait que ce fût un piège; elle revenait ensuite. » Il citait volontiers des exemples de mensonges évidents, et apparemment inutiles, mais que Joséphine ne pouvait s'empêcher de faire, à tout hasard. Elle devait le trahir définitivement, après la première abdication, accueillant ses vainqueurs à la Malmaison : le Tsar, le roi de Prusse, les princes allemands, et si en quelques jours la mort ne l'eût prise, il est probable qu'elle aurait présenté ses respects au Bourbon restauré. C'était bien la peine d'avoir été sacrée à Notre-Dame. En aucune manière, elle n'était douée pour la fidélité. On a des raisons de croire que Napoléon ne lui en voulut pas.

Elle avait les plus beaux cils du monde, de longues paupières, un regard bleu. Longtemps elle se coiffa le matin d'un madras rouge, qui convenait à son teint de créole. Sa démarche était souple comme sa taille, sa voix douce, ses gestes pleins de grâce. Avec cela, sans cervelle, tête folle, femme légère dans tous les sens.

Il faut imaginer Bonaparte quand il la rencontra, bien différent de ce qu'il est devenu. Charles Nodier, qui le vit passer une revue aux Tuileries, rapporte qu'il avait le visage « très long, le teint d'un gris de pierre, l'air triste ». Un autre témoin raconte : « Il était à cheval, raide, sans grâce, mal assis, il n'avait aucunement ce qu'on appelle une tournure militaire. Il était pâle, maigre, il avait les joues creuses; les cheveux plats qui tombaient en *oreilles de chien* des deux côtés de son visage, lui donnaient un air défait. Je ne sais toutefois à quoi il faut attribuer l'expression méprisante des belles dames de la société de Madame de Beauharnais,

qui l'appelaient *le vilain général* [1]. » Lorsque Hyde de Neuville
se présenta au Luxembourg, il vit entrer un petit homme
étriqué, « les cheveux collés sur les tempes, la démarche
hésitante », qu'il prit pour un domestique. Stéphanie de
Beauharnais rappelle dans ses *Souvenirs :* « Je fus fort
étonnée de voir arriver à moi un petit homme bien maigre,
bien simple... » La duchesse d'Abrantès le montre coiffé
d'un mauvais chapeau rond enfoncé sur les yeux, aux pieds
des bottes mal ajustées, la peau jaune, osseux, maladif,
mais déjà un regard et un sourire admirables. « Je l'appelle,
disait Cacault, ministre de France à Rome, le *petit tigre*,
pour bien caractériser sa taille, sa ténacité, son agilité, son
courage, la rapidité de ses mouvements, ses élans, et tout
ce qu'il y a en lui qu'on peut prendre en bonne part dans ce
genre-là. » Il avait à Ajaccio tenu des propos montagnards,
et *Le Souper de Beaucaire*, qu'il écrivit et publia, fut un
plaidoyer pour la Convention contre les fédéralistes. « Il
avait pris les couleurs de la Révolution, sans aucun goût,
dit Marmont, mais uniquement par calcul et par ambition. »
Il arriva au siège de Toulon avec la réputation d'un chaud
patriote, « affichant des principes fort exaltés ». Très lié
avec Augustin Robespierre, on l'arrêta comme terroriste
après le 9 Thermidor. Joséphine fut à ses yeux l'élégance
et la délicatesse d'une autre société, d'un autre temps,
qui n'étaient pas si lointains, et même tout proches, mais
dont on était séparé par de tels bouleversements et tant de
sang et de peur, qu'il y avait une sorte de miracle à les voir
se perpétuer, survivre, dans une femme si douce, si gracieuse
jusque dans son lit, si accueillante. C'est un biais assez
heureux, pour aborder Bonaparte, que l'amour que lui
inspira Joséphine. C'est là qu'il est le plus humain, et tel
qu'il ne sera ouvertement jamais plus. On discerne beaucoup
de littérature dans ses lettres à Joséphine, écrites d'Italie,
et le souvenir d'Ossian, mais aussi un amour vrai, une

---

1. P.-F. Tissot, « Les différentes figures de Napoléon », *Le Magasin pitto-resque*, 1834, p. 345.

tendresse qui accepte tout, une douleur de n'être pas aimé qui fait presque désirer mourir : « Mille baisers, aussi brûlants que tu es froide. »

« Le 15 mai 1796, le général Bonaparte fit son entrée dans Milan à la tête de cette jeune armée qui venait de passer le pont de Lodi, et d'apprendre au monde qu'après tant de siècles César et Alexandre avaient un successeur. » Tout le monde savait aussi à Milan, en 1796, que Joséphine trompait Bonaparte avec Hippolyte Charles, « une petite figure à putains », dit de lui Napoléon, qui écrivait à Joséphine au même moment : « Toi seule effaçais à mes yeux la honte de la nature humaine. » Comptant pour rien un passé agité, il semble que non seulement il l'avait aimée de toutes les manières, mais qu'il avait eu, en effet, confiance en elle. Elle disait : « Il est drôle, Bonaparte », et lui : « Elle ne disait jamais la vérité. » Quoi qu'il ait pu faire par la suite, il ne faut pas oublier qu'il avait été d'abord cet homme bafoué et ridiculisé, qui se savait plein de feu et de génie, culbutant les Autrichiens en Italie, puis rêvant en Égypte de se bâtir un empire immense, tandis que sa femme faisait de lui, à Paris, la risée de ceux qui l'enviaient, le redoutaient déjà, et assurément ne le valaient pas. C'est alors qu'il écrivit à son frère : « Je suis ennuyé de la nature humaine. »

Son comportement changea. En Égypte, il eut pour maîtresse la femme d'un officier, Pauline Fourès, qui fut favorite déclarée, richement entretenue, roulant en calèche avec Bonaparte, ou montant à cheval, en uniforme de chasseur. Aux alentours de Marengo, ce fut le tour, mais plus discrètement, de Giuseppina Grassini, qui était une créature plutôt opulente, et dont Wellington devait avoir les restes, bien après. Parlant de Bonaparte, elle dira : « Il a reposé sa tête sur ma poitrine, comme un petit enfant [1]. » La faveur de Mlle George fut plus durable. Sans doute Bonaparte lui avait-il dit, à leur première rencontre : « Tu as gardé tes

1. André Gavoty, « La Grassini », *Revue des Deux Mondes*, 15 août-1er septembre 1938.

bas, tu as de vilains pieds », mais on vous tolère mufle, si
vous êtes Premier Consul. D'ailleurs, elle avait couché
d'abord avec Lucien Bonaparte, et eut toujours une grande
habitude de cette famille. A Dresde en 1813, quand Napoléon
renoua quelque peu avec Mlle George, elle venait d'avoir
des bontés pour Jérôme Bonaparte. Le Premier Consul la
vit pendant des mois, soit à Saint-Cloud, soit aux Tuileries.
Il l'emmenait au pavillon du Butard, voué depuis toujours
aux fantaisies des grands de ce monde. Vers les premiers
jours de l'Empire, il eut une intrigue assez sérieuse avec
Marie-Antoinette Duchâtel, dont le mari était directeur
général de l'Enregistrement. Pour la rencontrer, il avait
fait louer une petite maison, dans l'allée des Veuves. Napoléon finit par avoir un enfant d'une lectrice de Caroline
Murat, Éléonore Revel, dont avait usé Murat lui-même,
qui la passa à son beau-frère. C'était cette charmante qui
avançait la pendule, tandis que l'Empereur était à ses
affaires. Elle en tira des sommes énormes quand elle accou-
cha d'un fils, prénommé Léon, qui mourut dans la misère
en 1881, après avoir épousé une couturière. L'autre fils de
l'Empereur, et de Maria Walewska, mourut plus tôt, en 1868,
mais sénateur de Napoléon III, duc, membre du Conseil
privé, et grand-croix de la Légion d'honneur.

Mme de Rémusat assure que Napoléon méprisait les
femmes. Il n'avait certainement pas méprisé Joséphine,
mais la leçon qu'elle lui avait infligée avait porté, sans doute.
Il ne tolérait plus dans ce domaine une ombre de contrainte,
une apparence de blâme. « Je ne suis pas un homme comme
les autres, les lois de la morale et de la convenance ne peuvent
être faites pour moi. » Il ne laissait pas ignorer à Joséphine
ses aventures, et n'admettait pas les scènes. Car elle était
devenue jalouse, pleurait, suppliait, le guettait, voulait le
surprendre avec Mlle George, surgissait brusquement dans
le cabinet de Saint-Cloud où il s'était enfermé avec une
autre. Après l'avoir tellement trompé, elle l'aurait voulu
fidèle, car elle tenait trop à la position qu'il lui avait faite.

Il n'en fut jamais dupe : « Sa jalousie, dira-t-il, venait de la politique, non de l'amour. » Ce fut à de pareils moments, hors d'elle-même, qu'elle confia à Mme de Rémusat qu'on pouvait tout attendre de Bonaparte, parlant du « vice de ses penchants », ajoutant qu'il avait « séduit ses sœurs les unes après les autres ». Parce qu'elle n'avait pas d'enfants de lui, et craignait le divorce, elle vit avec joie qu'il songeait à adopter le fils aîné d'Hortense de Beauharnais, dont le bruit courait d'ailleurs qu'il était le sien. Calomnie, dira-t-on, mais il est un fait que les autres enfants d'Hortense et de Louis ne l'intéresseront jamais comme celui-là, et qu'il ne les fit intervenir en rien dans ses projets. Cet enfant mourut du croup en 1807, et le sort de Joséphine parut consommé. Fouché, très lié avec elle depuis longtemps, l'avait prévu. Il aurait dit à Bourrienne : « Il serait à souhaiter que l'Impératrice vînt à mourir, cela lèverait bien des difficultés. Tôt ou tard, il faudra qu'*il* prenne une femme qui fasse des enfants. Car tant qu'il n'aura pas d'héritiers directs, il est à craindre que sa mort ne soit le signal de la dissolution. Ses frères sont d'une incapacité révoltante, et l'on verrait surgir un nouveau parti en faveur des Bourbons, et c'est ce qu'il faut prévenir. »

Joséphine avait fini presque par se rassurer, favorisant même les passades de l'Empereur. Celles-ci furent nombreuses, sans qu'il songeât à s'en embarrasser vraiment. Il avait un certain goût, mais certainement pas l'obsession des femmes. « Pour une qui nous inspire quelque chose de bien, il y en a cent qui nous font faire des sottises. » Comme le dit Constant, son valet de chambre, à propos de Mlle George, il lui prenait « fantaisie » de faire venir celle-ci lorsqu'il était « fatigué outre mesure du travail de la journée ». La vie qu'il menait permettait mal les longues liaisons, toujours hors de France, et loin. Où qu'il soit, son entourage veillait à ce qu'il fût servi, à première demande. Souvent des jeunes femmes s'offraient, qui venaient accompagnées de leur mère, laquelle attendait dans la pièce à

côté. S'il ne s'en offrait pas, on les lui procurait. « C'est
M. de Talleyrand, dira-t-il, qui m'a procuré Mme Walewska. »
L'évêque avait toujours « sa poche pleine de femmes ».
Quant aux sœurs de l'Empereur, elles lui témoignaient dans
ce domaine une constante sollicitude. Princesses d'occasion,
c'étaient des maquerelles-nées. Il était généreux pour ses
amours d'un moment, comme s'il avait peu d'illusions sur la
raison de ses succès. Il fit donner cinq cents napoléons à une
jeune Madrilène, pour une courte nuit. A Berlin, il eut un
entretien prolongé, mais coûteux, avec une jeune personne
qui ne savait pas un mot de français, et dont il ne comprit
que : « Das ist miserable », « Das ist gut ». Autre détail
que donne Caulaincourt, et qui témoigne à quel niveau tout
cela se situait : « Il était si pressé de raconter ses succès,
que l'on eût pu croire qu'il ne les avait recherchés que pour
les publier. »

Il resta d'ailleurs attaché à Joséphine, même quand il se
fut séparé d'elle. En janvier 1810, le tribunal métropolitain
déclara nul de plein droit son mariage avec Joséphine, et
au cours de l'enquête, Talleyrand, Berthier, Duroc affir-
mèrent sur l'honneur que l'Empereur n'avait jamais sérieusement voulu se marier. Joséphine gémit beaucoup, bien
qu'elle gardât auprès d'elle son amant, Lancelot de Turpin-
Crissé, de vingt ans plus jeune qu'elle. Ses dernières années
furent mélancoliques. On la vit errer de la Malmaison au
château de Navarre, si laid, aller à Milan, à Aix, en Suisse,
tandis que Napoléon jubilait d'avoir dans son lit Marie-
Louise, fraîche, docile, jeune, soumise, un peu sotte, et qui
avoua volontiers qu'elle n'avait jamais éprouvé pour lui
« un sentiment vif d'aucune sorte », ce qui d'ailleurs n'est
pas sûr. En 1814, il lui faudra environ six mois pour se
détourner à jamais de l'Empereur, et remettre à Metternich toutes les lettres qu'elle en recevra. Elle sera ensuite
Mme Neipperg, puis Mme de Bombelles. Celle-là ne sera
pas couronnée.

BONAPARTE CONSUL

Le chemin vers le trône commença pour Bonaparte dès les lendemains de Brumaire. « Allons, petite créole, dit-il à Joséphine, venez vous mettre dans le lit de vos maîtres. » C'était le 30 pluviôse an VIII, 19 février 1800. Le Premier Consul s'installait aux Tuileries. Dans ce palais triste où la Révolution avait passé, où tant de violences, de drames avaient eu lieu qui étaient dans toutes les mémoires, et où dans les grands appartements on aurait pu donner, mais pas pour rire, de grands dîners de têtes, s'installer était prendre la relève des rois, relever le défi, s'affirmer seul. Cambacérès alla loger à l'hôtel d'Elbeuf, sur le Carrousel, et Lebrun à l'hôtel de Noailles, rue Saint-Honoré, peu après.

Les Consuls avaient d'abord, quelques semaines, habité ensemble au Petit-Luxembourg. Sieyès et Roger-Ducos, Directeurs devenus consuls provisoires, y avaient retrouvé leurs appartements. Bonaparte occupait le rez-de-chaussée de l'aile droite, sur la cour, et Joséphine les pièces du premier étage, avec un escalier qui assurait la communication. Les Consuls se réunissaient dans l'aile gauche, au premier étage, et Bonaparte devait traverser la cour pour s'y rendre, « cela lui donnait beaucoup d'humeur, surtout quand il faisait mauvais temps ». Au-dessus du portail du Petit-Luxembourg, rue de Vaugirard, on voyait encore il y a une centaine d'années, mal effacée, la devise : « Égalité ou la mort [1]. »

Dès le 11 novembre 1799 (20 brumaire), Bonaparte laissa subsister peu de doutes sur ses intentions : « Lorsque les trois consuls furent nommés, Sieyès dit : " Choisissez un président. — Je m'en charge, dis-je en prenant le fauteuil. " » Les Consuls provisoires furent cependant, à tour de rôle, « Consul du jour », et Sieyès affirmait n'avoir jamais pro-

---

1. G. Lenôtre, « Le Petit-Luxembourg », *Le Monde moderne*, mai 1896.

noncé la phrase qu'on lui attribue : « Messieurs, nous avons
un maître; ce jeune homme sait tout, peut tout et veut
tout. » Maret, futur duc de Bassano, devint secrétaire des
Consuls. On maintint Cambacérès à la Justice, et Fouché à
la Police. Berthier fut nommé à la Guerre, et le savant
Laplace à l'Intérieur. Talleyrand ne revint aux Relations
extérieures que quelque temps plus tard. Plusieurs fois la
semaine, on agitait au Luxembourg le problème de la nouvelle constitution. Au début de la Révolution, rappelle
Mme de Staël, Sieyès eut un prestige considérable : « Comme
on pouvait à peine arracher de lui quelques paroles, elles
comptaient, par leur rareté même, comme des ordres ou des
prophéties. » Il était en ce temps-là « l'oracle mystérieux des
événements qui se préparaient ». N'oublions pas tout de
même qu'en 1789 il avait publié une brochure : *Qu'est-ce que
le Tiers-État?*, dont Jean Jaurès a pu dire qu'elle était un
« prodigieux calcul révolutionnaire », et Stendhal « un
immortel pamphlet ». Mirabeau écrivait alors : « L'abbé
Sieyès est un homme de génie. » Il n'avait pas été silencieux,
comme le prétend Mme de Staël. Le premier, il avait proposé
que la Noblesse et le Clergé soient « sommés » de se réunir
aux députés du Tiers, ouvrant ainsi les portes de la Révolution. Longtemps ses discours furent écoutés, dit Thibaudeau, « respectueusement ». C'est au moment du vote sur
la mort de Louis XVI qu'il avait été avare de paroles : à la
tribune, alors que tant d'autres y faisaient des phrases, il dit
deux mots : « La mort. » Quand l'évêque de Paris renonça à
son titre devant la Convention, Sieyès s'associa à ce geste,
affirmant que lui-même depuis longtemps « n'était plus
prêtre » : car il l'avait été, et même chanoine. Il fut de ces
nombreux défroqués pour qui la Révolution avait été une
aubaine. J'ai appris dans Sainte-Beuve que Sieyès avait une
jolie voix, et chantait [1]. Qui aurait pu imaginer cela? Bonaparte devait le renvoyer à ses méditations solitaires avec une

---

1. *Causeries du Lundi*, Garnier Frères, 1857-1872, tome V.

bourse bien garnie, sous le prétexte d'une « récompense nationale ». Ainsi, un peu déshonoré, Sieyès survécut-il, se jugeant méconnu et les hommes méchants. Il écrivait : « Je déteste la société, parce qu'on n'y croit pas à la bonté morale. » Et à la fin de sa vie : « Je ne vois plus, je n'entends plus, je ne me souviens plus; je suis devenu complètement négatif. » Il perdit légèrement la tête, sur ses vieux jours, et disait à son valet de chambre : « Si M. de Robespierre vient, vous lui direz que je n'y suis pas. » Depuis cette aurore de la Révolution, où il avait crié le premier : « Vive la nation! », Sieyès avait mal vieilli, « ennemi-né des femmes », dit Michelet. Si Brumaire avait été en partie son œuvre, l'événement, cette fois, le dépassait. Il aurait voulu créer un *Grand Électeur*, qui aurait résidé à Versailles et aurait désigné deux consuls : l'un pour la guerre, l'extérieur et la diplomatie, l'autre pour l'administration intérieure, choisissant à leur tour des ministres. Le Grand Électeur et les Consuls auraient pu être « absorbés », c'est-à-dire révoqués par le Collège des Conservateurs, sorte de Sénat, si celui-ci les jugeait incapables ou dangereux. Il est dit dans les *Mémoires* de Fouché que Bonaparte déclara avec colère qu'il n'accepterait pas une telle combinaison, et qu'il y aurait plutôt « du sang jusqu'aux genoux ». Il raconta lui-même qu'il avait « sabré ces niaiseries métaphysiques ». Talleyrand et Rœderer, intimes de Bonaparte, s'entremirent pour que fût amendé le projet de Sieyès. Le Général voulait tout, on s'inclina. Sieyès désigna lui-même Bonaparte comme Premier Consul, et on s'accorda sur le nom des deux autres : Cambacérès et Lebrun, qui ne devaient avoir que voix consultative. Ainsi naquit la Constitution de l'an VIII, soumise au peuple français mais appliquée avant même qu'il l'eût approuvée, où Bonaparte détenait toute la réalité du pouvoir et toutes les initiatives, notamment celle des lois. Le Tribunat discutait celles-ci, sans les voter, le Corps législatif les votait sans les discuter, et le Sénat conservateur était une assemblée décorative, qui pouvait statuer sur la constitutionnalité des lois. Dès janvier

1801, Bonaparte fera rendre au Sénat des sénatus-consultes, qui lui permettront de légiférer, sans même user des assemblées prévues par la Constitution. Sous l'Empire, tout se fera par sénatus-consultes. Les Sénateurs, en majorité nommés par les Consuls, inamovibles, et qui devaient se recruter par cooptation, désignaient les Tribuns et les Législateurs. On était loin de la Constitution de 93, qui avait prévu le suffrage universel. Il y a là un passage, ou plutôt une mutation, qu'il faut marquer.

Le Directoire était né du suffrage censitaire, et la Constitution de l'an III avait déjà placé, reconnaît honnêtement Madelin, « les masses ouvrières hors de la cité » : ce n'est pas un marxiste qui le dit. Boissy d'Anglas avait alors eu ce mot : « Un pays gouverné par les propriétaires est dans l'ordre social. » On avait admis que les possédants représentaient « la force et les véritables soutiens de l'État ». Les autres étaient des citoyens *passifs*, c'est-à-dire négligeables. Avec le 18-Brumaire, on en venait à la cooptation pure et simple, entre gens de bonne compagnie, le peuple renvoyé définitivement à ses travaux grossiers. Comme toujours en pareil cas, on affirma qu'il ne demandait que cela : il en avait assez des démagogues. Le 19 brumaire, devant ce qui restait du Conseil des Cinq-Cents, Cabanis avait assuré « que la classe indigente et manouvrière, qu'il était à portée de voir et d'entendre tous les jours, avait en horreur toutes ces prétendues lois populaires », et réclamait, elle aussi, un pouvoir fort. Ce vrai démocrate avait eu une belle envolée : « Égalité! liberté! république! noms chéris, noms sacrés, tous nos vœux, tous nos efforts, toutes les puissances de nos âmes vous appartiennent. » Il avait conclu qu'il fallait désormais des « institutions sociales vigoureuses [1] ». Et dans ses *Considérations sur l'organisation sociale et sur la nouvelle Constitution*, il définira sans ambages les motifs de son adhésion : « Voilà la bonne démocratie; la voilà avec tous ses avantages... Il

---

1. *Le Dix-Huit Brumaire ou tableau des événements...*, déjà cité.

n'y a plus ici de populace à remuer au forum ou dans les clubs; la classe ignorante n'exerce plus aucune influence ni sur la législature, ni sur le gouvernement. » Les notables étaient tenus pour seuls dignes de gouverner, mais ce sera Bonaparte qui gouvernera à leur place, sans eux, mais pour eux.

Dix jours après la proclamation de la Constitution, il installa au Luxembourg le Conseil d'État, véritable conseil du gouvernement, dont le rôle sera longtemps essentiel dans l'élaboration des lois, et qu'il truffera de ses créatures, tel Rœderer, mais aussi de légistes de l'Ancien Régime, d'anciens membres des assemblées révolutionnaires, de toutes nuances. « Napoléon avait réuni dans ce Conseil, écrira Stendhal, les cinquante Français les moins bêtes. » Il faut dire que le futur *Almanach impérial* mentionnera, parmi les auditeurs au Conseil d'État : « De Beyle, rue N.-du-Luxembourg, nᵒ 19 [1]. »

Lucien Bonaparte devint ministre de l'Intérieur, le Corps législatif et le Tribunat se réunirent le 1ᵉʳ janvier 1800, et moins de deux mois plus tard, un cortège accompagnait le Premier Consul aux Tuileries, les Conseillers d'État et les Sénateurs entassés dans des fiacres dont on avait caché les numéros avec du papier blanc. On improvisait encore, mais le pas était franchi : le petit Corse entrait dans le palais des rois morts. Quand sa voiture fut arrivée dans la cour, dit encore Mᵐᵉ de Staël, « ses valets ouvrirent la portière et précipitèrent le marchepied avec une violence qui semblait dire que les choses elles-mêmes étaient insolentes, quand elles retardaient un instant la marche du maître. Lui ne regardait et ne remerciait personne... En montant l'escalier au milieu de la foule qui se pressait pour le suivre, ses yeux ne se portaient sur aucun objet, ni sur aucune personne en particulier. Il y avait quelque chose de vague et d'insouciant dans sa physionomie, et ses regards n'exprimaient que ce qu'il lui convient toujours de montrer, l'indifférence pour le

---

1. *Almanach impérial, an bissextil M.DCCC.XII*, par Testu, imprimeur de Sa Majesté et libraire, rue Hautefeuille, nᵒ 13.

sort, et le dédain des hommes ». Tandis que Cambacérès et Lebrun entraient au château, Bonaparte sauta à cheval et passa les troupes en revue sur le Carrousel, à sa droite Murat et Lannes à sa gauche. Puis il se mit au travail, présidant une séance du Conseil d'État.

Il avait choisi comme comparses deux hommes graves et prudents qui ne le gêneraient pas. On voit Cambacérès au premier plan du tableau de David, empanaché, tenant la main de Justice, le menton volontaire. Il avait, conventionnel, voté la mort de Louis XVI, et deviendra archichancelier de l'Empire, disant à ses subordonnés : « En public, appelez-moi toujours Altesse Sérénissime. Mais quand nous serons seuls, il suffit que vous me disiez : Monseigneur. » Lorsque l'hôtel d'Elbeuf sera démoli, il aménagera somptueusement l'ancien hôtel Molé, rue Saint-Dominique, aujourd'hui ministère de l'Équipement, et y donnera des dîners qui seront célèbres. On y mangeait bien et on s'y ennuyait en silence : si quelqu'un élevait la voix : « Parlez donc plus bas, disait le maître de maison. A la vérité, on ne sait plus ce qu'on mange. » C'était un jurisconsulte compétent et satisfait, précieux pour la remise en ordre des lois qu'allait mener à son terme Bonaparte, docte organisateur, avec cette assurance que donne souvent la connaissance du Droit, où beaucoup de mémoire suffit. « L'Empereur, écrit Savary, était accoutumé à plaisanter avec Cambacérès, toutes les fois qu'il n'était pas question de législation et de jurisprudence. » Comme tous ses pareils, il savait à merveille trouver une justification juridique aux changements les plus arbitraires. Avec lui, le Droit triomphait toujours, je veux dire par tous les moyens. Ce faisant, Cambacérès survécut à tous les régimes sans être inquiété. Il traversait volontiers le Palais-Royal, escorté de deux chevaliers d'honneur où l'on croyait reconnaître ses mignons. « Le pauvre homme, a-t-on dit, avait l'air d'un vieux vice, et d'un vice rongé d'ennui. » Les rapports de police signalent qu'il passait pour mener de front trois intrigues avec des actrices, mais suggèrent qu'il

voulait ainsi donner le change, comme ces « aristocrates de
93 dont les portefeuilles étaient pleins de certificats de
civisme ». On se répétait ses propos, notamment ses souvenirs de jeunesse contés à ses familiers : « J'allais voir les
filles comme un autre, mais je n'y restais pas longtemps; dès
mon affaire finie, je leur disais : Adieu, Messieurs! et je m'en
allais. » Lorsqu'une actrice de la salle Montansier fut
enceinte, qu'il prétendait honorer de ses bontés, il assura
qu'il n'y était pour rien : « Je ne l'ai connue, dit-il, que pos-
térieurement. » Ces mots involontaires enchantaient, on lui
faisait des courbettes et on riait. Stendhal parle de « la
pesanteur pédante, saluante et protégeante de Cambacérès ».
Il se présentait couvert de cordons, coiffé d'une énorme perruque poudrée et portant tous ses ordres en diamants. Avec
Kellermann, il prit la tête de la franc-maçonnerie de rite
écossais, mais sous la Restauration, retiré de la politique, il
paraît qu'on le voyait assidûment à Saint-Thomas d'Aquin,
sa paroisse. « Le plus peureux des poltrons, dit dans ses
Mémoires Thibaudeau, Cambacérès demandait grâce aux
Bourbons. » Il commença son testament par ces mots : « Au
nom de la Très Sainte Trinité... » C'était lui pourtant, sous
la Convention thermidorienne, qui avait signé cette lettre
du Comité de Salut public, sur les prêtres français réfugiés
en Suisse : « Horde impure, qui ne respire que les désordres
et les crimes », on les vouait à « l'exécration et au mépris de
toute l'Europe [1] ». Pour l'instant, le passé révolutionnaire de
Cambacérès devait rassurer les républicains. Jouant sur tous
les tableaux, Bonaparte fit d'ailleurs de son frère, obscur
chanoine de Montpellier avant la Révolution, un archevêque
de Rouen, puis un cardinal. En octobre 1801, Cambacérès
l'avait appelé à Paris : « Le moment est venu, écrivait-il, de
songer à lui. » Le zèle apostolique pouvait enfin devenir
payant. Le frère du Consul arriva le mois suivant à l'hôtel
d'Elbeuf, et dès février 1802, éclairé sur ses mérites, Portalis

---

1. *La Décade philosophique, littéraire et politique*, 10 nivôse an III.

le proposait pour le siège de Rouen : « Il importe que le gouvernement ait en Normandie un homme qui soit dans sa
main. » Le nouvel archevêque était sacré au mois d'avril par
le nonce Caprara, et nommé cardinal moins d'un an plus
tard. Choisi pour sa parfaite soumission, le cardinal Cambacérès administra avec sévérité son diocèse, menant une vie
exemplaire, exigeant à tout propos que ses droits et sa
dignité d'évêque soient respectés, mais rendant volontiers à
César ce qui lui revenait : en 1814, quand le Sénat prononça
la déchéance de Napoléon, il s'empressa d'envoyer son
adhésion, et ordonna un *Te Deum* pour « l'heureux retour du
Roi dans ses États ». Le 20 mars 1815, comme Napoléon
arrivait aux Tuileries, il demandait encore à Dieu « la conservation du Roi et la prospérité de ses armes » : le cardinal
était mal informé. Cela ne l'empêcha pas d'être pair durant
les Cent-Jours et de menacer de révocation ou de suspension
les prêtres qui refusaient de chanter les prières pour l'Empereur, hâtivement remises en usage. Après Waterloo, il célébra
devant ses diocésains « le prix du nouveau bienfait que le
Ciel avait accordé à la France, en lui rendant son Roi et la
paix ». Comme il mourut en 1818, l'occasion ne lui fut pas
offerte d'autres palinodies.

Le troisième Consul Lebrun se rattachait à l'Ancien
Régime et avait été secrétaire de Maupeou. Les royalistes
en seraient apaisés. Pourtant, s'il faut en croire Napoléon
à Sainte-Hélène, c'était Cambacérès qui « n'était pas républicain » et voulait pousser le Premier Consul vers « les
gens de l'Ancien Régime », alors que Lebrun était plutôt
« libéral ». Au Sacre, devenu architrésorier, celui-ci portera
le sceptre. Comme Cambacérès fut fait duc de Parme, il
sera duc de Plaisance. « Un grand et noble vieillard, ainsi
le dépeint Molé, portant une abondante chevelure blanche
artistement bouclée, le teint pâle et uniforme, le visage
long, la tête forte, les yeux enfoncés et couverts, le regard
faux. » Lebrun n'avait pas la superbe de Cambacérès, davantage grand commis de l'État, et paraissant satisfait d'une

vie plus modeste. Avec cela, très soucieux de sa fortune, qui devint considérable. Mme de Rémusat dira de lui : « C'était un vieillard fort personnel, assez malin, et qui n'a été utile à personne. » D'autres ont dit : « Un fort brave homme, un bon bourgeois, aimant beaucoup l'égalité et voulant la faire protéger par le despotisme... » A la différence de Cambacérès, il n'avait guère d'influence. « On regardait le troisième Consul comme une cinquième roue à un carrosse » (Thibaudeau). Un autre aspect du personnage, plus complexe peut-être qu'on ne l'avait cru, est suggéré par des confidences de Napoléon à Caulaincourt. Lebrun n'aurait accepté du nouveau régime aucun poste et aucune fonction qu'avec l'« agrément des princes » : c'était un agent des Bourbons, mais agent double qui trahissait en sousmain, « dissimulé, adroit, inobligeant, dur et sans affection, dévoré d'ambition ». Il surnagea quelque peu à l'Empire, fut pair sous la Restauration, et présidait à quatre-vingts ans le Conseil des Prisons. Il avait su se donner les apparences d'un modéré qui s'adaptait à tout, et trouva finalement son salut dans la grisaille.

L'hiver 1800 fut brillant, si on le compare à ceux qui l'avaient précédé. Les émigrés rentraient, prudemment encore, mais ils rentraient. Chateaubriand débarqua à Calais le 6 mai, sous un faux nom sans doute, sachant qu'il risquait avec la police des ennuis, non l'échafaud. L'ancienne noblesse, encore étourdie des coups reçus, ne relevait pas la tête, elle reprenait haleine. Ce ne fut pas dans les environs du faubourg Saint-Germain qu'on célébra par des fêtes l'ordre retrouvé. On y était réservé, toujours sur ses gardes, on commençait à rassembler tant bien que mal ce qu'on avait cru perdu à jamais. Ceux qui ouvrirent leurs salons et rendirent à la vie de Paris son éclat, ce furent les hommes d'argent.

Bonaparte ne les aimait pas, et Ouvrard en sut quelque chose, mais le dilemme se posait, qui s'est posé tant de fois : on devait gouverner contre eux, ou avec eux. « Avant

d'obtenir de l'argent des capitalistes, observe benoîtement
M. Thiers, il fallait leur donner la satisfaction de supprimer
l'emprunt forcé progressif. » Cet emprunt avait été décidé
par le Directoire, et n'avait pas peu contribué à sa chute.
Une des premières mesures prises fut son abolition, le
28 brumaire. Le 3 frimaire, les maîtres de la finance, Perregaux, Davillier, Germain et quelques autres furent réunis
par Bonaparte. On leur demanda une avance de douze millions.

Le banquier Collot avait déjà donné des fonds pour ren-
verser un régime qui menaçait ses intérêts, et c'est aussi
grâce à lui qu'avait réussi le 18-Brumaire. Il s'était enrichi
dans la fourniture de la viande à l'armée d'Italie, et dans
un rapport de Clarke, chargé par Carnot, au temps du
Directoire, d'espionner habilement Bonaparte, il était indi-
qué que Collot passait pour être l'« homme » de celui-ci.
Collot ne sera pas déçu. Le nouveau gouvernement offrait,
dit la duchesse d'Abrantès, des perspectives alléchantes de
prospérité : les plus belles fêtes furent données « chez les
banquiers les plus riches, tels que M. Récamier, M. Perregaux, deux ou trois autres, puis MM. Séguin, Hainguerlot
et quelques millionnaires de leur force, qui rendaient en
plaisirs à la France ce qu'elle leur avait donné en fortune ».
A l'Opéra, le premier bal masqué depuis la Révolution fut
donné le 25 février 1800. « Qu'ils s'amusent, qu'ils dansent,
dit Bonaparte, mais qu'ils ne mettent pas le nez dans les
conseils du gouvernement. » Il se rendit lui-même à un autre
bal, chez Talleyrand, dont le retour aux Relations extérieures
favorisait les spéculations adroites qui feront sa fortune.
« Les salons qui avaient le plus d'éclat, raconte Thibaudeau, étaient ceux des fournisseurs, banquiers, gens d'affaires, qui s'étaient enrichis sous le Directoire. Personne ne
leur disputait en prodigalités, en folies. » Les frères et sœurs
du Premier Consul s'étaient abattus sur la France pour s'y
gorger d'argent. La promenade de Longchamp retrouva un
peu de son prestige. « Mmes Hainguerlot, Récamier et
Tallien s'y disputaient le prix de la fortune, et ces deux

dernières celui de la beauté. » Mme de Staël, fille de banquier, était revenue à Paris le 19 brumaire. Les affaires de Necker étaient liées à la firme du banquier suisse Heller, pour qui la campagne d'Italie avait été fructueuse. Mme de Staël se promettait merveilles de l'ordre nouveau. Benjamin Constant venait d'être nommé tribun, belle place pour acheter et vendre. « Vous êtes tous dans l'enchantement, écrivait Necker à sa fille. Je vous félicite non pas de tant d'esprit, mais de tant de bonheur. » Le monde qui triomphait en ces premiers jours de 1800 était celui des industriels, banquiers, acquéreurs de biens nationaux, anciens révolutionnaires nantis. « Paris semblait renaître, dira la reine Hortense. Les fortunes de la France avaient passé entre les mains des fournisseurs. Ils faisaient les honneurs de la capitale et prodiguaient dans une seule fête un argent trop facilement gagné. »

Sous l'Ancien Régime, les nobles montraient volontiers leur superbe. A compter du 18-Brumaire, ce fut l'argent qui n'eut plus aucune crainte de s'étaler. « Il semblait, écrit avec une certaine émotion Mollien, futur ministre du Trésor, que l'horizon de l'avenir s'éclaircissait pour la propriété... Dans le gouvernement qui s'établissait, chacun ne s'occupait que de la part qu'il pouvait y prendre, et des profits qu'il pouvait en attendre. » La confiance des hommes de finances, quoi qu'on en ait dit, fut immédiate. Ils eurent le sentiment qu'une ère nouvelle commençait pour eux, et Mollien n'est pas le seul à avoir connu une poussée de lyrisme. « Tous les esprits s'exaltèrent et chacun entrevit l'aurore du bonheur » : tel fut le 18-Brumaire, raconté dans une lettre par le banquier Barillon à son collègue Greffulhe. Depuis le 9-Thermidor, la société française était devenue, selon le mot prophétique de Robespierre, « le patrimoine des fripons adroits ». Mais avec des hauts et des bas, des menaces, des émeutes, des *enragés*, des *exclusifs*, qui faisaient méchamment parler d'eux : la sécurité manquait. La voici enfin, et sous le règne du sabre, on respire.

Bonaparte devait mettre Perregaux à la tête des banquiers et capitalistes qui constituèrent la Banque de France. Il avait été mêlé aux intrigues de Danton, distribuant l'argent anglais pour « souffler le feu aux Jacobins ». Arrêté deux fois, peut-être agent double, il était en 1798 sous la surveillance de la police. Son sort changea. Il sera sénateur de l'Empire, sa fille épousera Marmont et son fils la fille de Macdonald, union du sac et de l'épée. Dans la création de la Banque de France, il était assisté de Lecouteulx de Canteleu, qui avait réorganisé les mines d'Anzin, et par « toutes les grandes vedettes du haut commerce et de la banque ». Lors de l'Assemblée générale des actionnaires, le 22 vendémiaire an XII, Perregaux put annoncer que le dividende de l'an XI était de 17 fr. 33, soit 11 ½ % du capital. « Cette réponse est victorieuse », écrivit *Le Publiciste* dans les jours qui suivirent. On avait eu raison de faire crédit à Bonaparte. Mallet du Pan l'avait entrevu en 1793 : « Le moment approche dans lequel, en France, on ne verra plus que des sacs et des baïonnettes. »

Dès son arrivée aux Tuileries, Bonaparte avait fait arracher les arbres de la liberté, plantés dans la cour, qui faisaient de l'ombre aux appartements. Il s'installa au premier étage où était passé Louis XVI, et Joséphine au rez-de-chaussée, dans les pièces donnant sur le jardin où Marie-Antoinette était devenue en peu de mois une vieille femme à cheveux blancs. Rœderer raconte : « La première fois que je vis Bonaparte aux Tuileries, je lui dis, en considérant ces vieilles et sombres tapisseries et l'obscurité des appartements, où il n'y a pas de jour : " Ceci est triste, général. — Oui, dit-il, comme la grandeur. " » Bonaparte ne quittait guère son cabinet de travail, sa bibliothèque, son bureau topographique, que pour des réceptions officielles et de brefs dîners. Un petit escalier conduisait au logement de Bourrienne, juste au-dessus.

On renouvela le décor. Voyant les bonnets rouges peints sur les murs, Bonaparte avait dit : « Faites-moi disparaître

tout cela. Je ne veux pas de pareilles saloperies. » La galerie
de Diane fut ornée de grands hommes en buste : Démos-
thène, César, Washington, bien d'autres. Un ancien oratoire
devint une salle de bains. Dans le salon jaune qui précédait
sa chambre, Joséphine recevait ses intimes, la famille
Beauharnais, la famille Bonaparte. Les grands dîners avaient
lieu dans la galerie de Diane, et les participants y étaient
nombreux, tant civils que militaires. Tous les quinze jours,
le Premier Consul recevait le Corps diplomatique. On le
voyait aussi, sur le Carrousel, passant les troupes en revue.
Cette cour consulaire aux Tuileries n'était pas gaie. « On
était silencieux, dit Thiers, on s'observait, on suivait des
yeux le personnage extraordinaire qui avait déjà exécuté
de si grandes choses, et qui en faisait espérer de plus
grandes encore. On attendait ses questions, on y répondait
avec déférence. » La cour impériale ne sera pas plus gaie.
Marie-Louise écrira dans quelques années à sa belle-sœur :
« Vous savez que la vie qu'on mène aux Tuileries est bien
monotone, aussi je vous en épargne la description [1]. »

Les séjours à la Malmaison étaient tout différents. Lorsqu'on y partait, Bonaparte donnait l'impression d'un écolier
en vacances. « La Malmaison était un endroit délicieux »,
disait la reine Hortense. Joséphine avait acheté cette maison, « comme un enfant une poupée qui lui plaît », et
Bonaparte avait payé l'essentiel du prix, à son retour
d'Égypte. Le parc fut très agrandi par la suite, et ce sera
l'un des mérites de Joséphine, peut-être le seul, d'y avoir
acclimaté nombre d'arbres et de fleurs rares, que nous lui
devons. Elle se réfugiera à la Malmaison après le divorce,
et Napoléon, qui était sans rancune, viendra s'y souvenir
d'elle avant de partir pour Sainte-Hélène. Mais aux alentours de 1800, tout y était à la joie, et on y résidait plus
souvent même qu'aux Tuileries. Il faut se rappeler que
Bonaparte avait à peine trente ans, ses généraux guère

1. « Lettres de l'impératrice Marie-Louise et de la reine Catherine », *Revue
des Deux Mondes*, 15 mai 1928.

davantage, et que leurs femmes étaient plus jeunes encore.
Jamais cour ne fut aussi soldatesque, mais aussi peu encom-
brée de ces vieillards des deux sexes qui prolongeaient
volontiers leur vie au pied des trônes. On se détendait ici
des contraintes de Paris. Les appartements du Premier
Consul et de Joséphine étaient au premier étage, les aides
de camp, les secrétaires et les invités avaient leurs chambres
au-dessus [1]. C'est là qu'avant le lever du jour, Junot vit
entrer Bonaparte dans la chambre de sa femme, qu'on
croyait seule. « Mon Dieu, dit-il, mon général, que venez-
vous donc faire chez nos femmes à cette heure-ci ? » Entre
cinq et six heures du matin, Bonaparte descendait d'ordinaire dans son cabinet particulier, et on ne le voyait plus
qu'au dîner. Celui-ci était assez solennel, chaque mercredi,
où étaient reçus Cambacérès, des conseillers d'État, des
ministres. Mais les autres jours, il n'y avait que les familiers,
et si le temps était beau, on jouait aux barres dans le parc,
le Premier Consul mettant bas son habit et courant très
vite, trichant, paraît-il.

Plus tard, la cour consulaire se transportera aussi à
Saint-Cloud, mais sans y connaître la liberté relative de la
Malmaison. Ce n'était plus une résidence de campagne, où
Joséphine avait l'illusion d'être chez elle, mais un palais où
Bonaparte, maintenant consul à vie, faisait régner un ordre
tout militaire, sous la direction de Duroc. On s'y pliait
même à des simagrées religieuses. Le dimanche, Bonaparte
assistait à la messe avec Joséphine, à la place où se met-
taient jadis le roi et la reine. Vers cette époque, le ministre
de Prusse pourra écrire : « Tout reprend autour du Premier
Consul et de son épouse les allures et l'étiquette de Versailles. Le luxe d'apparat, équipages, livrées, nombreux
domestiques reparaissent de tous côtés. On met du choix
dans l'admission des étrangers, et les femmes étrangères
présentées au Premier Consul, au cercle de son épouse, lui

---

1. Gabriel Tiquet, *Le Trianon consulaire, souvenirs historiques et littéraires
sur La Malmaison*, Avignon, François Seguin imprimeur-éditeur, 1901.

sont nommées par un des préfets du palais. Il prend goût
à la chasse, et les forêts où chassaient jadis les rois de
France et les princes du sang vont être réservées pour lui
et les officiers de sa suite. » On galopait maintenant vers
le trône.

JOSEPH JOUBERT

Dans les rapports de police, qui déjà pullulaient, on trouve
des renseignements précieux sur l'état d'esprit des Français,
écho des conversations, dans les cafés, les salons, dans la
rue, mais au niveau le plus bas, ne serait-ce qu'en raison
de ceux qu'on payait pour les recueillir. Le changement
prodigieux que marquait l'avènement de Bonaparte, cette
renaissance d'une cour qu'on avait juré, voici peu, de ne
revoir jamais, ces Tuileries de nouveau ouvertes, il me
semble plus intéressant de savoir ce qu'en pensait l'esprit
le plus subtil, le plus modéré, le plus libre qu'il y eût en
France à ce moment-là, Joseph Joubert. Il vivait à Ville-
neuve, dans la vallée de l'Yonne, mais faisait encore des
séjours près de Sarlat, à Montignac, où il était né et dont il
avait été le premier juge de paix. Il écrivait à ses heures,
mais avec un tel souci de la perfection qu'il se refusa toujours à rien publier sous son nom. On a rassemblé après sa
mort les lambeaux d'une œuvre exquise. Une de ses lettres
à Mme de Beaumont, dans les tout derniers jours de 1799,
dit ses premières réactions au coup d'État. Pour lui, c'est
l'Institut et Sieyès qui ont pris le pouvoir :

« Je voudrais bien voir quelle mine vous faites aux asso-
ciés de Bonaparte... La nature avait fait ces hommes-là
pour servir de piliers à quelque obscur musée, et on en fait
des colonnes d'État! Il est fâcheux de ne sortir de l'horrible
règne des avocats que pour passer sous celui de la librairie...
Une fausse science va succéder à l'ignorance, et une fausse
sagesse à la folie. On fera mal avec méthode, avec sérénité

et avec une inaltérable satisfaction de soi-même... Que le ciel désengoue Bonaparte de ces messieurs, et, à ce prix, qu'il le conserve; car, malgré nos anciens dires, la nature et la fortune l'ont rendu supérieur aux autres hommes, et l'ont fait pour les gouverner. Mais je n'attendrai rien de bon de son pouvoir ni de sa capacité, tant qu'il sera assez sot pour croire que Sieyès même a plus d'esprit que lui. Cet homme a, dans la tête, une grandeur réelle qu'il applique à tout ce qui se trouve avoir, autour de lui, une grandeur de circonstance... Quel dommage qu'il soit si jeune, ou qu'il ait eu de mauvais maîtres! Il laissera, je crois, dans les têtes humaines, une haute opinion de lui; mais s'il vit peu, il ne laissera rien de durable, ni qui soit digne de durer. »

Peu de semaines, et tout est changé, Bonaparte apparaît à Joubert comme « un inter-roi admirable » :

« Cet homme n'est point parvenu; il est arrivé à sa place. Je l'aime. Sans lui, on ne pourrait plus sentir aucun enthousiasme pour quelque chose de vivant et de puissant... Je lui souhaite perpétuellement toutes les vertus, toutes les ressources, toutes les lumières, toutes les perfections qui lui manquent peut-être ou qu'il n'a pas eu le temps d'avoir. Il a fait renaître, non seulement en sa faveur, mais en faveur de tous les autres grands hommes, pour lesquels il le ressent aussi, l'enthousiasme qui était perdu, oisif, éteint, anéanti. Ses aventures ont fait taire l'esprit et réveillé l'imagination. L'admiration a reparu et réjoui une terre attristée, où ne brillait aucun mérite qui s'imposât à tous les autres. Qu'il conserve tous ses succès; qu'il en soit de plus en plus digne; qu'il demeure maître longtemps. Il l'est, certes, et il sait l'être. Nous avions grand besoin de lui!... »

Le scepticisme et la prudence sont devenus une adhésion passionnée, et cela, chez un solitaire très éloigné de la politique, le moins engagé qui soit, le plus prudent. Pourquoi?

LA FÊTE DE LA CONCORDE

Le 30 brumaire an VIII (21 novembre 1799), une circulaire de Laplace, alors ministre de l'Intérieur, avait annoncé que « la superstition n'aura pas plus à s'applaudir que le royalisme, des changements opérés le 18-Brumaire ». Le 24 frimaire (15 décembre), la Constitution était présentée aux Français comme « fondée sur les vrais principes du gouvernement représentatif, sur les droits sacrés de la propriété, de l'égalité et de la liberté ». La proclamation des Consuls ajoutait : « Citoyens, la révolution est fixée aux principes qui l'ont commencée : elle est finie. » Le même jour, c'était le ministre de la Police, Fouché, qui assurait que le nouvel ordre tendait à « réchauffer dans toutes les âmes les sentiments républicains », après avoir remarqué qu'il s'agissait aussi d' « enchaîner les passions révolutionnaires dans un gouvernement fort et puissant ». Le coup d'État du 18-Brumaire n'était donc pas présenté comme un retour en arrière, ce que d'ailleurs il n'était pas : il immobilisait la Révolution à un moment donné. On n'irait pas plus loin.

Nombre de Français apprirent avec joie que le temps des tumultes était passé, et aussi, il faut bien l'avouer, qu'on les protégerait, fût-ce d'une rude manière, contre les Jacobins. Les fêtes qui commémoraient la mort du roi, la proscription des Girondins et la chute de Robespierre furent supprimées. On ne conserva que celles du 14 juillet et du 21 septembre (1er vendémiaire), celle-ci rappelant l'avènement de la République qui n'était donc pas reniée. Mais aussitôt, une certaine machine se mit en route, qui irait droit son chemin, tantôt caché, tantôt à ciel ouvert. Dès le lendemain du coup d'État, un arrêté des Consuls avait banni 34 Jacobins et en avait fait interner 19 autres. Fouché interviendra pour qu'il n'en soit rien. Le mouvement était cependant donné, qui ne se démentira à aucun moment, qui conservera les « intérêts » révolutionnaires et méconnaîtra toujours davantage les principes de la Révolution, pour aboutir au mariage de Napoléon avec une archiduchesse d'Autriche dont l'entourage sera composé d'anciens émigrés et de royalistes peu convertis.

La liste des émigrés fut déclarée close à dater du 25 décembre 1799, et une commission chargée d'accueillir les demandes de radiation. Elle avait la réputation d'être bienveillante, si l'on n'arrivait pas « les mains vides ». Des certificats, souvent faux, attestaient qu'on n'avait pas quitté la France, et on se trouvait radié. Avait-on émigré ou pas, si votre nom n'était pas sur les listes, on n'avait plus à craindre de l'y voir un beau jour, sur la dénonciation de quelque voisin mécontent. On imagine le soulagement de bien des gens. Fouché, autant que Bonaparte, favorisera la rentrée des émigrés, s'attirant la faveur des royalistes bien qu'il ait redouté plus que tout une restauration des Bourbons. Il y aura bien quelque retour de rigueur à l'égard des émigrés, lorsqu'ils paraîtront vouloir inquiéter les acquéreurs de biens nationaux ou se mêler de conspirations, mais cette politique d'apaisement sera finalement reprise et élargie. Lucien Bonaparte, devenu ministre de l'Intérieur, écrivait aux préfets : « Le gouvernement ne veut plus, ne connaît plus de partis et ne voit plus en France que des Français. » Parmi les préfets, d'ailleurs, des hommes d'opinions modérées, un seul républicain qui le restera à peu près, Jean Bon Saint-André, et de nombreux royalistes ralliés. Joséphine, par sa grâce, sa politesse d'Ancien Régime, ses origines quelque peu aristocratiques, contribuait à la soumission de nombre de ci-devant. Le comte de Narbonne, arrivant d'émigration, disait de Bonaparte : « Il a mis toutes nos têtes sur ses épaules. » Le 14 juillet devint la « Fête de la Concorde », et à bien des égards ce ne fut pas un vain mot.

On supposait dans certains milieux que Bonaparte voulait rétablir les Bourbons, et pour l'en presser, Hyde de

Neuville, conduit par Talleyrand, lui rendit visite. « La France les repousse », dit Bonaparte. Le comte de Provence adressa au Premier Consul une lettre fort gracieuse, à laquelle Bonaparte répondit poliment, après Marengo, sans laisser au prétendant le moindre espoir : « Vous ne devez pas souhaiter votre retour en France, il vous faudrait marcher sur cent mille cadavres. » Les émigrés qui repassaient la frontière y laissaient souvent leurs illusions, annonça tristement au comte de Provence l'une de ses correspondantes : « Les uns obtiennent des surveillances, à l'abri desquelles ils travaillent sans inquiétude à leurs affaires; les autres ne sont munis d'aucune garantie légale; ils se montrent, vont, viennent, remplissent les spectacles, fréquentent les rendez-vous publics... D'après cela, beaucoup d'émigrés se sont faits les chevaliers de Bonaparte. » Le 28 vendémiaire an IX (20 octobre 1800), un arrêté décida la radiation de diverses catégories d'émigrés, dont la liste tombera ainsi de 100 000 à 52 000 noms. Les radiés revinrent en foule, bientôt avides de places. L'oubli se faisait donc, du côté des adversaires de la Révolution, les familles se retrouvaient, et on recommençait à vivre. Bonaparte fit rendre à la noblesse une partie des biens dont on pouvait encore disposer, en marquant toujours que ce n'était pas un droit, mais une faveur qu'on devait au Premier Consul.

Du côté de l'Église, les mesures furent prises avec prudence. Les catholiques avaient été divisés gravement par la Révolution : dans les granges, les greniers, dans une chambre, des fidèles assistaient à la messe des prêtres réfractaires, et d'autres, moins nombreux, suivaient les offices des prêtres constitutionnels, seuls tolérés par l'État, mais en rupture avec Rome. L'année 1799 n'était pas achevée que Bonaparte autorisa l'ouverture des églises, le dimanche, et ordonna qu'on rendît les honneurs funèbres à Pie VI, que la République avait malmené et qui était mort en France. C'était un premier pas. « L'influence de Rome est incalculable, avait écrit Bonaparte au temps du Directoire. On a très mal fait de

rompre avec cette puissance. » Il montra très vite qu'il
voulait renouer. A Milan, en juin 1800, il réunit les curés de
la ville et leur dit qu'une réconciliation de la France et de la
Papauté était possible, allant jusqu'à parler de la « cruelle
politique du Directoire ». Il assista à un *Te Deum*, « malgré
ce que pourront dire nos athées de Paris », et rendit visite au
cardinal Martiniana, lui disant vouloir rétablir la religion en
France, à des conditions que le prélat trouva « très modérées ». Le mois suivant, on permit aux Français non fonctionnaires de chômer, s'ils le voulaient, le dimanche au lieu
du décadi. Bonaparte confiait à Rœderer : « Il n'y a que la
religion qui puisse faire supporter aux hommes les inégalités
de rang, parce qu'elle console de tout. » Des négociations
furent entreprises avec le Saint-Siège, dont l'envoyé,
Mgr Spina, arrivera à Paris le 14 brumaire an IX (5 novembre
1800). Le Pape finit par renoncer aux biens nationaux alié-
nés, qui avaient appartenu au clergé, alors qu'il avait d'abord
menacé les acquéreurs « du châtiment d'Héliodore [1] ». Il
envisagea aussi la démission des évêques d'Ancien Régime.
Toutefois, dit Consalvi, « cette épine déchirait cruellement
son cœur ». Les premiers obstacles à un Concordat possible
étaient donc levés, et on pensait que le catholicisme pourrait
être déclaré « religion de la majorité des Français ». Le clergé
et les fidèles, même si aucune mesure décisive n'était prise,
devinaient qu'un esprit nouveau de tolérance était en train
de naître. On n'exigea des prêtres réfractaires qu'une simple
promesse d'obéir aux lois, et non plus le serment qu'ils
avaient refusé de prêter. Beaucoup purent reparaître sans
être désormais inquiétés. Tous, d'ailleurs, ne signèrent pas
le nouvel engagement qu'on leur proposait, et continuèrent
à exercer leur ministère dans des asiles discrets, mais sans
craindre la déportation, comme sous le Directoire. Le sous-
préfet d'Yvetot signalait qu'ils célébraient la messe « à
l'ombre des flambeaux nocturnes, pour ajouter au prestige

1. *Lettre de Pie VII à l'évêque de Luçon*, 17 mai 1800, Venise, chez François
Andreola, 1801.

religieux par le recueillement qu'inspirent à leurs sectaires le silence et les ténèbres de la nuit ». A Rouen, dans une seule rue, dite du Champ-des-Oiseaux, il y avait une chapelle dans cinq maisons. Le préfet de la Haute-Garonne prit un arrêté expulsant tous les prêtres insoumis : on fut généralement moins rigoureux. Ceux qui se soumirent purent célébrer leur messe publiquement dans les églises, parfois dans celles même où officiaient les prêtres constitutionnels, à des heures différentes, naturellement. On eut ainsi trois clergés catholiques, réfractaire, soumis, et constitutionnel, qui s'arrangeaient entre eux comme ils pouvaient.

Bonaparte entendait par cette tolérance réduire la chouannerie, plus encore révolte religieuse que mouvement politique. Le 2 mai 1792, le Vendéen Guillou qui défendait avec sa fourche le portail de son église, et qu'on sommait de se rendre, avait crié avant de mourir : « Rends-moi mon Dieu ! » Précisément, le nouveau régime se flattait de rendre son Dieu à qui voulait. La pacification fut obtenue grâce à l'entremise de l'abbé Bernier, curé de Saint-Laud-les-Angers, ancien prêtre réfractaire, « agent général des armées catholiques et royales », maintenant rallié. Bonaparte offrit bientôt l'armistice à tous les Vendéens qui rendraient leurs armes. En même temps, il menaça des pires représailles, si la rébellion se poursuivait. Le 25 janvier 1800, Toustain, conspirateur royaliste, était fusillé à Paris. « Tous les jours, écrivit Bonaparte, on fusille ici cinq ou six chouans. » Il faisait des exemples, mais n'était pas, comme les révolutionnaires de 93, un homme à principes : il frappait pour impressionner, et accueillait tous les ralliements. « Pour moi, disait-il, je n'ai qu'un besoin, c'est celui de réussir. »

D'Autichamp avait fait sa soumission à Montfaucon, imité par les chefs royalistes de la rive droite de la Loire, et enfin par Cadoudal, dont la sincérité restait douteuse. « L'olivier de la paix remplacera sur les deux bords de la Loire les tristes cyprès que la guerre a fait naître », écrivit Bernier, dans le style bucolique du temps. On accorda un sauf-conduit à Frotté, qui fut pourtant pris et fusillé. Rœderer annonça sans aucune honte la nouvelle au Corps législatif : « Au moment où vous venez de donner à la France une administration ferme et paternelle, vous apprendrez avec plaisir un événement qui achève de rendre aux lois de la République les départements qui s'y étaient soustraits. Le Premier Consul me charge de vous annoncer la prise de Frotté et de tout son état-major. » Il montra des objets pris sur les fusillés : des croix de Saint-Louis, des fleurs de lys, des cachets, des poignards. C'est le lendemain que Bonaparte s'installait aux Tuileries. Il y reçut la visite de Bourmont et de Cadoudal, qui sortit furieux de ne l'avoir pas étranglé et partit pour l'Angleterre avec Hyde de Neuville. Quant à Bourmont, il entra en rapport avec Fouché et commença sa longue et tortueuse carrière de traître. « Bourmont, qui paraissait alors vouloir servir la police... », lit-on dans l'Acte d'accusation du procès Cadoudal, au cours duquel on rapporta qu'on avait songé à Bourmont, pour faire arrêter les auteurs de l'attentat de la rue Saint-Nicaise. Emprisonné quatre ans, il s'évada, entra dans l'armée française, se battit en Russie et en Allemagne, devint général de brigade et se couvrit de honte en passant à l'ennemi, le 15 juin 1815, communiquant aux Alliés les renseignements qu'il pouvait avoir sur l'offensive que Napoléon préparait. Les Bourbons le firent maréchal de France. C'était un homme, dit Chateaubriand, « à la physionomie spirituelle, aux beaux yeux doux de couleuvre ». Et un rapport de police le décrivait ainsi : « M. de Bourmont est petit, remarquablement joli garçon, très spirituel, très intelligent et très brave, discret, dissimulé, capable même de fourberie, doux, affable, bienveillant par nature, un peu irrésolu, d'une ambition sans bornes, et plus essentiellement homme de plaisir [1]. »

Début mai 1800, l'agence royaliste de Paris qu'avait animée Hyde de Neuville et qui avait eu, sinon beaucoup d'acti-

---

1. Léonce Pingaud, « Bourmont et Fouché », *La Revue de Paris*, 15 août 1912.

vités, du moins beaucoup de projets, fut découverte et démantelée. On donna une certaine publicité à cette affaire, présentée comme une *conspiration anglaise*, et que l'argent reçu de Londres avait en effet alimentée. La guerre civile s'achevait à l'Ouest, et seules quelques bandes résistaient encore : on attaquait les voitures sur les routes, on enlevait le sénateur Clément de Ris, on tuait l'évêque constitutionnel du Finistère, Audrein, mais ce n'étaient plus que des coups de main, inspirés par Cadoudal, revenu et qui se cachait. « Prenez mort ou vif ce coquin de Georges, écrivait le Premier Consul; si vous le tenez, faites-le fusiller dans les vingt-quatre heures. » Fouché lança quelques alguazils à ses trousses, alléchés par une prime de vingt-quatre mille francs. Un certain nombre parvinrent jusqu'à Cadoudal, averti par sa propre police, et exécutés. On l'aperçut encore dans la campagne, à cheval, escorté de quelques fidèles, « tous bien montés, bien armés et bien vêtus ». Puis, presque seul et découragé, il passa à Jersey et en Angleterre. En octobre 1800, un chouan se fit prendre à Paris, qui voulait tuer le Premier Consul, Margadel, dit Joubert. Il sera fusillé le 29 décembre, sans jugement.

Un État fort et qui ne tolérait plus d'opposition succédait aux désordres du Directoire. Les révolutionnaires assagis qui constituaient le Sénat étaient, pour la plupart, préparés à bien des soumissions. Il n'en était pas tout à fait de même au Tribunat. A peine installé, le tribun Duveyrier évoqua dans un discours, peut-être fortuitement, « l'idole de quinze jours ». Un contemporain relate sa conversation avec Bonaparte, le lendemain, au Petit-Luxembourg : « Le salon était rempli de généraux qui formaient un ovale assez étendu, dans lequel le Premier Consul se promenait seul. Il me salua ; mais il n'eut pas fait deux tours, qu'en s'adressant à moi, il tomba à bras raccourcis sur ce pauvre Duveyrier... " J'étais dans le bain, disait-il, quand on m'a lu cette phrase ; il était minuit : un tel, mon aide de camp, demandait à aller sur-le-champ lui couper les oreilles ; je ne l'ai pas voulu... "

Il répétait : " Avec cinquante de mes grenadiers, je ferai foutre le Tribunat à la rivière [1]. " » Duveyrier comprit son erreur, et se rétracta aussitôt. Moins habile fut Benjamin Constant, qui à la fin de la même semaine crut pouvoir annoncer que le Tribunat « résisterait » aux propositions de lois qui lui sembleraient mauvaises, et entendait disposer d'un temps raisonnable pour les examiner. « On nous présente, pour ainsi dire, les propositions au vol, dans l'espérance que nous ne pourrons nous en saisir; on veut leur faire traverser notre examen comme une armée ennemie, pour les transformer en lois sans que nous ayons pu les atteindre. » Bonaparte entra de nouveau dans une de ces colères auxquelles il savait s'abandonner au bon moment. A dire vrai, Benjamin Constant avait tout fait pour être membre du Tribunat, et Bonaparte s'était résigné à l'y nommer, sur l'insistance de son frère Joseph, lui-même cajolé par Mme de Staël. Les journaux à la dévotion du pouvoir se déchaînèrent contre elle et son protégé : « Ce n'est pas votre faute si vous êtes laide, mais c'est votre faute si vous êtes intrigante... Vous savez le chemin de la Suisse... Emmenez votre Benjamin. » Celui-ci tenta par l'intermédiaire d'un ami d'expliquer au Premier Consul que ses intentions étaient bonnes. Rien n'y fit, l'opinion de Bonaparte ne changerait plus, et deux ans plus tard Constant fut éliminé du Tribunat avec tous les « idéologues » de son espèce. C'est ce qu'il racontera sous la Restauration, disant qu'il avait « refusé de servir » l'usurpateur, et « renoncé pour ne pas subir le joug, aux seules fonctions que jamais il avait ambitionnées sur la terre ». Il n'avait renoncé à rien, et fut congédié. Mme de Staël, éloignée de Paris par ordre du Maître, dont elle avait rêvé d'obtenir les faveurs, ne s'en consola pas. Ce qu'elle écrivait encore en juin 1800 peut s'entendre de plusieurs manières : « Le vrai tribun, le vrai sénateur, le vrai législateur, c'est Bonaparte.

1. J.-Ch. Bailleul, *Examen critique des Considérations de Mme la baronne de Staël sur les principaux événements de la Révolution française*, Renard et Delaunay, 1822, tome II, p. 428-429.

Le pays s'en trouve beaucoup mieux. N'est-ce pas alors le cas d'oublier les principes? C'est ce que l'on fait assez généralement. »

La Constitution de l'an VIII ne disait mot de la liberté de la presse. Cet oubli n'était pas fortuit, et on en profita aussitôt. Il existait soixante-treize journaux politiques, et soixante furent supprimés par arrêté du Premier Consul, « pour la durée de la guerre ». A la fin de 1800, il n'en subsistait plus que neuf, dont *Le Moniteur*, devenu officiel. Pour jouer une pièce nouvelle, il fallut désormais une autorisation administrative. On réforma l'Institut, supprimant la classe des Sciences morales et politiques, repaire de gens douteux, dont l'esprit restait trop libre. Les finances publiques furent reprises en main, les impôts collectés de nouveau normalement, les soldes et traitements payés, surprise agréable après l'incurie du Directoire. Cela valait bien qu'on eût au cou cette petite marque que laisse le collier. Des préfets furent nommés dans toute la France, agents actifs et autoritaires du gouvernement. Le comte de Vaublanc, qui allait être préfet de Metz, atteste dans ses *Mémoires* que la création des préfets ne laissait « aucun espoir aux factieux », et en dit le pourquoi et tous les bienfaits : « Cette magistrature était une des institutions les plus monarchiques qu'on ait jamais imaginées; elle était parfaitement adaptée au caractère français et à la nécessité de rétablir l'ordre, après une horrible révolution. Leur costume et l'épée qu'ils portent avertissaient sans cesse ces magistrats qu'ils devaient être fermes, actifs, courageux, et présentaient au peuple l'idée d'une magistrature énergique. » Leur uniforme apparaissait à Vaublanc comme une invention merveilleuse : « Ce costume leur permet de se transporter partout où c'est nécessaire, de faire leurs tournées à cheval, de parcourir ainsi les chemins de traverse... »

A Paris, « la grande loi organique de pluviôse, et le décret du 17 ventôse an VIII avaient institué, à la place de l'ancien Conseil départemental, un préfet de la Seine; à la place du bureau central, un préfet de police; au lieu de deux collectivités, deux hommes » (Vandal). Nous bénéficions toujours, Dieu merci, de cet heureux changement.

Les tribunaux furent réorganisés et hiérarchisés : les juges n'étaient plus élus, sauf les juges de paix et les magistrats consulaires. L'élection des autorités locales disparut aussi. Sur des listes de « notabilités » furent choisis les membres des Conseils généraux et d'arrondissement, et des Conseils municipaux. Le Premier Consul nommait les maires des communes de plus de 5 000 habitants. La réforme administrative et judiciaire de l'an VIII remit en ordre la France, plus centralisée désormais qu'elle n'aurait pu l'être si le règne des Montagnards s'était poursuivi, mais cette fois en vue de permettre la suprématie sans contrôle de Bonaparte, et de rassurer définitivement les notables, confirmés dans leurs biens, ce qui était l'essentiel. Avec l'Empire, on verra reparaître les impôts indirects dans le budget de l'an XII : ce furent les « droits réunis », exécrés du peuple, mais tout à l'avantage des possédants que l'impôt foncier atteignait seuls. Une loi devait créer les lycées, à la place des écoles centrales, d'esprit trop « philosophique ». L'enseignement secondaire formerait de futurs fonctionnaires et officiers, en les dressant militairement. En octobre 1803, il y aura 30 lycées, 370 collèges, et 800 écoles secondaires libres appliquant un programme d'études identique. « Il faut avant tout arriver à l'unité, et qu'une génération tout entière puisse être jetée dans le même moule. » La vie était sévère dans les lycées : lever à 5 heures et demie, coucher à 9 heures, et pendant tout le jour, moins de deux heures de récréation [1]. Quant à l'enseignement supérieur, Napoléon voudra que les facultés soient aux mains de professeurs tout dévoués à l'État, véritable « congrégation laïque », qui poursuivront la tâche commencée par les lycées et répandront les bienfaits de la « discipline nationale ». En revenant de

[1]. Edmond Pottier, « La vie d'un lycéen sous l'Empire », *Revue des Deux Mondes*, 15 octobre 1932.

Russie, Napoléon disait à Caulaincourt : « Fontanes aurait voulu me faire des marquis... Il me faut des conseillers d'État, des préfets, des officiers, des ingénieurs, des professeurs. Il faut donc donner un grand développement à l'instruction et tremper un peu les jeunes têtes des Grecs et des Romains. L'important est de diriger monarchiquement l'énergie de ces souvenirs, car voilà la seule histoire. »

Une commission fut désignée, chargée de mener à son terme l'élaboration du Code civil, qui consacrera la mort du régime féodal. Les lois ainsi codifiées seront d'une prévoyance sans défaut, pour tout ce qui concerne la propriété foncière, rétabliront l'autorité du père de famille sur les enfants et sur la femme, supprimeront le divorce pour « incompatibilité d'humeur », et réglementeront dans le dernier détail le contrat de mariage, affaire d'argent, grande affaire. « Le corps entier du Code civil est consacré à définir ce qui peut tenir à l'exercice du droit de propriété, droit fondamental sur lequel toutes les institutions sociales reposent. » Ainsi s'exprimait Portalis, l'un des créateurs du Code Napoléon : on ne peut être plus explicite. Ce fut un Code de possédants. Il s'agissait de fixer les transferts de propriété nés de la Révolution, et de régler la « dévolution » à venir et incontestable de ces biens. « Que m'importe, disait Bonaparte, l'opinion des salons et des caillettes : je ne l'écoute pas. Je n'en connais qu'une : c'est celle des gros paysans. Tout le reste n'est rien. » Il ajoutait, parlant de 1789 : « La liberté n'a été qu'un prétexte. »

Il créa une armée dite de réserve, secrètement rassemblée dans les vallées de la Saône et du Rhône, à laquelle on incorpora 30 000 conscrits de 1800, et dont le commandement fut confié à Berthier, sous les ordres du Premier Consul, qui la rejoignit avant de franchir avec elle le Grand-Saint-Bernard. A Londres et à Vienne, on avait bien ri de cette armée de réserve, dont le nom modeste avait été choisi à dessein, et que les journalistes présentaient comme une bande d'éclopés et de béquillards, ramassés dans les hôpitaux. Bonaparte put ainsi, là où on l'attendait le moins, « tomber comme la foudre » à travers les Alpes sur les arrières de l'ennemi. On a tout dit de l'audace de cette entreprise, et du courage qu'il fallut aux troupes pour la mener à bien. L'armée d'Allemagne, sous les ordres de Moreau, avait passé le Rhin, et attaqué les Autrichiens en direction du Danube, vers Ulm. M. Thiers, grand stratège, donne tous les détails sur cette manœuvre en tenaille qui devait porter la guerre au cœur de l'Autriche, et suggère qu'elle aurait été mieux conduite, s'il avait été là. En 1799, l'Italie presque tout entière avait été perdue pour les Français, Milan occupée par les Autrichiens et les Russes, les Jacobins pourchassés et déportés. Seul Masséna tenait encore Gênes. Le 2 juin 1800, Bonaparte entrait à Milan, le 9 Lannes battait les Autrichiens à Montebello, lui-même « couvert de sang, partout au milieu du feu », et le 14, c'était la victoire de Marengo. La paix de Lunéville avec l'Autriche, au début de l'année suivante, donna la rive gauche du Rhin à la France, qui rétablit son hégémonie sur l'Italie, et les victoires de Moreau en Allemagne, surtout celle de Hohenlinden, en décembre, qui repoussa les Autrichiens jusqu'aux portes de Vienne, contribuèrent pour beaucoup à cette issue heureuse. Mais, aux yeux des Français, informés de la bonne manière, le triomphateur, ce fut Bonaparte, à qui Moreau ne devait pas pardonner. Un seul ennemi sérieux demeurait, l'Angleterre. Le Premier Consul avait multiplié les gestes d'amitié à l'égard de Paul Ier, tsar de Russie, dont l'envoyé vint à Paris. Ce n'était pas seulement la paix que Bonaparte entendait conclure, mais une véritable alliance contre l'Angleterre. Mais en mars 1801, Paul Ier sera assassiné, et la paix ne sera conclue avec la Russie qu'en octobre 1801.

La nouvelle de Marengo était parvenue à Paris le 22 juin, après que le bruit ait couru d'une défaite de Bonaparte, ce qui avait fort agité les esprits, certains cherchant déjà une solution de rechange. On pensait à La Fayette, à Carnot, au duc d'Orléans. Joseph et Lucien Bonaparte pensaient à

eux-mêmes. Quand la victoire fut connue, le « tiers conso-
lidé », qui était de onze francs la veille du 18-Brumaire,
passa de vingt-neuf à trente-cinq francs. En six mois, les
rentiers avaient triplé leur capital : comment auraient-ils
marchandé leur confiance? On alluma dans Paris des feux
de joie, autour desquels le peuple dansait. La paix intérieure,
la sécurité au prix de la servitude, les fortunes bâties grâce
à la Révolution solidement assises, de rapides bénéfices, la
gloire militaire et l'espoir de voir s'achever une guerre qui
depuis près de dix ans n'avait pas cessé, tout contribuait
à rassembler la masse des Français autour de Bonaparte, et
à fortifier son pouvoir. Seuls quelques républicains refusaient
de plier. Certains souhaitaient poignarder le Premier Consul,
et méditèrent d'y procéder à l'Opéra, le 10 octobre 1800.
Il y avait parmi eux autant de mouchards que de conspirateurs, et l'affaire puait la provocation policière. On les
arrêta avant qu'ils aient fait un geste. Au Tribunat et au
Corps législatif, on eut longtemps des velléités d'indépendance. Une loi sur les archives de la République fut repous-
sée. D'autres, sur les justices de paix, les tribunaux spéciaux,
les finances, furent très discutées. Marie-Joseph Chénier
et Guinguené demandèrent avec véhémence qu'on en
revînt « aux principes républicains, aux institutions républicaines, à l'opinion républicaine ». Benjamin Constant se
manifesta encore, notamment à propos du traité de paix
avec la Russie, où le mot *sujets* était employé. Des millions d'hommes « ne s'étaient pas fait tuer pendant dix
ans au nom de la liberté, pour que leurs frères redevinssent
des sujets ». Marie-Joseph Chénier ajouta que « ce mot
devait rester enseveli sous les ruines de la Bastille ». Le mot
passa. Quand on en vint à la discussion du Code civil et
qu'il fut question d'un Concordat, l'opposition dans les deux
assemblées redoubla. Dès lors, la décision de Bonaparte
était prise : « Que voulez-vous faire avec des gens qui, avant
la discussion, disaient que les conseillers d'État et les consuls
n'étaient que des ânes? » Grâce à la complaisance du

Sénat, et en interprétant la Constitution avec souplesse, dans
les premières semaines de 1802, les « nébuleux métaphysiciens » les plus déclarés du Corps législatif et du Tribunat furent exclus. « Tout est accompli, au moins pour
tous nos amis », avait dit un billet adressé à Mme de Staël,
peut-être par Benjamin Constant [1]. Bonaparte ne cachait pas
depuis quelque temps qu'il voulait en finir : « Vous avez
élevé, dit-il à Bailleul, une opposition intempestive : on a
prétendu me tenir la dragée haute. Je suis homme, et je n'ai
pas la prétention d'être parfait. Je ne suis pas d'humeur à
souffrir qu'on me brave. J'ai toujours attaqué le premier,
et je m'en suis bien trouvé. C'est ce que j'ai fait [2]. » On
remplaça les exclus par « des gens sages et paisibles », selon
la formule de Thiers qui s'y connaissait en tartuferie. Ce
fut alors que Benjamin Constant dut sortir du Tribunat,
que Carnot et Lucien Bonaparte y entrèrent. Cependant
Bernadotte conspirait prudemment, et des royalistes répan-
daient encore contre le Premier Consul des pamphlets
injurieux. Laure Junot, qui n'était pas encore duchesse
d'Abrantès, ouvrit un jour dans son bain une grande enve-
loppe qu'on venait de déposer à sa porte : une liasse de
libelles s'en échappa et dégringola dans la baignoire.

SAINT-NICAISE

C'était une petite rue réunissant la rue des Orties, qui
longeait la galerie du bord de l'eau, à la rue Saint-Honoré,
en traversant la place du Carrousel. Presque dans son pro-
longement, la rue de Richelieu, alors rue de la Loi, conduisait à l'Opéra. Le 3 nivôse an IX (24 décembre 1800), on y
donnait *La Création* de Haydn, à laquelle le Premier Consul
et sa femme devaient assister. A sept heures, les premières

1. Catalogue de l'Exposition « Madame de Staël et l'Europe », Bibliothèque
Nationale, 1966.
2. J.-Ch. Bailleul, *Examen critique...*, déjà cité.

mesures de l'oratorio étaient à peine jouées, quand on entendit comme un coup de canon.

Trois chouans, Limoëlan, Carbon et Saint-Réjant, agent de Cadoudal, avaient placé un tonneau, contenant de la mitraille et de la poudre, sur une petite charrette traînée par une jument qu'ils avaient conduite rue Saint-Nicaise, et arrêtée de manière que le passage y fût malaisé. Saint-Réjant, caché derrière une palissade, comme il y en avait beaucoup dans la rue, devait mettre le feu en tirant sur une ficelle. Bonaparte sortit le premier de la cour des Tuileries, Joséphine s'attardant quelques minutes pour ajuster sa toilette. L'explosion se fit entre les deux voitures, tuant des militaires de l'escorte et des gens du quartier, qui regardaient. Saint-Réjant avait demandé à une petite fille de quatorze ans de tenir la bride de la jument, et elle fut déchiquetée. Un de ses bras fut retrouvé sur la corniche d'une maison. Bonaparte et sa femme arrivés dans leur loge, et la nouvelle s'étant répandue, on les acclama, Bonaparte impassible, Joséphine en pleurs. L'émotion fut considérable, le soir même aux Tuileries, et le lendemain dans tout Paris. Bonaparte déclara au Conseil d'État que l'attentat était l'œuvre des *septembriseurs* : « c'est un complot de terroristes ». Fouché n'en croyait rien, et quelques semaines plus tard on arrêtait deux des royalistes auteurs de l'attentat. Le troisième, Limoëlan, compagnon d'enfance de Chateaubriand et qui avait peint en miniature sa sœur Lucile, devait réussir à passer en Amérique, où il entra dans les ordres. Dès le 11 nivôse, Bonaparte avait commencé à admettre que les *terroristes* pouvaient être étrangers à cette affaire, mais n'en déclarait pas moins : « Ils sont souillés de tous les crimes. Ils font horreur à la France. » Il profita de cette occasion pour frapper les plus irréductibles.

J'avais eu l'impression qu'on pouvait aborder heureusement Bonaparte, en évoquant son amour pour Joséphine, qui est assez pathétique. On peut l'aborder aussi par l'attentat de la rue Saint-Nicaise. La destinée de l'Empereur sera

douloureuse : insulté, trahi de toutes parts, séparé de sa
femme et de son fils, il sera déporté dans une petite île sous
la surveillance d'un geôlier soupçonneux, peureux et sans
générosité. En prose ou en vers, il y a cent cinquante ans
qu'on fait de la littérature, bonne ou mauvaise, à ce sujet.
A Sainte-Hélène, Napoléon ne cessera de protester contre
l'indignité du sort qu'on lui avait réservé, et il n'avait pas
tort. « On ne peut citer, dans les temps modernes, disait-il,
une pareille barbarie. » Ceci est moins sûr. Une semaine
après l'attentat de nivôse, Bonaparte fit dresser une liste de
cent trente Jacobins, dont la déportation sans jugement
fut approuvée par sénatus-consulte. Le jour du scrutin,
Cabanis ne parut pas au Sénat, opposant désormais mais
non téméraire. « Parmi les hommes que la police vient de
signaler, commenta *Le Moniteur*, tous n'ont pas été pris le
poignard à la main, mais tous sont universellement connus
pour être capables de l'aiguiser et de le prendre. Il ne s'agit
pas aujourd'hui de punir le passé, mais de garantir l'ordre
social. » Sans doute Fouché, dont les relations étaient
nombreuses de ce côté, put-il sauver certains. Il fallut bien
que les autres aillent mourir au bagne, puisque Bonaparte
jugeait cette infamie utile à sa politique : ce sont des faits
à ne pas oublier, quand il deviendra une victime plus tard.
Dans le même temps, il fit guillotiner les membres de la
« conspiration jacobine » d'octobre précédent : Arena, Ceracchi, Topino-Lebrun et Demerville. Il y eut quelques remous
au Tribunat. « C'est une vermine que j'ai sur mes habits,
dit Bonaparte. Il ne faut pas croire que je me laisserai faire
comme Louis XVI. Je suis soldat, fils de la Révolution, et
je ne souffrirai pas qu'on m'insulte comme un roi. »

Il trouvait le mot juste, et qui étonne. Mais c'était un
comédien, changeant de masque selon son public. Cent fois,
devenu empereur, il nommera les rois des précédentes races
« mes glorieux prédécesseurs ».

L'attentat du 3 nivôse avança curieusement ses affaires.
Voici peu qu'il avait dit à Rœderer : « La nation n'est pas

encore mûre pour l'hérédité. » Il y pensait donc, mais d'assez loin. Sa famille, ses familiers, ses créatures, y pensaient aussi, et désormais avec une impatience accrue, car on l'imaginait plus facilement mort, puisqu'il avait été si près de l'être. A l'annonce de l'attentat, on s'était demandé qui aurait remplacé le Premier Consul, et on avait surtout parlé, cette fois, de Moreau et de Bernadotte. La famille Bonaparte se persuada qu'il fallait agir pour que le pouvoir, quoi qu'il arrive, ne sortît pas de la tribu. Allait-on risquer de tout perdre? Autour du Premier Consul, on serrait les rangs et organisait l'avenir.

L'entreprise était menée depuis un an par Lucien Bonaparte, aidé de Fontanes et de quelques autres. Fontanes s'était fait connaître, dans les dernières années du siècle, par des vers de mirliton, et après un séjour à Londres avait été apprécié par Bonaparte, lorsqu'il avait prononcé aux Invalides l'éloge de Washington. Ce fut pour lui le début d'une grande carrière, puisqu'il sera président du Corps législatif en 1802 et dirigera l'Université impériale. Atout décisif dans son jeu : il était devenu l'amant de la sœur du grand homme, Élisa Bacciochi. Il entendait bien, dit Molé, « que cette liaison le conduirait à la fortune ».

Élisa Bonaparte était une femme « désagréablement pointue », rappelle Mme d'Abrantès, qui prétend que ses bras et ses jambes étaient reliées au corps comme au hasard : « Les os étaient carrés, et la charpente très osseuse, ce qui formait un ensemble désagréable. » Alors qu'elle se nommait encore Maria-Anna, elle avait été élevée à Saint-Cyr où elle avait passé huit années, et on peut supposer que quelque chose lui était resté de cette éducation d'Ancien Régime. Il est dit d'Élisa dans les *Mémoires* de Fouché qu'elle était « hautaine, nerveuse, passionnée, dissolue, dévorée par le double hoquet de l'amour et de l'ambition ». Elle était, en effet, affligée d'une sorte de hoquet convulsif, et menée en sous-main par Fontanes qui faisait son chemin dans son sillage, si je puis dire. Son époux Félix Bacciochi était

officier de dragons, pauvre d'initiatives et d'idées, et connu
pour jouer toute la journée du violon. Il devait suivre Élisa
dans les principautés de Lucques et de Piombino, ensuite
dans le grand-duché de Toscane, partout tenant le second
rang et paraissant satisfait. Élisa voulait régner. Chateaubriand raconte : « Quand Mme Bacciochi quitta Lucques, la
plèbe la suivait avec des cris injurieux; la princesse mettant
la tête à la portière de la voiture, disait à cette foule en la
menaçant du doigt : « Je reviendrai, canailles. »

Au début du Consulat, elle résidait volontiers avec son
frère Lucien à Neuilly, dans la « Folie Saint-James », villa
à fronton et colonnes, où l'on recevait beaucoup et donnait
la comédie. Élisa et Lucien y jouèrent *Alzire* de Voltaire,
attifés de plumes, les jambes nues et en maillot collant,
devant le Premier Consul qui repartit indigné. « Fontanes
régnait à Neuilly... Ceux qui ont parlé de ces deux amoureux
s'expliquent difficilement cette sympathie réciproque. Fontanes était gros, court et d'allures assez vulgaires, la physionomie point désagréable cependant, éclairée par des yeux
vifs et malicieux. » Il avait une conversation très leste,
ce qui plaisait à Élisa, « très encline aux licencieuses his-
toires [1] ». Elle habita ensuite rue Verte, ce qui la rapprochait de Fontanes, tandis que son mari était à Madrid, et
tint enfin salon à l'ancien hôtel Maurepas, rue de la Chaise,
« dans un boudoir meublé avec une recherche infinie ».
« On commençait à savoir causer, quand j'ai quitté Paris »,
écrira-t-elle d'Italie en 1807 [2]. Elle s'entourait d'écrivains
et d'artistes, Chateaubriand très assidu dans ce cercle choisi
où l'avait entraîné Fontanes.

Celui-ci, ancien pensionnaire des Princes mais revenu en
France en 1798, avait écrit au Premier Consul lui proposant
tout uniment sa plume, comme celle d'un poète « dont le
cœur est sensible et la voix reconnaissante ». Quelques

1. Gilbert Stenger, « Élisa Bacciochi », *Le Monde moderne*, 1902, II.
2. Lettres inédites au comte de Ségur, *La Revue hebdomadaire*, 5 septembre
1908.

semaines plus tard, on le chargeait de prononcer le panégyrique de Washington aux Invalides, devenu Temple de Mars : « Oui, s'écria-t-il, tes conseils seront entendus, ô Washington! ô guerrier, ô législateur! ô citoyen sans reproche! Celui qui, jeune encore, te surpassa dans les batailles fermera, comme toi, de ses mains triomphantes les blessures de la patrie. » Ce fut jugé si beau qu'on vit en Fontanes un nouveau Bossuet. « Ainsi, écrit Thibaudeau, préluda à une longue série de louanges, ce courtisan d'autant plus dangereux qu'il leur prêtait l'appui de l'éloquence et donnait à la flatterie un tour de dignité. » Napoléon disait de Fontanes : « Il est trop adulateur. C'est un homme d'esprit, mais une petite tête. » Parlant à Beugnot, il dira plus crûment, en 1813, que Fontanes faisait partie d'une « bande d'imbéciles ». Lucien Bonaparte le prit avec lui, avec le titre et les appointements de Réviseur extraordinaire des pièces de théâtre et de la littérature. Fontanes détestait la Révolution. « En politique, il déraisonnait, peut-on lire dans les *Mémoires d'outre-tombe*, les crimes des conventionnels lui avaient donné l'horreur de la liberté. » Napoléon le fera comte et Louis XVIII marquis. Il confiait à un ami en 1803 : « J'ai passé quinze ans de ma vie à des niaiseries et pis encore. » Il allait se rattraper.

Élisa, Lucien et Fontanes formèrent très vite, par les liens du sang et du lit, un petit clan résolu à agir sur l'avenir de Bonaparte, à éliminer les Jacobins, et à créer un pouvoir stable dont ils auraient les bénéfices. Ce fut l'amorce d'un véritable parti conservateur et clérical, dont l'existence se prolongera tout l'Empire, protégé alors par Fontanes, devenu grand maître de l'Université en 1808, et où figurait Fiévée, correspondant habituel de Napoléon et adversaire de Fouché, auquel on ne pardonnait pas « ses antécédents et son esprit révolutionnaires ». Fiévée écrivait à Bonaparte : « Qu'on puisse dire du Premier Consul que, s'il engraisse les vieux philosophes et les vieux révolutionnaires, c'est pour les mettre hors de cause, à peu près comme les athlètes

dans la Grèce étaient forcés de renoncer aux combats quand
ils avaient trop d'embonpoint. » Chateaubriand appellera
Fouché dans une lettre à Fontanes : « Notre ennemi de
Paris », et après l'attentat de nivôse, Rœderer, tenant du
même groupe, pour le moment, avait proposé en Conseil
d'État la destitution de Fouché, tandis que Fontanes
affirmait dans *Le Mercure* : « Les yeux les moins clairvoyants
ont reconnu la livrée sanglante des hommes du 2 septembre. » Le bruit courait alors dans le public, relate un
rapport de police, que « Rœderer et Talleyrand avaient dit
chez eux qu'il ne fallait pas laisser en France un seul homme
qui ait servi sous Robespierre ».

Lucien Bonaparte était ministre de l'Intérieur depuis fin
décembre 1799, où il avait succédé à Laplace que le Premier
Consul n'avait pu prendre au sérieux : « Il n'y avait rien de
plus ridicule que tout ce qu'il faisait ou disait, cherchant
partout des *infiniment petits*. La première fois que je l'en-
tendis au Conseil, je regardai Sieyès et ne pus m'empêcher
de rire. » Lucien avait au contraire de vastes projets. Il
s'était jadis montré le révolutionnaire le plus ardent de la
famille, se prénommant lui-même Brutus. Il se vantait de
marcher « dans le sang des traîtres », ajoutant : « Ni l'âge ni
le sexe n'ont été épargnés. Ceux qui n'avaient été que blessés
par le canon républicain ont été dépêchés par le glaive de la
liberté et la baïonnette de l'égalité! » Au cours de l'hiver
qui suivit Brumaire, revenu à d'autres sentiments et âme
tendre, il donna dans l'élégie et écrivit à Mme Récamier des
lettres débordant d'un amour déjà tout romantique et qu'il
signait, naturellement, Roméo : « O Juliette! la vie sans
amour n'est qu'un long sommeil : la plus belle des femmes
doit être sensible; heureux le mortel qui deviendra l'ami de
son cœur!... » Ce ne fut pas lui. Il avait épousé au début
de la Révolution une fille de modeste origine qui lui donna
deux enfants, mais, devenu veuf, se remaria avec Alexan-
drine de Bleschamp, femme très belle et connue pour ses
galanteries, que Bonaparte n'accepta jamais pour belle-

sœur, ce qui contribua à les brouiller. Il paraît que Bonaparte lui aurait dit : « Voyez où vous conduit votre amour pour une femme galante », à quoi Lucien aurait répondu : « Au moins, la mienne est jeune et jolie. » Cette réplique, on le devine, fut peu goûtée. Lucien alla vivre en Italie, avec la réputation d'un républicain qu'on n'avait pu fléchir. Sa seconde femme qui, comme lui, faisait des vers, célébrera après sa mort les vertus de ce héros qui

> *A refusé plus d'une fois*
> *Le hochet d'or qui luit au front des rois,*

image hardie [1]. Un buste en marbre blanc, inspiré de Canova, donne à Lucien Bonaparte le masque sévère d'un Romain de la grande époque. Sur une toile du peintre Fabre, il se promène dans la campagne, un livre à la main, l'air méditatif. Il était grand, mal fait, avait de longs bras et une tête petite, la vue basse, de grandes prétentions à la littérature, le goût des femmes de toutes sortes, et la pensée qui ne le quitta jamais qu'il valait bien son frère. C'est lui qui, avec Sieyès, avait porté celui-ci au pouvoir, du moins en était-il persuadé. Le ministère de l'Intérieur lui sembla une récompense faible, et sans rapports avec son mérite. Il travailla aussitôt à asseoir le pouvoir de Bonaparte, mais en s'efforçant d'en modifier le caractère, et d'en faire un bien de famille, de telle sorte que si le Premier Consul venait à disparaître, on eût recours à son frère le plus méritant. Des journaux comme *La Gazette de France*, traditionaliste, vantaient les mérites de Lucien, tandis que *Le Journal des Hommes libres*, entre les mains de Fouché, représentait au même moment une « gauche » soumise, mais inquiète du tour que prenaient les événements.

Un mois à peine après le coup d'État, certains républicains avaient deviné jusqu'où irait Bonaparte, de son propre mou-

---

1. P. Fleuriot de Langle, « Madame Lucien Bonaparte chez Lamartine et Victor Hugo », *La Revue de France*, 1er octobre 1938.

vement ou poussé par les siens. *La Décade philosophique* du 30 frimaire an VIII, alors que la Constitution venait d'être proclamée, en approuvait sans doute le principe : « Cette constitution promet le repos; c'est un port où la France, fatiguée de tant d'orages, peut enfin surgir et trouver un asile contre une nouvelle tempête. » Mais dans le même numéro, et sans aucun commentaire, j'ai relevé ce quatrain, innocemment placé sous la rubrique *Poésie*, et qui était de Lebrun, celui qui se nommait lui-même, en toute humilité, Lebrun-Pindare :

> *Le peuple souverain, qu'un héros sut défendre,*
> *N'obéira qu'aux lois;*
> *Et l'heureux Bonaparte est trop grand pour descendre*
> *Jusqu'au trône des Rois.*

Des gens de l'autre bord soupçonnaient aussi, dès 1800, les projets de la famille Bonaparte. L'abbé Guillon, prêtre réfractaire, publia un pamphlet anonyme : *Le Grand crime de Pépin le Bref*, où il disait : « Les temps se précipitent; nous touchons au règne de Pépin. » Il fut arrêté, identifié, mis au secret, emprisonné dix-huit mois, et enfin déporté en Italie, chargé de chaînes[1]. C'était un crime que révéler un dessein dont on se gardait de dire un mot. Vers la fin de l'année, Lucien Bonaparte eut l'imprudence de croire le moment venu. Son commensal, Fontanes, publia un *Parallèle entre César, Cromwell, Monk et Bonaparte* où des phrases ambiguës suggéraient qu'il fallait établir le nouveau régime sur des bases si solides que la mort même du Premier Consul serait impuissante à le détruire. On comparait Bonaparte à Charles Martel et à Charlemagne. « Si tout à coup Bonaparte manquait à la patrie! Où sont ses héritiers? » Il importait donc de créer des institutions qui puissent « perpétuer son génie ». Fontanes s'abandonnait avec bonheur à ce style pompeux qui

---

1. Denise Rouède, *L'Abbé Guillon de Montléon*, Grenoble, imprimerie Allier père et fils, 1938.

parut longtemps un modèle qu'on désespérait d'égaler :
« Français, que deviendriez-vous si à l'instant un cri funèbre
vous annonçait que cet homme a vécu? » Il est dit dans les
Mémoires de Bourrienne que Bonaparte avait annoté et
corrigé ce texte, et dans ceux de Miot de Mélito qu'il l'avait
seulement inspiré, et que, selon lui, « les dernières pages
étaient d'un fou ».

Lucien fit adresser la brochure à tous les préfets, pour
qu'elle fût répandue dans la France entière. Il y eut des protestations, et notamment celle de Fouché, « l'homme des
Jacobins », hostile à tout changement dans les structures de
l'État. Peltier était bien informé, qui écrivait à ce moment-
là : « Fouché paraît bien être l'homme qui a la grande main
sur le Consul. C'est lui qui l'a, dit-on, obligé à envoyer promener Lucien. » Joséphine elle-même était effrayée, car un
pouvoir héréditaire convenait mal à qui n'avait pas d'enfant.
On l'a montrée assise sur les genoux de Bonaparte et lui
disant : « Je t'en prie, Bonaparte, ne te fais pas roi. C'est ce
vilain Lucien qui te pousse, ne l'écoute pas. » Elle aurait dit
à Rœderer : « Les vrais ennemis de Bonaparte sont ceux qui
lui donnent des idées d'hérédité, de dynastie, de divorce et
de mariage. » Miot de Mélito relate qu'une « explication »
eut lieu entre Lucien et Fouché, devant Bonaparte, où chacun
vida son sac : « Fouché reprochait à Lucien sa conduite, ses
concussions, ses mœurs, ses orgies avec des actrices, entre
autres avec Mlle Mézerai. Lucien reprochait à Fouché ses
faits révolutionnaires, le sang qu'il avait fait couler, l'impôt
qu'il avait mis sur les jeux, l'argent qu'il en retirait. Après
s'être ainsi mutuellement rendu justice, ils en vinrent aux
injures, et l'histoire du pamphlet joua un grand rôle dans la
dispute. Le Premier Consul ne prit aucune part à cette scène
scandaleuse qui eut lieu le 12 brumaire (3 novembre). Pendant tout le temps qu'elle dura, il garda le plus profond
silence, et les deux antagonistes furent congédiés, ignorant
qui des deux l'avait emporté. » Moreau serait aussi intervenu,
disant que l'armée était mécontente : le *Parallèle entre César*

et Bonaparte menaçait les Français, s'ils ne choisissaient pas
un pouvoir stable, de retomber « sous le joug des militaires ».
Bonaparte, sentant qu'on avait été trop vite, mit à l'Intérieur
Chaptal, et envoya son frère en ambassade à Madrid. Lucien
partit ulcéré, affirmant, paraît-il, que personne plus que lui
n'avait pourtant ouvert à Napoléon « le chemin du trône ».
Cet exil fut donc considéré comme une victoire de Fouché,
et un recul du parti des bien-pensants. Fontanes se tint
quelque temps pour disgracié. « Le maître a tonné, écrira-t-il
à Lucien le mois suivant. Je suis toujours surpris qu'un grand
homme tire sur ses propres troupes. » Il ajoutait qu'il ne
pouvait rien publier, pour le moment, mais sans renoncer à
l'entreprise commune qui suivrait son cours : « Je me réserve
pour écrire l'histoire du nouvel Empire, quand Charlemagne
le fondera. » Le jour où Lucien avait été nommé à Madrid,
il lui avait écrit : « La solitude profonde où je suis ne peut
s'embellir que par l'espérance de vous revoir... Je ne passe
pas comme une bête de somme d'un maître à un autre; je
reste à celui que mon cœur, la reconnaissance et l'estime
m'ont donné. » Le 29 juin 1801, il lui écrira encore : « Reve-
nez au plus tôt en France. Vos chênes et vos marronniers
valent mieux, croyez-moi, que les orangers d'Espagne et de
Portugal [1]. » Mais Lucien ne perdait pas son temps, car la
famille Bonaparte faisait feu de tout bois, et même d'appa-
rentes disgrâces : Lucien revint plus tard d'Espagne avec une
belle fortune.

L'attentat de nivôse rappela à tout ce monde que Bonaparte était mortel, et menacé. Fontanes déplorait l'absence
de Lucien, à un instant aussi décisif, et lui écrivit : « L'événement arrivé hier au soir doit vous avertir à Madrid que les
frères d'un homme monté si haut sont trop loin, quand ils ont
passé les barrières de Paris. » C'est en pareil cas qu'il aurait
fallu veiller au grain, et faire corps. « Combien je regrette, en
voyant tous les miens dispersés », déclara Letizia Bonaparte.

1. Lettres publiées par G. Pailhès, *Chateaubriand, sa femme et ses amis*,
Garnier, 1900.

La tribu Bonaparte risquait le pire, si le Consul était tué avant d'avoir assuré la fortune de tous. La coterie qui l'entourait, et que Rœderer semble avoir animée depuis le départ de Lucien, l'incita de plus fort à prolonger son pouvoir par l'hérédité. Rœderer, à la différence de Lucien et de Fontanes, ne songeait guère à utiliser la religion pour servir ses projets, « athée de profession, dit Molé, libertin cynique, corrupteur de ses propres enfants ». Mais d'autres y pensaient : c'est le Sacre de Reims qui donnait aux anciens rois un prestige qui avait duré si longtemps.

A l'époque du Concordat, six mois plus tard, Lafayette aurait dit à Bonaparte, avec reproche, qu'il voulait donc « se faire casser la petite fiole sur la tête », et se faire un jour couronner. Mais par qui? La paix intérieure, la réconciliation des Français, et l'intérêt bien compris du Premier Consul, tout demandait que l'Église catholique cessât d'être en France une force d'opposition, et devînt l'auxiliaire utile qu'on tient bien en main. On imaginait mal un vrai souverain qui n'aurait pas reçu une onction sainte, et dont l'autorité n'aurait pas été consacrée par les prêtres. Or l'esprit religieux était ce qu'il y avait de moins répandu en France, parmi les gens éclairés. Pour asseoir solidement un trône, il fallait restaurer les autels.

CHATEAUBRIAND

C'est à quoi s'étaient attachés Lucien, Élisa, et son amant Fontanes. L'état d'esprit de cette pieuse cohorte apparaît dans une lettre de Fontanes à Lucien : « Les conquérants habiles ne se sont jamais brouillés avec les prêtres. On peut les contenir, et s'en servir à la fois. C'est là, quoi qu'on en dise, la bonne philosophie : on peut rire des augures, mais il est bon de manger avec eux les poulets sacrés. » *La Décade philosophique*, où régnait encore l'influence désastreuse de Voltaire et de l'*Encyclopédie*, n'avait que trop célébré la

parution de *La Guerre des dieux*, de Parny, qui raillait tout
ce qu'il y a de respectable : Lucien fit donc revivre *Le Mercure*, présenté aussitôt comme l'organe d'une force neuve qui
combattrait la pensée matérialiste du siècle précédent, et
terminerait « la querelle littéraire entre les philosophes et les
partisans de la religion », au profit de ces derniers, bien
entendu. On y attaqua Mme de Staël dès le premier numéro
(1er messidor an VIII, 20 juin 1800), reprochant à son livre
De la littérature d'être « un monument à la gloire de la philosophie moderne ». Dans la préface d'une seconde édition,
Mme de Staël répliqua, et c'est ainsi que *Le Mercure* publia le
1er nivôse an IX (22 décembre 1800), une *Lettre au citoyen
Fontanes sur la 2e édition de l'ouvrage de Mme de Staël*, dont
l'auteur encore inconnu en France, adroitement se poussait.

Chateaubriand connaissait de longue date Fontanes. Il
l'avait rencontré à Paris dès avant la Révolution, et retrouvé
à Londres, où Fontanes avait jugé prudent de se faire provisoirement oublier, au moment de Fructidor. Conservateur
en littérature comme en politique, Fontanes avait conseillé
à Chateaubriand d'orienter son œuvre dans une direction à
laquelle, peut-être, il n'aurait lui-même jamais pensé : après
les troubles qu'on venait de vivre, une réaction était vraisem-
blable, et même un certain retour à la religion. Qui saurait
prendre le vent irait loin. Chabeaubriand déraisonnait
comme un philosophe, et Fontanes lui montra qu'il avait
tort : « Vous pouvez vous mettre à la tête du siècle qui se
lève, et vous vous traîneriez à la queue du siècle qui s'en
va [1] ! » Revenu en France, Fontanes encourageait encore
Chateaubriand et lui promettait de lui ménager une place.
Ce fut donc « un ouvrage de circonstance » qu'entreprit
Chateaubriand, commencé, dit-il lui-même « à la prière de
Fontanes », et qui est l'ébauche du *Génie du christianisme*.

L'archevêque d'Aix, Mgr de Boisgelin, alors émigré à
Londres, avait approuvé l'idée d'opposer à la philosophie

---

1. Lettre citée par Sainte-Beuve, *Portraits littéraires*, Garnier frères, 1882,
tome II.

antichrétienne du XVIIIᵉ siècle quelques littérateurs de bonne volonté, qui feraient « aimer la morale et la religion », en même temps qu'ils ramèneraient insensiblement les esprits vers la foi monarchique. Il l'avait écrit le 24 décembre 1799 au maréchal de Castries, lui-même émigré en Allemagne : « Il faut que les hommes de lettres rendent à la religion tout ce que les littérateurs célèbres lui ont fait perdre. Il s'agit d'employer des hommes qui savent écrire... Si le Roi voulait autoriser la correspondance, je le prierais de bien vouloir nommer, dans son approbation, MM. de La Harpe, Fontanes et Bergasse qui ont formé en France le projet de cette estimable association, et MM. l'abbé Delille, Baudus et Chateaubriand[1]. » Jean-François du Theil, chargé d'affaires des princes à Londres, y avait reçu Chateaubriand et Fontanes. Le coup de maître de ces deux compères fut de réaliser ensuite les projets de Boisgelin et de du Theil, sans plus s'occuper des intérêts des princes, mais en accord avec le pouvoir qui s'installait en France, et qui pouvait payer.

Fontanes accueillit Chateaubriand à Paris, l'emmena chez lui, puis lui procura un petit logement, rue de Lille. L'éloge de Washington venait d'être prononcé, avec l'éclat que l'on sait, et Fontanes était au mieux avec les puissances du jour. Son influence fut mise aussitôt au service de Chateaubriand, qui devait obtenir sa radiation de la liste des émigrés, peu tranquille jusque-là. Ses lettres à Élisa Bacciochi le montrent tout prêt à mettre aux ordres du nouveau régime « le peu de talents » qu'il possède, à la condition, naturellement, qu'on lui rende son état civil. « Vous êtes mon unique protectrice..., lui dit-il. Je n'espère mon salut que de vous. » Mᵐᵉ Bacciochi sera « adorable », et la radiation obtenue. Fontanes est d'ailleurs le banquier de Chateaubriand, et lui consent quelques avances, tandis qu'il travaille à son ouvrage d'apologétique chrétienne : « Vingt-cinq louis me feront vivre

---

1. Lettre publiée en partie par Gabriel Hanotaux. « La transformation sociale sous l'Empire », *Revue des Deux Mondes*, 1ᵉʳ juin 1926, p. 567-568, en note.

jusqu'à la publication qui décidera de mon sort. Alors le livre
paiera tout, si tel est le bon plaisir de Dieu qui, jusqu'à présent, ne m'a pas été très favorable. » Car Fontanes a trouvé
aussi un éditeur pour le *Génie du christianisme*, dont il
annoncera habilement la publication, disant que cette œuvre
étonnante est tombée « par hasard entre ses mains ». Il offrit à
Chateaubriand d'écrire dans *Le Mercure*, « pour le rétablissement des saines doctrines religieuses et monarchiques [1] ».

Ses premières armes, Chateaubriand les fit donc à propos
de Mme de Staël, dans sa lettre du *Mercure*. Amie de Benjamin Constant et de Joseph Bonaparte, qui passait pour le
libéral de la famille, la baronne représentait la tradition vol-
tairienne, l'incroyance qu'il fallait pourchasser. Napoléon
racontera à Las Cases qu'elle s'était indignée des contacts
pris par le Premier Consul avec Rome : « Demain, disait-elle,
le tyran aura quarante mille prêtres à son service. » Chateaubriand devenait ainsi, pour ses débuts en littérature, le porte-
parole du parti religieux, qu'animaient avec tant de cœur
Lucien Bonaparte, Fontanes et Élisa Bacciochi. Il jouait son
rôle dans un plan d'ensemble, où la religion n'était qu'un
moyen politique. Il porta aussitôt un coup bas à Mme de
Staël, lui reprochant « de ne pas aimer le gouvernement
actuel, et de regretter des jours d'une plus grande liberté ».
Car tout se tenait, religion et autorité, et faire preuve de
scepticisme, c'était contester les bienfaits du 18-Brumaire.
Dans la préface d'*Atala* en germinal an IX (avril 1801), il
aura d'ailleurs des paroles d'apaisement à l'égard de Mme de
Staël, qui se déclara dès lors son amie, mais il en profitera
pour attaquer les tenants de l'incrédulité, « des hommes dont
Bonaparte a délivré la France ». Les négociations pour le
Concordat avaient commencé, et disaient de quel côté était
l'avenir. Fontanes, écrivant à Lucien, résumait bien l'esprit de l'entreprise : « Après une armée victorieuse, je
ne connais point de meilleurs alliés que les gens qui dirigent

1. Chateaubriand, préface au tome XXI des *Œuvres complètes*, Ladvocat,
1826.

les consciences au nom de Dieu. » Cette conspiration dévote, soutenue par le Premier Consul lui-même, ne pouvait que réussir, et le succès, comme disait Chateaubriand, « paierait tout ».

Durant l'été de 1801, retiré à Savigny-sur-Orge chez sa maîtresse, tandis que Mme de Chateaubriand se morfondait dans sa lointaine province, René travailla au *Génie du christianisme* avec une ardeur renouvelée. Il entrevoyait pour son ouvrage une grande vente qui rapporterait : ce livre, dit-il en propres termes, lui apparaissait comme le « pot au lait » de Perrette, d'où pourraient sortir poulets, vache, cochon, et même « une chaumière » (c'est ainsi qu'il nommera aussi la Vallée-aux-Loups). Mais il redoutait le persiflage des adversaires de la vraie Foi, et l'avouait à Mme de Staël : « Je serai bien heureux, si vos amis les philosophes ne cassent pas mon pot au lait [1]. » Le Concordat venait d'être signé, et il fallait faire vite, paraître au bon moment. Tout fut préparé, combiné, pour que cette œuvre décisive et la restauration de l'Église de Dieu voient le jour ensemble, et s'épaulent l'une l'autre.

C'est Lucien Bonaparte, revenu d'Espagne pour la joie des « mille Ariane » qu'il avait laissées en France, et passé au Tribunat, qui défendit devant le Corps législatif le 8 avril 1802 (18 germinal an X) la convention conclue avec l'Église. « La religion, dit-il, est essentielle au maintien de l'économie sociale... Les cultes sont utiles, nécessaires dans un État. » L'incrédulité serait-elle « la vérité même », elle n'en serait pas moins « la plus fatale ennemie des individus, des familles, des peuples et des gouvernements », et même si les cultes étaient « tous des erreurs », on doit les tenir pour « sacrés [2] ». Chateaubriand avait été l'entendre : « Je

---

1. Paul Gautier, « Chateaubriand et Mme de Staël d'après les lettres inédites de Chateaubriand », *Revue des Deux Mondes*, 1ᵉʳ octobre 1903.
2. *Convention entre le gouvernement français et le pape Pie VII... avec les discours des citoyens Portalis, Lucien Bonaparte et Jaucourt...* (Montauban, Charles Crosilhes, imprimeur-libraire, place de l'Horloge), an X.

me suis trouvé mal d'attendrissement. Je pleurais, j'ai été
obligé de sortir. » D'ailleurs le frère du Consul examina
Le Génie du christianisme avant sa parution, et l'annota
en marge, « y parlant assez haut, et sur le ton d'un patron
qui veut du bien à son client ». C'est Molé qui rapporte ce
détail, affirmant avoir vu ces notes. Il dit aussi : « Chateaubriand avait autorisé ce ton et cet accent, en ce plaçant
entièrement sous la protection de Lucien. » Le jeune écrivain
lui rendit visite, emmené par Fontanes, à son château du
Plessis, près de Senlis. Dans les *Mémoires d'outre-tombe*, il
dira négligemment qu'il avait été « contraint d'aller y
dîner ». C'est une des constantes de la vie de Chateaubriand,
et un des côtés amusants du personnage : il prétendra toujours avoir fait malgré lui, cédant à des pressions qui l'im-
portunaient, les démarches que lui dictait une ambition
bien calculée.

Le livre sortit le 14 avril. Le jour de Pâques, 18 avril,
Bonaparte assista à un *Te Deum* à Notre-Dame. Le 20 avril,
il donna l'ordre de réaménager en chapelle sa salle de bains,
« mettant par-dessus la glace un tableau ou une tapisserie ».
Pendant la messe, qui durait une dizaine de minutes, il
étudiait ses dossiers, mais le public n'était pas obligé de le
savoir : une ère nouvelle commençait. On allait pouvoir
écrire des rhapsodies sur les « temples abandonnés » qui
« retentissaient à nouveau de cantiques », et sur les « pompes
religieuses » qui « consolaient les cœurs ». Chateaubriand
avait servi, dans ce domaine, mieux que personne « cet
homme puissant, dit-il dans sa préface, qui nous a retirés de
l'abîme ». Le livre se vendait bien, et Chateaubriand écrivait
à Fontanes pour soutenir son zèle, et l'encourager à lui
trouver une place dans la diplomatie : « Les augures sont
favorables. Dans la seule journée d'hier, Migneret (le
libraire) a vendu pour mille écus. J'ai vu les grands hier,
ils paraissent bien disposés. Protégez-moi donc hardiment,
mon cher enfant. Songez que vous pouvez m'envoyer à
Rome. C'est aujourd'hui que Mme Bacciochi présente l'ou-

vrage au Consul. » C'est ce qu'il traduira par : « L'idée
d'être quelque chose ne m'était jamais venue... Fontanes
et Mme Bacciochi me pressèrent de profiter de la fortune;
je refusai net. » Au cours d'une fête donnée par Lucien,
Chateaubriand fut présenté à Bonaparte qui lui dit quelques
mots. « Son sourire était caressant et beau; son œil admirable,
surtout par la manière dont il était placé sous son front et
encadré dans ses sourcils. Il n'avait encore aucune charla-
tanerie dans le regard, rien de théâtral et d'affecté. »

Chateaubriand prépara une seconde édition de son livre,
confiant ingénument à son ami Chênedollé dans quelle
pensée il travaillait : « J'achève la correction de mes gros
volumes, et je me mets sur-le-champ à la poursuite des
grandeurs. Si je n'obtiens pas dans un mois ce que je deman-
derai, je me désisterai de la poursuite... » La dévotion, comme
on voit, n'y trouvait pas son compte. Il partit pour Avignon,
où une contrefaçon du *Génie* « le ruinait » : « Je pars avec
des lettres de Lucien, qui me recommande vivement au
préfet; j'espère réussir avec la promptitude et du secret. »
Il en profita pour pousser jusqu'à Vaucluse. La fontaine
lui parut belle, mais gâtée par le souvenir de « Laure la
bégueule ». A ne pas dire aux lecteurs du *Génie*.

La seconde édition fut dédiée à Bonaparte : « On ne peut
s'empêcher de reconnaître, dans vos destinées, la main de
cette Providence qui vous avait marqué de loin pour l'ac-
complissement de ses desseins prodigieux. Les peuples vous
regardent. La France, agrandie par vos victoires, a placé
en vous ses espérances. » Il avait écrit à Mme Bacciochi :
« Vous connaissez mon admiration profonde et mon dévouement absolu pour cet homme extraordinaire. » Il lui disait
encore sa « fidélité envers celui dont j'admire le génie, dont
je respecte la personne et qui protège, de tout l'éclat de sa
puissance, des principes que je défends aussi dans mon
obscurité ».

Au cours d'une lettre à Metternich, Fouché écrira, parlant de Chateaubriand : « Je lui connaissais une grande

ambition. Elle date de plus loin que du règne de Louis XVIII,
elle remonte à l'origine du gouvernement de Bonaparte.
Il avait pour lui une admiration chevaleresque, et il cher-
chait à multiplier ses devoirs envers lui. » La récompense
vint enfin, et le 4 mai 1803, Chateaubriand fut nommé
secrétaire de légation à Rome. Il y serait sous les ordres
du cardinal Fesch, oncle du Premier Consul, avec qui il
n'aura que des ennuis.

LE CARDINAL-ONCLE

Bonaparte ne pouvait donner de meilleure preuve de sa
sincérité à l'égard de l'Église, qu'en ayant un cardinal
parmi ses proches. Fesch était le demi-frère de Madame Mère.
Ancien grand vicaire constitutionnel de Corse, venu en
France avec les Bonaparte, défroqué pendant des années,
et ayant amassé de grands biens grâce au pillage de l'Italie
par les armées françaises, il revint à l'état ecclésiastique un
an après la signature du Concordat, et fut nommé trois mois
plus tard archevêque de Lyon. Il dut alors, paraît-il, rap-
prendre à dire la messe. Nommé cardinal dans sa foulée,
il reçut en avril 1803 l'ambassade de Rome, avec le titre de
« ministre plénipotentiaire ». Bon ecclésiastique, au demeurant, faisant bien son métier, fort éloigné des femmes mais
prodigieusement attaché aux biens de ce monde, il domine et
représente convenablement l'Église que restaura Bonaparte,
à genoux devant l'État, avec de temps à autre quelques
sursauts, faisant des niches à l'Empereur quand il avait
le dos tourné, et donnant davantage à penser à la terre
qu'au ciel. Fesch fut pendant quelques années l'exécuteur
des desseins violents de Bonaparte à Rome, les désapprou-
vant peut-être en secret, un peu scandalisé dans son for
intérieur, mais les favorisant avec une brutalité sans pareille,
et faisant regretter son prédécesseur, ce laïque républicain
et tolérant, qui s'était si bien adapté aux façons et à l'esprit

de la cour pontificale : « On se demande partout ici, écrivait Consalvi : Où sont-ils, les temps heureux de M. Cacault?... » Vers la fin de l'Empire, Fesch ne fut pas loin de penser que son neveu courait à sa perte, mais que l'Église était sauvée, ce qui lui parut l'essentiel. S'il n'était pas respectable, ce fut un prêtre décent, mais sans une once de sainteté.

Bonaparte menait son oncle rudement : « Je vous prie, lorsque vous m'écrivez, de prendre garde à ce que vous me dites... Quant au reste de la lettre, je n'y ai vu que l'effet de votre imagination. » Il lui conseillait de « prendre des bains froids » pour remettre un peu ses esprits en place. « Vous êtes à Rome comme une femme... Mêlez-vous de ce qui vous regarde... » Ce prélat docile, maladroit et bousculé, maria Joséphine et Bonaparte, et ce fut lui encore, en 1810, qui célébra les noces de Napoléon et de Marie-Louise, ce qui est beaucoup pour un prince d'une Église qui enseigne, jusqu'à présent, que le mariage est indissoluble. La politique, il est vrai, a ses nécessités, et Fesch savait parfaitement que Bonaparte n'avait remis en place l'Église que pour s'en servir.

Dans les dernières années de la Révolution, l'irréligion avait conquis tous les esprits éclairés. En ce temps-là, dit Stendhal, « les idées catholiques étaient frappées déjà de ridicule ». C'était l'aboutissement normal, encore favorisé par les licences heureuses du Directoire, de l'esprit de libertinage du xviiie siècle, apparemment contenu sous l'Ancien Régime par des convenances tout extérieures. On allait alors à la messe, mais on n'y croyait plus. Avec la Révolution, ce furent les grandes vacances : on n'alla plus à la messe. D'ailleurs la Commune de Paris avait décidé la fermeture des églises, et l'évêque constitutionnel de Paris, Gobel, assisté de ses vicaires, avait déposé sa croix et son anneau à la barre de la Convention, se coiffant du bonnet rouge, « scène mémorable où le fanatisme et la jonglerie des prêtres ont rendu le dernier soupir ». Bien mal en prit à l'évêque Gobel : Robespierre le fit guillotiner en même temps que Chaumette, comme « apôtre de l'athéisme [1] ». La Révolution avait suscité dans le clergé catholique une grande débandade. Plus de deux mille prêtres, dit Grégoire, s'étaient mariés. Pour la seule Normandie, on a avancé le chiffre de cinq cents. L'évêque de Dordogne, Pontard, avait présenté à la Convention son épouse, « pauvre de fortune, mais riche de vertus, dans la classe des sans-culottes où résident la candeur et l'aimable simplicité ». Le président leur avait donné l'accolade. L'évêque d'Orléans, Jarente, avait épousé la veuve d'un notaire : « Grâce à la Révolution, dit-il, me voilà libre de ces chaînes qui pesaient sur moi depuis mon enfance. Je déclare en même temps n'avoir jamais adopté tous les préjugés religieux et fana-tiques qui ont troublé la France depuis si longtemps, à la honte de la raison. Désormais, j'appartiens sans réserve à la République une et indivisible. » Il fut tour à tour garde-magasin, fonctionnaire, professeur, bibliothécaire, et de nou-veau garde-magasin à Valence, finalement demanda pardon et finit chrétien. Autour de Fouché, dans la police qui n'exige pas de compétences spéciales et qui est ouverte, par vocation, à tout le monde, on trouvait nombre de prêtres défroqués.

Il n'y avait guère que le peuple qui restait attaché aux prêtres qui lui restaient, et qui avait la nostalgie des églises de jadis. Des prêtres réfractaires célébraient la messe dans des « oratoires » privés, c'est-à-dire dans les maisons des fidèles, où ils pouvaient. Des croquis de Stendhal, en marge de sa *Vie de Henry Brulard*, montrent qu'il existait un autel, au bout du salon de son grand-père. Le jeune Henry Beyle, futur ennemi du « prêtrisme », y servait la messe chaque dimanche. « Quatre-vingts à cent dévotes y assistaient », dit-il avec mépris. A Montauban, la messe était dite « dans la propriété de l'avocat Belvèze. Une enquête vivement menée permit à la Ville de surprendre en flagrant délit

---

1. Émile Campardon, *Le Tribunal révolutionnaire*, 2 vol., Plon, 1866.

quelques aristocrates prononcés [1]. » Dans certaines paroisses, les villageois privés de curé, le remplaçaient au mieux : « Il y avait un homme de Barville, quoique paysan, qui se mit à dire la messe à l'autel comme il savait, les chantres se sont mis à chanter, le sonneur et le bedeau à officier à leur façon. »

Sans doute, après Thermidor, la loi du 3 ventôse an III avait-elle autorisé le culte catholique, dans les édifices où il pourrait se faire, mais sans qu'il en transpirât rien au-dehors : « La loi ne reconnaît aucun culte. Nul ne peut paraître en public avec les habits ou ornements d'aucun culte. Tout rassemblement à l'effet d'exercer un culte est sous la surveillance des autorités constituées pour la police et la sûreté publique. Il ne pourra être placé dans les endroits publics aucun signe de quelque culte que ce soit; aucune inscription ne pourra être placée en dehors des endroits destinés aux cultes. Il ne pourra être fait ni proclamation, ni convocation publique pour l'exercice des cultes. » Cinq mois plus tard, les églises non aliénées furent rendues aux fidèles, avec partage entre les divers cultes. Sous le Directoire, les rapports de police signalaient dans le quartier des Halles « un intérêt peu naturel pour la religion catholique ». Cet intérêt *peu naturel* m'enchante.

Les classes dirigeantes, sauf rares exceptions, n'étaient concernées en rien par cette renaissance tolérée de l'obscurantisme. La famille Bonaparte, y compris le futur cardinal Fesch, n'avait pas le moindre souci de religion. Ni Napoléon, ni Caroline n'avaient été mariés religieusement, et dans l'entourage du Premier Consul on aurait considéré un catholique vraiment pratiquant comme un phénomène. En 1800, pour le mariage de Junot, commandant de Paris, Bonaparte exigea que si la mariée voulait passer par l'église, ce fût de nuit : impossible qu'un homme « investi de la faveur du Premier Consul », puisse être vu faisant « un acte religieux dans une église en plein jour ». Encore en 1803, aux funé-

---

1. Daniel Ligou, *Montauban à la fin de l'Ancien Régime et aux débuts de la Révolution*, Marcel Rivière et Cie, 1958.

railles de La Harpe qui s'était converti, l'Institut refusa d'entrer à Notre-Dame, attendant le corps devant le portail. Or, Bonaparte déclara un jour qu'il était « de la religion de l'Institut », ce qui était tout dire. Toutes les lumières du XVIIIe siècle s'y trouvaient rassemblées. Géranda, Cabanis, Volney, Destutt de Tracy, y poursuivaient le combat de Diderot et du baron d'Holbach. « Lorsqu'une foule d'aboyeurs, sots pour un quart, et pour les trois quarts fripons, se sont mis à crier *au philosophe!*, comme on criait, il y a deux ou trois siècles, *au huguenot!* et à *l'hérétique!*, il faut bien que de bons esprits empêchent, s'ils le peuvent, la raison humaine de rétrograder, et les peuples de l'Europe de retomber sous le joug des prêtres [1]. » Il n'existera guère dans le haut personnel de l'Empire qu'un seul catholique pratiquant, Portalis. Or, nous ne sommes qu'en 1800, et on voit tout ce qui restait à faire au parti dévot, et combien lui étaient nécessaires les accords de violon de Chateaubriand.

Décidé à utiliser la religion, quelle qu'elle soit, Bonaparte songea un moment à prendre des assurances du côté des protestants, et avait demandé à Chaptal une enquête sur les protestants en France. Mais ce n'était pas une force suffisante et il y aurait toujours des catholiques, ce qui ferait deux partis et des discordes inutiles. Il existait encore à Paris la secte inoffensive des Théophilanthropes, qui officiaient à Saint-Germain-l'Auxerrois, à Saint-Gervais, à Saint-Nicolas-des-Champs et à Saint-Sulpice. Larevellière-Lepeaux, sous le Directoire, avait tenté d'amener Bonaparte à cette nouvelle religion, sans succès. « Ce sont des comédiens », dit Bonaparte, qui leur retira leurs temples. C'était donc avec l'Église catholique qu'il importait de parvenir à un arrangement profitable.

Le cardinal Chiaramonti venait d'être élu pape à Venise, et avait adopté le nom de Pie VII. En route pour Rome, il apprit la victoire de Marengo. L'Autriche qui avait tenté

1. *La Décade philosophique, littéraire et politique*, 20 thermidor an IX.

de le faire venir à Vienne, et qui occupait jusque-là une grande partie des États pontificaux, perdait donc sa suprématie en Italie : les Français redevenaient les maîtres que l'Église avait tout intérêt à ménager. Or il se trouvait que Pie VII ne répugnait pas à le faire. Alors qu'il était évêque d'Imola, il n'avait pas été hostile aux idées nouvelles, et pour la Noël 1797 avait prononcé une homélie où il citait longuement l' « auteur de *L'Émile* », et suggérait qu'Évangile et Démocratie n'étaient pas incompatibles. L'abbé Grégoire devait, sous la Restauration, lui jouer le tour de traduire et de publier cette *Homélie du citoyen cardinal Chiaramonti, évêque d'Imola, actuellement Souverain Pontife Pie VII...*

« Le Père Chiaramonti, dit Stendhal, était un bon moine natif de Césène comme Pie VI, fort régulier et point galant [1]. » David dans son tableau du Sacre semble avoir bien rendu la douceur de ce prêtre de bonne volonté, modeste d'apparence, vivant de rien et sans ambition, cherchant à faire pour le mieux, avec toujours la crainte de trahir ce qu'il pensait devoir à son Dieu. « Croirait-on bien, racontait Napoléon, que prisonnier à Fontainebleau et lorsqu'il s'agissait de savoir s'il existerait lui-même, il discutait sérieusement avec moi de l'existence des moines, et prétendait m'amener à les rétablir ? » Il espérait même convertir l'Empereur : « Vous y viendrez, lui disait-il, tôt ou tard... » Une figure respectable passe au milieu de ces loups. Murat écrivit à Bonaparte : « C'est un bon homme, et s'il vous faut un pape, je vous assure que c'est celui qui convient aux circonstances. » Dans peu d'années, Napoléon verra en lui « un vieillard ignorant et atrabilaire, un fou furieux qu'il faut enfermer ». Il estimera que ce vieillard a été « enhardi par trop de condescendances », et parlera de « sa déloyauté, de ses liaisons perfides avec les Anglais », de ses « extravagances ». Il le traitera sans rire de « Pape de Satan », et lui fera dire par Eugène de Beauharnais qu'il était l'Antéchrist,

---

1. *Promenades dans Rome*, 2 vol., Michel Lévy frères, 1853.

alors que lui, l'Empereur, était « la colonne de la foi chrétienne ». Mais il avait eu d'abord une impression assez favorable : « Le Pape est un honnête homme, mais borné. » Malheureusement, ajoutait-il, « il a autour de lui l'ancienne prêtraille napolitaine ». Ce sera ensuite « la prêtraille romaine », « ces imbéciles ».

Bonaparte détestait les prêtres, « les intrigants et les brouillons à soutane, qui ont toujours glissé partout la fraude et le mensonge. Devant le Conseil d'État, il en parlera comme d'individus dangereux, au même titre que « les aubergistes et les filles publiques ». Il les voyait « répétant sans cesse que leur règne n'est pas de ce monde », et essayant de « saisir tout ce qu'ils peuvent ». Le Pape n'était pas différent : « Chef de cette religion du ciel, il ne s'occupe que de la terre. » C'est de lui, pourtant, qu'il fallut bien s'accommoder.

« Avec mon influence et nos forces en Italie, expliquera Napoléon, je ne désespérais pas tôt ou tard, par un moyen ou par un autre, de finir par avoir à moi la direction de ce pape. Et dès lors, quelle influence! Quel levier d'opinion sur le reste du monde. » Alors qu'il n'était que général en chef de l'armée d'Italie, en 1797, il avait songé déjà à mettre le Pape à son service, lui suggérant de « faire une bulle » qui recommanderait au clergé français de « prêcher l'obéissance au gouvernement ». Devenu empereur, il s'estimera le suzerain du Pape, qui ne devait rien faire que par son ordre. « Je me suis considéré comme le protecteur du Saint-Siège, écrira-t-il à Pie VII, comme le fils aîné de l'Église... » Et au cardinal Fesch : « Pour le Pape, je suis Charlemagne, l'épée de l'Église. » Mais il était seul à le croire, avec quelques plats valets dont il avait fait ses ministres ou ses porte-parole. Il faudrait citer toutes les lettres échangées entre Paris et Rome, et notamment la longue lettre de Pie VII à Napoléon du 21 mars 1806, qui est un modèle de sagesse, de résignation, de bonté, de compréhension et de dignité. Chaque fois Napoléon répondait, selon sa manière, par un « coup de boutoir » (Cacault). Si l'on met à part l'Angleterre, protégée par la mer, l'orgueil fabuleux et la tyrannie de Napoléon ne se heurtèrent qu'à trois obstacles : l'armée russe, le peuple espagnol, et d'abord le Pape, qu'il fallut déporter, ce vieil homme alors seul en Europe à ne pas céder. Quand Napoléon l'eut ainsi sous la main à Fontainebleau, il se crut sur le point de « gouverner le monde religieux avec la même facilité que le monde politique ». Il imagina que les papes résideraient à Paris, lui prêteraient serment, ne seraient installés qu'après son approbation. Il se jugeait lui-même « théologien autant qu'eux et plus qu'eux » : le vrai catholique, c'était lui. Aussi donnera-t-il à Pie VII des leçons de christianisme. Les moines, il n'en voudra pas, car il connaissait l'histoire de l'Église : « il n'y en avait point au temps des apôtres ». L' « esprit évangélique », on ne savait plus ce que c'était, parmi les « hommes profondément méchants » qui entouraient le Saint-Père, tandis qu'il savait, lui, au milieu de sa cour de pieux néophytes, de quoi il parlait. C'est pourquoi il s'emparera de la ville de Rome, et fera cesser le contraste scandaleux « de Jésus-Christ mourant sur la croix avec son successeur qui s'est fait roi ». Il reprochera au Pape d'avoir manqué à tous ses devoirs, et « oublié les principes de la justice et de la charité ». Il lui fera la leçon, lui débitant avec assurance les pires sornettes : « C'est pour bénir et affermir les trônes et non pour les détruire, que Jésus-Christ est venu faire le sacrifice de sa vie sur cette terre. » Il traitera le Pape à Fontainebleau « d'ignorant en matières ecclésiastiques ». Mais Bonaparte ne vit d'abord pas si loin.

Les négociations furent entreprises avec le secrétaire d'État Consalvi, et bientôt menées à Paris par Mgr Spina, envoyé de Pie VII. L'abbé Bernier représentait le Premier Consul, surveillé, et souvent gêné, par Talleyrand. Le Pape comptait sans doute obtenir le rétablissement de la religion en France, mais aussi tenter de faire rendre aux États pontificaux les légations perdues : Bologne, Ferrare et la Romagne. Le problème des évêques constitutionnels, rebelles à l'autorité de

Rome, et celui des évêques d'Ancien Régime qui allaient être dépossédés, furent particulièrement difficiles à résoudre. François Cacault, le diplomate accrédité à Rome avant le cardinal Fesch, écrivait à Talleyrand : « J'ai eu hier une audience du Pape : l'effusion de ses sentiments pour la France, pour le Premier Consul, a été tout ce qu'on peut désirer; mais le dogme lui impose une loi qu'il n'est pas en son pouvoir d'outrepasser. Il ne m'a rien dit d'exagéré, mais il m'a fait sentir que son âme était éprise de zèle pour l'intégrité du catholicisme, et que ce zèle inflexible ne céderait à aucune considération temporelle. On est croyant plus véritablement ici qu'on ne l'imagine en France, et les vieux cardinaux, qui ont passé leur vie dans les plaisirs, n'en ont pas moins nourri dans leur âme la foi dont ils se consolent à la fin de la carrière. » Dans une autre lettre, Cacault dira à Talleyrand que le Pape est « un saint ». Il dut céder dans presque tous les domaines. Les Français se disaient prêts à occuper les États du Saint-Siège « à titre de conquête ». « Il faut avant de gouverner, écrivit Bernier, assurer la jouissance possible du pays que l'on veut administrer; or, la possession incommutable des États de Sa Sainteté dépend absolument de la réunion de la France avec elle. Il faut donc, avant tout, assurer ce point délicat, sans lequel, je le répète, le reste ne sera rien. » L'armée de Murat, qui était en Toscane, se chargerait de bousculer en moins de rien le trône de Pierre. Ce fut une discussion semblable à toutes celles que mena Bonaparte : le couteau sous la gorge. Il en revenait toujours, comme le dit Cacault, « au commandement et à l'épée ». Bonaparte avait fini par convoquer Mgr Spina à la Malmaison, et lui avait dit son intention de se faire « luthérien ou calviniste », s'il n'obtenait pas ce qu'il voulait. Il l'obtint, et dans la nuit du 15 au 16 juillet 1801, le cardinal Consalvi, venu à son tour de Rome alors que la rupture allait être consommée, signa le Concordat, à l'hôtel Marbeuf, chez Joseph Bonaparte. Il paraît qu'on surnommait Consalvi : *la Sirène*. Ses charmes avaient été sans effet sur le Premier Consul, qui l'avait

menacé, s'il ne signait pas, de faire « pleurer à Rome des
larmes de sang ». Sur la minute de l'acte, après les signatures
de Consalvi et de Joseph, on voit, tout au fond, celle de l'abbé
Bernier, intervenu si activement dans toute cette affaire.

Il avait jadis refusé de prêter le serment, et fait partie
de l'armée vendéenne. En 1794, il dirigeait avec Stofflet
toute une région insurgée dans l'Anjou et le Haut-Poitou,
y révélant des dons et un goût certain pour le commandement, le faste et l'intrigue. Après avoir poussé à la lutte à
outrance contre les *Bleus*, il avait eu auprès des républicains
la réputation d'un « homme à tout faire pour de l'argent ».
Il fut soupçonné d'avoir été payé pour mettre bas les armes
en 1795, et même, ensuite, d'avoir trahi et fait prendre
Stofflet. Après Brumaire, il s'était offert au nouveau régime :
« Faites entendre sous main que je puis beaucoup pour le
revirement qui se prépare. Je suis disposé à seconder les
vues du gouvernement... J'ai la confiance des paysans... »
Certains chefs royalistes le voyaient d'un mauvais œil, per-
suadés qu'il poursuivait avant tout « une mitre d'évêque ».
L'avenir paraîtra leur donner raison. Quand il fut évêque
d'Orléans, on racontait que ses paroissiens d'Angers, après
être passés à l'abattoir, déversaient nuitamment « des seaux
de sang devant la porte de ce misérable ». Certains l'appelaient l' « évêque poignard ». Après avoir facilité la pacification de l'Ouest, et devenu agent dévoué de Bonaparte,
son intelligence avait fait merveille dans les négociations
du Concordat, que Talleyrand favorisait peu. Bernier avait
imaginé mille subterfuges, mille tours pendables, et mentait
avec grand sang-froid. Mgr Spina disait de lui : « Il paraît
de sentiments excellents. Ce qu'il est au juste, je l'ignore. »
Molé raconte dans ses souvenirs qu'il a bien connu Bernier :
« Il avait de l'esprit, de l'instruction, de la facilité à s'énoncer
mais tellement le masque, le geste et la voix du fourbe, qu'il
ne pouvait tromper personne. » Il mourut à quarante-quatre
ans, dans de grandes douleurs, vomissant son sang. On
ne sait si Napoléon a vraiment dit de lui : « Bernier

est un scélérat, mais j'ai besoin de lui et je m'en sers. »

L'un des assesseurs de Consalvi avait été le Père Caselli, théologien, dont Napoléon parlera ainsi, à Sainte-Hélène, témoignant que Bernier n'avait pas le monopole de la fourberie : « C'est le cardinal Caselli qui a fait faire le Concordat. Il était très dévot. Je l'avais ému aux larmes, dans une conversation, en lui parlant de la Terre sainte, de Nazareth, etc., de ce que j'avais vu en Syrie. Le cardinal resta convaincu qu'un homme qui parlait ainsi avec cette chaleur de la Terre sainte ne pouvait qu'être utile à l'Église. Et ce fut dans cette persuasion qu'il entraîna Rome à signer le Concordat comme je le voulais... Le cardinal fut dupe de cette conversation, comme l'avaient été les cheiks du Caire. » Quand le Concordat eut été ratifié par le Pape, le 15 août suivant, Bonaparte y fit adjoindre les *Articles organiques* qui rappelaient les principes du gallicanisme, limitaient la dépendance de l'Église par rapport au Saint-Siège, mais renforçaient sur elle le contrôle de l'État. Les *Articles organiques* furent tenus et présentés par Bonaparte comme partie intégrante du Concordat, malgré tout ce que Rome put dire, couleuvre que Pie VII dut avaler. Ses protestations ne furent, pour Bonaparte, que des « criailleries ». On organisa dans le même esprit le culte protestant : les pasteurs, comme les évêques et les curés, reçurent un traitement de l'État. Bonaparte aurait dit à Cabanis : « Savez-vous ce que c'est que le Concordat que je viens de signer? C'est la vaccine de la religion : dans cinquante ans, il n'y en aura plus en France. » Cabanis, qui jurait volontiers que Dieu n'existe pas, buvait du petit-lait.

Bonaparte fit à Rome de « pressantes sollicitations » pour que fût envoyé sans tarder un cardinal-légat, et avança lui-même le nom du cardinal Caprara, de la puissante famille des Montecuculi. C'était un homme faible, et qui avait déjà montré à Vienne, avec Joseph II, qu'il pouvait être la complaisance même à l'égard des gouvernements auprès de qui on l'accréditait. Dès son arrivée à Paris, Caprara eut avec Bonaparte des entrevues qui le persuadèrent qu'il fallait filer doux, sinon tout était rompu, et le Concordat anéanti. Les nouvelles négociations qu'il dut soutenir furent, de bout en bout, un perpétuel chantage. Usant toujours du même procédé, Bernier, Portalis, Talleyrand lui montraient la France passant au protestantisme. On aurait trouvé dans le protestantisme, disait Talleyrand, grand clerc en matière ecclésiastique, « la charité qu'on ne trouve pas dans le catholicisme ». Caprara fut forcé comme une bête aux abois. Selon son mot, dans une lettre à Consalvi, comment résister « à un homme qui est l'arbitre des choses de la terre? » Il avait d'ailleurs accepté de Bonaparte le riche archevêché de Milan, ce qui contribuait à sa bonne volonté. Il ne put obtenir la promesse d'une restitution au Pape des trois légations. Le Saint-Siège pouvant difficilement vivre sans ces provinces, Bonaparte proposa de remettre un million au Pape « de temps à autre, de la main à la main », solution qui fut écartée, et on en resta là. Dans ces discussions, Portalis, quoique catholique, fut intraitable, et Bernier, quoique prêtre, ménageait des traquenards où le malheureux Caprara tombait à chaque coup. Le légat finit par être stupéfait de l'idée qu'on se faisait en France de la religion, dans les milieux dirigeants, où tous les problèmes de la foi étaient envisagés avec une sorte de matérialisme pratique : « L'opinion que les hommes ont aujourd'hui du christianisme ne s'était jamais vue jusqu'ici », écrivit-il à Consalvi.

Les évêques constitutionnels démissionnèrent sans difficulté. Sur l'invitation du Pape, quarante-six évêques français de l'Ancien Régime, dont celui de Paris, firent de même. Il fallut en déposer presque autant, qui multiplièrent vainement les protestations : « Nous avouons, Très-Saint-Père, que nous avons été saisis d'étonnement, et qu'à peine avons-nous cru nos propres yeux [1]. » Ils invoquaient les

---

1. *Réclamations canoniques et très respectueuses adressées à notre très-saint-Père Pie VII*, Bruxelles, 1804.

Pères de l'Église, son histoire, abondaient en citations qui prouvaient à l'évidence que rien de semblable ne pouvait se faire. Ils opposaient l'attitude de Pie VI, de sainte mémoire, à celle de son successeur. « Quelque important, disaient-ils, que soit le libre exercice du culte public, il n'est pas néanmoins permis de se prêter à toutes sortes de conditions pour l'obtenir, et l'on ne doit pas l'acheter à tout prix [1]... » Le Pape, assuraient-ils, n'avait pu vouloir, de son plein gré, un tel bouleversement : « Une main étrangère semble avoir dirigé la main du Saint-Père, et violenté ses sentiments... Ce n'est pas celui qui est le chef, le refuge, le protecteur de ses frères qui a pu, librement, leur parler ainsi [2]... » Ces écrits, répandus en France, y alimentèrent le schisme de la Petite-Église dans quelques régions. Ce changement imposé d'évêques fut pour beaucoup un scandale, puis on s'habitua. Fidèle à ses méthodes, Bonaparte fit arrêter les prêtres hostiles au Concordat, qui furent déportés en Italie. En 1826, la Petite-Église comptait encore 15 000 fidèles en Vendée. Il en restait 8 000 vers 1850, dans le diocèse de Poitiers. La cause de la Petite-Église fut portée vainement devant le Premier Concile du Vatican, en 1870. J'ai connu, il y a quelques années, un prêtre qui se disait évêque de la Petite-Église et portait l'anneau. Il trafiquait.

Le Concordat ne rétablit pas les ordres religieux, et seules les congrégations charitables et enseignantes seront par la suite autorisées. Les monastères devaient rester fermés, démantelés, transformés en casernes ou en écuries. « Pas de moines », dit Napoléon. Rien n'était plus éloigné de son esprit que la « spéculation oisive » de la prière et de la contemplation. Il écrira à sa sœur Élisa : « Allez votre train, et supprimez les couvents. » Il admettra tout au plus que

---

1. *Lettre de plusieurs évêques françois retirés en Allemagne au pape Pie VII*, Londres, Prosper et Cie, août 1802.
2. *Mémoire des évêques françois résidens à Londres, qui n'ont pas donné leur démission*, Londres, Prosper et Cie, mai 1802.

dans un pays puissent subsister des monastères de Trappistes, à l'usage des fous. Certaines communautés religieuses se reconstruiront pourtant, tolérées parce qu'elles feindront d'ouvrir une ou deux classes pour enfants pauvres.

En vertu du Concordat, c'était désormais le Premier Consul qui nommait les évêques, sauf l'institution canonique réservée à Rome. A la fin du mois de mars 1802, sur les soixante nouveaux évêques à désigner, Bonaparte choisit seize évêques démissionnaires, et douze anciens constitutionnels, malgré l'opposition du Pape. Bernier souhaitait pour lui-même l'archevêché de Paris. On lui préféra un homme de tout repos, Mgr de Belloy, que nous apercevrons au Sacre, qui était à Marseille avant la Révolution, âgé de quatre-vingt-douze ans. Il entra donc à Notre-Dame, où quelques années plus tôt, le 10 novembre 1793, une demoiselle de l'Opéra avait figuré la Liberté et où l'on avait célébré le culte de la Raison. La Commune de Paris avait alors publié des vers, « pour être placés dans la ci-devant église Notre-Dame, aujourd'hui Temple de la Raison » :

> *Français, la Raison vous éclaire;*
> *Venez l'adorer dans les lieux*
> *Où, sous le voile du mystère*
> *Les prêtres trompaient vos aïeux* [1].

Les Théophilanthropes y avaient chanté ensuite la Jeunesse et la Fécondité. L'église était maintenant dans un état pitoyable. Le 10 avril, Bonaparte en fit prendre les clefs, sans se soucier des plaintes du clergé assermenté. Le lendemain, dimanche des Rameaux, Mgr de Belloy y fut intronisé, tandis que le cardinal-légat sacrait trois nouveaux évêques : Mgr de Pancemont, évêque de Vannes, Cambacérès, « ecclésiastique exemplaire, homme de talent médiocre », mais frère du Consul, et Bernier nommé évêque d'Orléans

---

1. F.-A. Aulard, *Le Culte de la Raison et le culte de l'Être suprême*, Alcan, 1892.

en récompense de ses services. On cacha les piliers par des tentures, un autel fut hâtivement édifié, un christ fut apporté, provenant du trésor d'Arras, et le jour de Pâques, 18 avril 1802, vit la promulgation solennelle du Concordat.

Le canon tonnait et les cloches sonnaient. Le secrétaire général de la Préfecture de Police, un certain Piis, parcourut d'abord la ville, précédé de gendarmes, de trompettes et d'officiers de paix. Il devait s'arrêter à douze carrefours, et lire la proclamation des Consuls : « Français, du sein d'une révolution inspirée par l'amour de la patrie éclatèrent tout à coup au milieu de vous des dissensions religieuses qui devinrent le fléau de vos familles, l'aliment des factions et l'espoir de vos ennemis... » Mais la sagesse du gouvernement et celle du Pape ramenaient la concorde et la paix : « Français, soyons tous unis pour le bonheur de la patrie et pour le bonheur de l'humanité! »

Le Traité d'Amiens venait d'être signé : « Paix générale et paix religieuse », annonça *Le Moniteur*. Avant le départ du cortège pour Notre-Dame, Bonaparte demanda ce qu'on en pensait dans Paris, Cambacérès répondit que beaucoup se préparaient à « siffler la pièce s'ils ne la trouvaient pas amusante ». On les ferait jeter dehors par les grenadiers de la garde, dit le Premier Consul. Mme de Staël, raconte-t-elle, s'était « enfermée dans sa maison, pour ne pas voir cet odieux spectacle ». Les rues étaient noires de monde, bordées d'un double cordon de soldats, de la rue Saint-Nicaise au parvis Notre-Dame. Des détachements de cavalerie, la garde des Consuls, des grenadiers, des chasseurs à pied, des gendarmes d'élite, ouvraient la marche. Ce fut comme une répétition, un essai qui se révéla payant, et qui annonçait le cortège du Sacre.

Il y avait moins de fiacres, aux numéros dissimulés, que lors de la venue des Consuls aux Tuileries, et davantage d'équipages élégants. On avait ressorti des calèches et de pompeuses guimbardes d'avant la Révolution, souvent plus ridicules que superbes. Pour la première fois, les laquais avaient revêtu une livrée. Les conseillers d'État, les ministres et leurs secrétaires faisaient partie du cortège. Talleyrand était là, et Berthier, ministre de la Guerre, et Chaptal, ministre de l'Intérieur, et Fouché, ministre de la Police, à qui ces cérémonies religieuses devaient rappeler des souvenirs contrastés. Les trois Consuls avaient leur uniforme d'apparat, en velours écarlate brodé d'or, et coiffé le chapeau à triple panache. Ils étaient dans un carrosse attelé de huit chevaux, et avaient piqueurs, cocher, laquais portant poudre et tricorne. Le bourdon de Notre-Dame sonnait, et il paraît que la multitude hurlait de joie.

Les militaires, la plupart des anciens Jacobins, tous les esprits libres désapprouvaient ce soutien public rendu à la superstition. Pour imaginer leur déconvenue, il faut se souvenir que le 18-Brumaire avait été favorisé par ceux que Savary appelle « l'élite du parti philosophique : Chénier, Cabanis, Rœderer, Talleyrand, réunis à l'élite de l'armée ». La restauration des autels ne faisait pas leur affaire. Dans une lettre à Benjamin Constant, Julie Talma parle à ce propos du « rire inextinguible » des philosophes. Mais ils riaient triste. Un mois avant la signature du Concordat, *La Décade philosophique* du 20 prairial an IX s'achevait sur ce paragraphe : « Quelques ennemis du repos public voudraient bien, en reproduisant des questions théologiques que l'on regardait abandonnées pour toujours, substituer les querelles religieuses aux querelles politiques que l'on a appris à redouter, et auxquelles on refuse de se livrer. Mais le ridicule frappe les hypocrites malveillants qui s'efforcent de nous repousser au XIIe siècle. Lorsqu'ils prêchent avec trop de fanatisme dans les temples, la police les chasse du territoire de la République ou les enferme dans les hospices d'insensés et d'incurables. Réussira-t-elle à les corriger ? Nous en doutons. Mais elle parviendra peut-être à les contenir ; et c'est l'essentiel. » La police avait donc fait mal son travail, et il fallut déchanter : les insensés incurables se trouvaient maintenant à l'honneur.

Le cardinal-légat Caprara, l'archevêque de Paris, Mgr de Belloy, vingt-quatre évêques, avaient attendu dans le chœur de Notre-Dame le Premier Consul, que Mgr de Belloy accueillit devant le porche, lui présentant l'encens et l'eau bénite. Joséphine et les dames de sa suite assistaient au spectacle, très parées. Caroline Murat portait « un chapeau de satin rose surmonté d'une touffe de plumes de même couleur », et toutes ces dames, prétend Mme d'Abrantès qui était du nombre, étaient fort belles : l'élégance trouvait son compte dans ce retour à Dieu. Bonaparte prit place dans le chœur, sous un dais, avec ses deux collègues. Une messe basse suivit, pendant laquelle les évêques vinrent en procession prêter serment. Caprara, optimiste, avait annoncé à Consalvi que le Premier Consul communierait, comme il se doit pour Pâques. Il n'en fit rien. Dans l'assistance, on s'ennuyait ferme, on mangeait du pain et des tablettes de chocolat. Il y eut un sermon, troublé par les plaisanteries des militaires groupés sous la chaire, « entrés plus souvent dans les églises d'Italie pour y prendre des tableaux que pour entendre la messe ». Berthier avait convié les généraux les plus connus à un grand banquet, d'où ils avaient dû se rendre à Notre-Dame. La plupart étaient furieux. Pour s'asseoir, ils avaient délogé bruyamment une bande de prêtres. « Debout, l'abbé, avait dit Masséna, je veux ta chaise. » Pendant le sermon, ils couvrirent la voix de l'orateur. On avait chargé de cette homélie Mgr de Boisgelin, l'ancien émigré, nommé archevêque de Tours, le même qui avait parlé, voici vingt-cinq ans, au Sacre de Louis XVI. La roue tournait. Le duc d'Enghien écrivit mélancoliquement à son père, trois jours après : « On est grand homme à bon marché quand on l'est comme Bonaparte, rien ne lui résiste, pas même Dieu qui lui cède beaucoup de ses prérogatives en ce moment. C'est le règne des méchants, nous aurions besoin de quelque grand miracle; il est malheureux d'en être réduit là pour ses ressources [1]. » On chanta

1. Archives Nationales, 34 AP 3.

le *Te Deum*, soutenu par deux orchestres que dirigeaient
Méhul et Cherubini. « Tous les touchants détails de ce magnifique spectacle, pourra-t-on lire dans *Le Mercure*, parlaient
moins aux yeux, qu'à l'esprit et au cœur. » Pendant ce
temps Moreau, qui voulait marquer ses distances, se promenait aux Tuileries, sous les fenêtres du château, fumant
un cigare.

Bonaparte rentra dans son palais, au milieu de l'allé-
gresse de la foule, passant entre des soldats peu satisfaits.
Il y eut dîner et réception aux Tuileries, où Bonaparte inter-
rogea le général Delmas, très populaire dans l'armée, lui
demandant ce qu'il retenait de cette journée. Ce fut la
réponse célèbre, dont on ne connaît guère le texte exact, à
peu près ceci : « C'est une belle arlequinade. Il manquait
ces milliers d'hommes qui sont morts pour détruire la superstition. » Bonaparte apprécia peu. Il méprisait tout autant
la superstition, mais la tenait pour commode.

Le serment prêté par les évêques est à méditer. Ils juraient
d'obéir au gouvernement et de ne rien entreprendre contre
lui, ce qui peut se soutenir, mais aussi de lui révéler tout
ce qui pourrait « se tramer » au préjudice de l'État, dans
leurs diocèses ou ailleurs. Tous devenaient espions et indi-
cateurs de police. Leurs mandements furent soumis à la
censure, et le gouvernement ne dédaignait pas de dicter le
thème des prières qu'ils ordonneraient. Lors de la rupture
de la Paix d'Amiens, ils reçurent une lettre circulaire de
Bonaparte, les invitant à « ordonner des prières » pour le
succès de la guerre, ajoutant : « Les marques que j'ai reçues
de votre zèle pour le service de l'État m'assurent que vous
vous conformerez avec plaisir à mes intentions. » On leur
demandait de faire prier aussi pour les catholiques d'Irlande,
opprimés par l'Église anglicane : « J'engagerai M. Portalis
à s'entendre secrètement avec quelque évêque... » On leur
enjoignait de chanter des *Te Deum* pour les victoires de
l'Empereur, et la prise de Madrid sera présentée comme
« une grâce spéciale » du Très-Haut, qui permit de « sauver

cette capitale de la fureur des factieux ». Ils devaient en
toute occasion célébrer les mérites et la grandeur de Napoléon, et on reprenait les tièdes : « Il faut louer davantage
l'Empereur dans vos mandements », dit à l'un d'eux le
préfet de police. Aux yeux de Bonaparte, il s'agissait bien
de serviteurs de l'État, que des coutumes anciennes, et qui
ne résistaient pas à l'examen, rendaient particulièrement
efficaces sur le peuple. On pouvait lire dans le *Journal
de Paris* : « Le gouvernement a beaucoup fait pour le
clergé, le clergé a beaucoup à faire pour remplir les instructions du gouvernement. » L'évêque de Bayonne disait à
ses fidèles : « L'exemple de notre divin maître, l'enseignement des apôtres, la conduite de leurs premiers disciples,
nous tracent l'obligation rigoureuse de payer le tribut aux
Césars, d'obéir à leurs décrets, de combattre et de mourir
pour eux. » Voilà qui était parler.

Les curés, conduits par les évêques, devaient avoir le
même rôle et la même influence. L'Empereur lui-même les
surveillait de près : « Faites connaître mon mécontentement à M. Robert, prêtre de Bourges, écrivait-il à Portalis.
Il a fait un très mauvais sermon le 15 août. » Le préfet des
Landes adressait aux curés de son département une sorte
d'instruction pastorale, d'un ton papelard : « Quelles sont
grandes et augustes, monsieur le Curé, les fonctions de votre
saint ministère, puisqu'elles ont pour principal objet de
maintenir les hommes dans la ligne de leur devoir, et les
ramener lorsqu'ils ont le malheur de s'en écarter [1]... » Jugeant
le zèle d'un curé insuffisant, un autre préfet entra dans
l'église de Lure, signifiant au prêtre « qu'il se chargeait du
sermon ». Ce qu'il fit.

La plupart des évêques durent proclamer que le refus de
la conscription était un crime, car c'est là que leur soutien
était le plus nécessaire. Nombre de conscrits y échappaient
légalement en se mariant, fût-ce avec « des veuves de

1. Camille Leymarie, « La conscription impériale », *La Nouvelle Revue*,
15 octobre 1901.

soixante-dix, soixante-douze, même quatre-vingt-deux et quatre-vingt-trois printemps [1] ». En plus grand nombre, ils filaient. L'insoumission et la désertion furent une des plaies de l'Empire. En 1805, Napoléon écrira à Fouché : « La conscription dans le département de l'Eure est absolument nulle. Elle est nulle encore dans les Pyrénées-Orientales », et en 1808 : « Sur 747 conscrits de l'Aube, 485 ont déserté. » En 1806, on signale que « 5 000 à 6 000 conscrits des trois départements pyrénéens ont passé en Espagne ». En 1811, le préfet du Mont-Blanc annonçait l'envoi d'une colonne mobile de cavalerie, qui pourchasserait les insoumis et occasionnerait dans le département « des frais plus considérables que ceux de la colonne établie en 1809 ». Les curés furent constamment sollicités et utilisés pour combattre cette situation, car la peur du gendarme ne suffisait pas, et il ne fallait rien moins que Dieu pour donner à la France tant de héros. Si on avait rétabli la religion, c'était pour ça. Le 16 brumaire an IX, Portalis signalait que l'organisation du culte dans le Maine-et-Loire était « urgente, à cause de la conscription » : « Celle-ci devient difficile, si les prêtres ne s'en mêlent pas. » Le 11 ventôse de la même année, il notait d'ailleurs que l'évêque de Chambéry était intervenu « avec zèle » à ce sujet. En ce temps-là, on ne reprochait pas aux prêtres leurs engagements politiques, on ne leur disait pas que « le Royaume de Dieu n'est pas de ce monde », on les invitait à un combat sans relâche pour le soutien de l'État. Une circulaire de Fouché aux évêques leur rappelait leurs devoirs : « Les fidèles apprendront de vous qu'on sert Dieu en servant le prince qu'il a choisi et couronné lui-même... Les habitants de vos diocèses s'empresseront d'acquitter leurs contributions et de prendre dans nos cohortes la place où les appellent la loi, l'Empereur et la victoire. » Tout ceci écrit par Fouché, qui tenait Dieu pour une billevesée, mais avait son idée sur ce que le clergé devait

---

1. Gustave Vallée, « Population et conscription de 1798 à 1814 », *Revue de l'Institut Napoléon*, 4e trimestre 1938.

être : « Il a besoin d'être détaché du vague de la spiritualité, pour s'attacher davantage à la pratique des vertus
utiles à la marche du gouvernement. » Pour un croyant,
rien n'est plus hideux que cette phrase, et Fouché avait
trouvé le mot juste : pas l'ombre de *spiritualité* chez ces
nouveaux protecteurs de la religion, mais ce respect grave,
boutonné, convenu des choses saintes qui a toujours carac-
térisé les tartufes. « Le clergé du département de l'Allier et
de l'Indre fait beaucoup de bien », dira sans rire Talleyrand.
La Révolution avait instruit à cet égard ceux qui l'avaient
faite : trop longtemps, ils avaient imaginé les prêtres pro-
pageant la Contre-Révolution dans le noir secret des confes-
sionnaux. « Cette sombre armoire de chêne où la femme, à
genoux, parmi les larmes et les prières, reçoit, renvoie, plus
ardente, l'étincelle fanatique, est le vrai foyer de la guerre
civile », raconte Michelet qui montre ensuite, comme s'il
y était, la dévote au lit, mettant dans les mains de son
époux la torche du fanatisme. C'était fini : par un coup de
maître, on avait maintenant les curés avec soi. Au moment
du plébiscite en faveur de l'Empire, l'évêque d'Orléans
adressa une circulaire aux prêtres de son diocèse, les invitant à « seconder par l'influence de leur ministère les votes
qui vont être émis concernant l'hérédité de la puissance
impériale ». Celui-là avait bien compris son rôle, et Bonaparte ne s'était pas trompé, à qui on prêtait alors ce propos : « En traitant avec le Pape, j'enlève à Louis XVIII
cette armée de prêtres. »

Telle fut la restauration solennelle de la religion chrétienne par Bonaparte. A vrai dire, il espérait détacher plus
tard de Rome l'Église de France, « supprimer l'intermédiaire
étranger » et que la « direction des ecclésiastiques » passe
ainsi « entière entre les mains du gouvernement ». Il se
procurait dès à présent une police d'une grande souplesse,
et déguisée, insinuante, dans certains cas plus efficace que
l'autre, trop brutale et trop visible. Le clergé prit place
désormais dans ce qu'on appellera les forces de l'ordre :

« N'ai-je pas mes gendarmes, mes préfets et mes prêtres? Si l'on se soulève, je ferai pendre cinq ou six rebelles et le reste paiera. » L'Église se plia à ces exigences bon gré mal gré, mais s'y plia, inventant même la fable de saint Napoléon dont la fête fut fixée au 15 août. Les prédicateurs brodèrent à l'envi sur cette merveilleuse identité de l'Assomption de la Vierge et de la fête de l'Empereur : « Vierge sainte! ce ne fut pas sans un témoignage spécial de votre amour pour les Français, et de votre influence toute-puissante auprès de votre Fils, qu'à la première de vos solennités devait être attachée la naissance du grand Napoléon. Dieu a voulu que votre sépulcre enfantât ce héros. » Cela tenait du prodige, évidemment. L'évêque de Savone en découvrit un autre, plus inattendu : « C'est de l'Égypte que Jésus-Christ se rendit dans la Palestine pour publier son Évangile et pour établir sa religion. Et c'est de ce pays-là que Dieu protégea le passage du Grand Napoléon, afin que la religion même reprît son lustre. » Ainsi Napoléon n'était pas seulement pour les prêtres et les évêques le « libérateur d'Israël », il avait par un certain biais quelque chose de Jésus-Christ, et le 18-Brumaire tenait de la Rédemption.

L'Église de France dut enfin accepter, en 1806, un nouveau catéchisme, rédigé sous la surveillance de l'inévitable Portalis, dès le Consulat, et imposé en dépit de l'opposition formelle de Rome, mais grâce à la faiblesse du légat Caprara. Portalis en avait défini l'esprit sans ambiguïté dans une lettre à Napoléon : « Il s'agit d'attacher la conscience des peuples à l'auguste personne de Votre Majesté, dont le gouvernement et les victoires garantissent la sûreté et le bonheur de la France. » Ce catéchisme s'inspirait de celui de Bossuet, pour le diocèse de Meaux, mais le quatrième commandement avait permis cette fois des développements remarquables. Il y était dit : « Honorer et servir notre Empereur, est donc honorer et servir Dieu lui-même », et l'Église avait l'audace d'y enseigner que ceux qui failliraient à leurs devoirs envers l'Empereur « se rendraient dignes de la damnation éter-

nelle », rien de moins. Napoléon avait ajouté de sa plume :
« Nous devons payer avec empressement nos impositions... »
Le ministre de la Police, Fouché naturellement, rappelait en
toute vérité à un évêque : « Il y a plus d'un rapport entre vos
fonctions et les miennes. » Le cardinal Maury, nommé archevêque de Paris en 1810, l'entendait bien ainsi, disant au
préfet de police, Pasquier, désigné au même moment :
« L'Empereur vient de satisfaire aux deux plus grands
besoins de la capitale. Avec une bonne police et un bon
clergé, il peut être sûr de la tranquillité publique, car un
archevêque est aussi un préfet de police. » Maury, d'abord
représentant du comte de Provence, s'était rallié à l'Empire
par une lettre de « solennelle et éclatante adhésion ». Il
avait pour devise : *Beati possidentes*, ce qui lui convenait
bien. Il recourait volontiers au pouvoir séculier pour ramener
ses prêtres dans le droit chemin. L'Église, la Police et le
Sabre se prêtaient un fraternel concours. C'est depuis 1802,
environ, qu'on voit dans les cérémonies l'évêque assis entre
le préfet et le général.

PAIX ET GUERRE

Le 25 mars 1802, moins d'un mois avant cette fête si tou-
chante de Notre-Dame, le Traité d'Amiens avait rétabli la
paix entre l'Angleterre et la France. Celle-ci, pour la première
fois depuis 1792, n'était plus en guerre. On devine le soulagement des Français, et le prestige que Bonaparte en reçut.
D'autant que les frontières du pays avaient désormais une
extension qu'elles n'avaient jamais connue, « même aux
plus beaux temps du règne de Louis XIV ». Sans doute
avait-on perdu l'Égypte, mais la France était maintenant
chez elle sur la rive gauche du Rhin, et des républiques
sœurs et vassales l'entouraient. Paris était redevenu la capitale du monde civilisé. Le traité fut signé par Joseph Bonaparte, qui déjà avait signé la paix avec l'Amérique et avec

La France en 1802, après le traité d'Amiens.

l'Autriche. On lui avait fait signer aussi le Concordat : la famille Bonaparte n'oubliait jamais de se mettre en avant.

Aussitôt, dit la duchesse d'Abrantès, les Anglais arrivèrent nombreux, « se livrant tumultueusement à tous les plaisirs » et fréquentant « la bonne compagnie qui commençait alors à se reformer ». Les agents des princes signalaient que Paris était devenu « une grande auberge » pour les étrangers, « venus examiner les suites de la Révolution et admirer les chefs-d'œuvre dérobés à l'Italie et à la Flandre ». On venait voir la *Vénus* de Médicis, « enlevée à la galerie des grands-ducs de Toscane ». Des Russes et des Anglais circulaient « avec de brillants équipages », et on devait s'écarter pour laisser passer des voitures armoriées. Le temps avait marché très vite, depuis les charrettes de la guillotine. Des émigrés en grand nombre revinrent encore : un sénatus-consulte les avait amnistiés, sous la condition de revenir avant cinq mois. Chateaubriand se souvient qu'à cette époque Mme Récamier recevait dans son salon « ce qu'il y avait de plus distingué dans les partis opprimés et dans les opinions qui n'avaient pas tout cédé à la victoire. On y voyait les illustrations de l'ancienne monarchie et du nouvel empire : les Montmorency, les Sabran, les Lamoignon, les généraux Masséna, Moreau et Bernadotte... les étrangers illustres, le prince d'Orange, le prince de Bavière, le frère de la reine de Prusse ». Il paraît que les ministres même se rendaient à ces réunions, au point d'irriter Bonaparte qui aurait demandé : « Depuis quand le conseil se tient-il chez Mme Récamier? » Il avait raison de se méfier, car on y intriguait quelque peu, sans grande conviction. « J'étais liée avec Moreau, dit Mme Récamier; les deux généraux (Moreau et Bernadotte) se virent secrètement chez moi; ils eurent ensemble de longs entretiens en ma présence; mais il fut impossible de décider Moreau à prendre aucune initiative... L'hiver fut très brillant par l'affluence des étrangers à Paris; je les recevais tous [1]. » Les femmes s'habillaient

---

1. *Souvenirs et correspondance tirés des papiers de Madame Récamier*, 2 vol., Michel Lévy frères, 1859.

« à l'antique », dans un fourreau qui tombait droit et laissait le haut du corps peu couvert. Pour les hommes : « habit bleu souvent très clair, pantalon chamois, bottes noires ornées sur le devant d'un gland d'or... Une cravate blanche emprisonne le cou, un chapeau noir à bords relevés et roulés au-dessus des oreilles couvre la tête; les cheveux sont courts, et deux favoris également courts encadrent les joues [1] ». Quand ils étaient plus fournis, ceux-ci s'appelaient des *nageoires*. Avec la paix et l'ordre retrouvés, l'élégance, le raffinement, la beauté et l'argent reprenaient leurs droits : les sans-culottes pouvaient aller se rhabiller.

C'est alors que le Premier Consul institua la Légion d'honneur, mais sans oser promulguer la loi, tant l'opposition fut vive chez les anciens Jacobins. Moreau, qui ne perdait pas une occasion de fronder Bonaparte, et s'était déjà « déclaré hautement contre les sabres d'honneur » que celui-ci distribuait jusque-là, dit qu'il demanderait la croix de commandeur pour son cuisinier et lui promit, à tous le moins, « une casserole d'honneur ». Ce fut, dit un témoin, « un bourdonnement étrange dans toutes les classes, dans toutes les opinions ». On vit dans la Légion d'honneur la renaissance d'une caste et de privilèges contraires à l'égalité républicaine. Au Tribunat, il y eut 38 opposants, et la loi ne fut admise par le Corps législatif que par 166 voix contre 110. C'est Rœderer qui était venu défendre le texte, et on se rappelait qu'à l'Assemblée Constituante il avait jadis déclaré qu'il était nécessaire de « déshonorer l'honneur ». Son point de vue avait changé, voilà tout. Les correspondants de Louis XVIII signalèrent cette création comme l'un des signes de la volonté de Bonaparte de « reconstituer la monarchie pour lui et ses successeurs » : les nouveaux légionnaires seraient un succédané de l'ancienne noblesse. La cour consulaire prenait toujours davantage une teinte monarchique : il y avait quatre préfets du palais, dont Duroc devenait gouverneur.

---

1. « Histoire du costume en France », *Magasin pittoresque*, 1881, p. 324.

Cette évolution, à laquelle on pensait dans les alentours de Bonaparte plus encore peut-être qu'il n'y pensait lui-même, mais qui n'était pas pour lui déplaire, avait été marquée le 6 mai 1802 par la proposition du Tribunat de donner au Premier Consul « un gage éclatant de reconnaissance nationale ». Cambacérès avait préparé la manœuvre. Il avait informé le président du Tribunat que le moment serait bien choisi « pour émettre un vœu agréable au Premier Consul ». Il rencontra ensuite les sénateurs, et leur suggéra que c'était le Consulat à vie que souhaitait celui-ci. Rœderer publia en hâte une *Lettre d'un citoyen à un sénateur*, où il affirmait qu'il ne fallait pas limiter dans le temps les pouvoirs de Bonaparte, mais lui donner « le siècle qui commence avec lui ». La majorité des sénateurs ne s'y montraient pas favorables : le 8 mai, le Sénat déclara Bonaparte réélu Premier Consul pour dix ans, paraissant déférer ainsi à l'invite du Tribunat. Ce n'était pas ce qu'on avait attendu. Il paraît que Bonaparte, entouré de ses frères, « son chapeau enfoncé sur les yeux, se promenant à grands pas dans son salon », manifesta une vive colère, parlant de l' « ingratitude » des sénateurs. Le lendemain, sur les conseils de Cambacérès, un message fut adressé au Sénat : le Premier Consul était trop soucieux du suffrage du peuple pour ne pas s'en remettre à lui, qu'il fallait consulter. La parade était bonne. Un plébiscite fut décidé par le Conseil d'État, posant au peuple français la question : « Napoléon Bonaparte sera-t-il consul à vie ? » Rœderer, « alors vu d'un bon œil aux Tuileries », mais lié désormais tout particulièrement avec Joseph Bonaparte, avait prévu une seconde question : « Aura-t-il la faculté de désigner son successeur ? » Bonaparte n'en voulut pas. On a dit qu'il craignait les compétitions qui s'élèveraient aussitôt autour de lui. Plus vraisemblablement, il préféra se donner à lui-même cette possibilité dans la Constitution à venir, plutôt que de soumettre au vote du pays une question qui heurterait les républicains.

Sur les registres ouverts au Tribunat, Carnot vota seul

contre le projet, et au Corps législatif, il n'y eut que 3 voix hostiles. Le plébiscite donna près de 3 600 000 oui, contre 8 000 non. Il n'y en eut que 80 dans Paris et 6 en Vendée. Rappelons qu'on votait à registres ouverts, en signant de son nom, comme dans tous les plébiscites de Bonaparte : il était donc prudent pour les opposants de s'abstenir. La Fayette écrivit : « Je ne puis voter pour une telle magistrature jusqu'à ce que la liberté publique soit suffisamment établie; alors je donnerai ma voix à Napoléon Bonaparte. » Camille Jordan publia en revanche une brochure dont Sainte-Beuve a cité de longs extraits [1] : *Vrai sens du vote national sur le consulat à vie*, qui fut saisie aussitôt comme trop peu orthodoxe, mais témoigne pourtant des illusions que se faisaient encore sur Bonaparte certains esprits libéraux : « Et moi aussi, homme indépendant, j'ai suivi la foule : j'ai voté pour le consulat à vie... Sans doute d'abord il est entré dans notre vote un sentiment profond de reconnaissance pour l'homme qui nous gouverne... » Mais, ajoute Camille Jordan, ce qui a « fixé son suffrage », c'est l'assurance que Bonaparte « posera lui-même à l'autorité dont il est investi une limite heureuse, qu'il ne profitera de cette prolongation de sa magistrature que pour achever, réaliser des institutions qu'il n'est pas temps de détailler encore, mais dont le but sera de former dans le sein de ce peuple un pouvoir vraiment national, qui seconde le sien, qui le tempère, qui le supplée au besoin, qui en assure la transmission légitime ». Dans la Constitution de l'an X, promulguée aussitôt après le vote, c'est Bonaparte lui-même qui eut le droit de choisir qui lui succéderait.

La famille Bonaparte avait tenu beaucoup à cette faculté, et Joseph se voyait déjà successeur désigné, quoiqu'il ait affirmé peu avant à Rœderer qu'il n'en voulait pour rien au monde. Lucien était revenu d'Espagne, avec quelque cinquante millions, mais s'il servait encore les projets de son frère, il estimait en être maltraité. « Je ne veux pas être

1. *Nouveaux Lundis*, Calmann-Lévy, 1893, tome XII, p. 285-287.

goguenardé, avili par le Consul », disait-il. Il avait acheté à
Paris l'hôtel de Brienne, où il installa une prodigieuse galerie
de tableaux, et dans son château donnait des fêtes. Il
conseilla plaisamment à Joséphine de se faire faire un enfant
par qui elle voudrait, pour « assurer l'hérédité ». Elle allait
prendre les eaux de Plombières, sans doute sans y croire. Le
consulat à vie ne lui disait rien de bon. Elle redoutait toujours davantage un divorce et un nouveau mariage qui
aurait donné à Bonaparte l'espérance d'un héritier direct.

Cette avance prudente vers un pouvoir héréditaire se tra-
duisit par une étrange démarche : un émissaire fut envoyé au
comte de Provence, qu'on appelait le comte de Lille et qui se
nommait lui-même Louis XVIII, pour que les Bourbons
renoncent au trône. La réponse fut pleine de dignité. Le
prétendant acceptait de ne pas confondre Bonaparte avec
ceux qui l'avaient précédé, et lui savait gré de « quelques
actes d'administration », mais ne pouvait transiger avec des
principes qui le dépassaient. Napoléon dit un jour à Metternich : « Il y a dans les *légitimes* quelque chose qui ne tient
pas au seul esprit. Si Monsieur n'avait consulté que son
esprit, il se serait arrangé avec moi, et je lui aurais fait un
sort magnifique. » Selon Joseph Bonaparte, son frère voulait
établir les Bourbons au Mexique.

Plutôt que de songer à faire revivre à son profit l'ancienne
monarchie, Fontanes suggérait à Bonaparte de s'inspirer de
l'exemple de Charlemagne, en fondant un Empire d'Occident
avec l'aide du Pape. L'année 1802 n'était pas achevée, que
les intentions du Premier Consul paraissaient toujours plus
claires au public quelque peu informé. Julie Talma le traitait
dans une lettre d' « escamoteur d'Empire », formant « de
longue main » des projets qu'il n'annonçait pas. Il prétendait
hésiter. En janvier 1803, il disait à Fouché : « On croit à
Paris que je vais me faire empereur. Je n'en ferai rien. Voici
trois ans qu'il s'est fait assez de grandes choses sous le titre
de consul. Il faut le garder. » Mais son beau-frère Leclerc
venant à mourir, il avait fait prendre à son entourage un

deuil de dix jours : vieille pratique de cour. Joséphine avait maintenant quatre dames d'honneur, qu'un régime républicain n'aurait pas tolérées. En avril 1803, le ministre de l'Intérieur fut chargé d'élaborer un projet de statue à Charlemagne qui s'élèverait place Vendôme ou place de la Concorde. Sur les pièces de monnaie apparut le profil de Bonaparte. La police avait été réorganisée et enlevée à Fouché, suspect de trop d'attachement aux traditions républicaines. Les évêques dans leurs mandements célébraient le « nouveau Cyrus ».

Dans la nouvelle Constitution de l'an X, à laquelle peu de changements furent nécessaires pour qu'elle devînt celle de l'Empire, les assemblées délibérantes virent réduire à rien leurs pouvoirs, et seuls les notables y eurent accès. Selon le mot de Lucien Bonaparte à cette époque, la direction des affaires devint « le partage exclusif de la classe la plus éclairée et la plus intéressée au bon ordre ». La loi du 22 germinal an XI (12 avril 1803) reprit l'interdiction des coalitions ouvrières, qui paralysait toute action concertée des salariés et les mettait à la merci de leurs employeurs. L'article 1781 du Code Napoléon mérite qu'on le cite : « Dans toute contestation au sujet des salaires, c'est l'employeur qui sera cru sur sa parole, laquelle fera foi sur la quotité des gages. » Tout attroupement d'ouvriers était tenu pour « séditieux ». Bonaparte suivait ici une tradition révolutionnaire très significative. Saint-Just lui-même avait dénoncé jadis des ouvriers faïenciers, « coupables d'avoir fait grève pour obtenir une augmentation de salaire ». Un livret individuel fut désormais imposé aux ouvriers, sans lequel il n'y avait pas d'embauche, et qui permit leur contrôle permanent. On décida que « tout ouvrier qui voyagerait sans être muni d'un livret... sera réputé vagabond et pourra être arrêté et puni comme tel ». Les hommes qui avaient souhaité, préparé ou accepté de grand cœur le 18-Brumaire avaient enfin un régime social comme on en voit en rêve. « Cette partie de la population si animée aux premiers jours

de la Révolution, dit-on de la classe ouvrière dans les
Mémoires de Barras, avait éprouvé de si pénibles mécomptes
qu'elle était depuis longtemps tout à fait portée au repos. »
Une ordonnance de police d'octobre 1806 fixera à douze
heures la journée de travail, et les salaires dépassaient
rarement 3 francs à 3 f 50 par jour. En province, les salaires
plafonnaient à 2 francs et celui des mineurs du Nord était
de 1 franc. Cela donnait par an, en moyenne, 600 francs :
rappelons que le traitement de l'archevêque de Paris était
de 150 000 francs, et qu'il était, par rapport à bien d'autres,
un gagne-petit. Dieu me garde des plaisanteries faciles,
mais l'archevêque de Paris n'avait pas de charges de famille :
qu'on imagine la vie d'un mineur, avec une dizaine d'enfants,
et par jour 1 franc. On se souvient enfin que fut conservée
une loi du Directoire, qui permettait aux riches appelés
par la conscription d'envoyer à leur place un *remplaçant* :
la mort était pour les pauvres. D'ailleurs, la traite des Noirs
fut rétablie et l'esclavage maintenu dans les colonies françaises. Tout se tient.

Le pouvoir de Bonaparte s'affermissait donc en prenant
appui sur la classe possédante, qu'il rassurait toujours
mieux chaque jour, servant ses intérêts pour en être mieux
servi. « Il faut choisir les hommes du régime, dit Bonaparte,
parmi les familles considérables, mais spécialement les
bonnes familles qui appartiennent à ce qu'on appelait autrefois le tiers état, partie la plus saine de la population et que
les liens les plus étroits et les plus nombreux attachent
au gouvernement. » Il s'opérait une heureuse fusion, que
tout le XIXe siècle confirmera, entre le tiers état et les nobles
d'Ancien Régime. Au début de l'Empire, la liste des contri-
buables les plus soumis à l'impôt foncier fait apparaître que
les grandes propriétés appartenaient pour la plupart à l'ancienne noblesse : Lévis-Mirepoix, Montmorency, Choiseul-
Praslin, Noailles et bien d'autres. Bonaparte en viendra un
jour à déclarer : « Je n'emploierai plus que des gens qui
auront cinquante mille livres de rente en terres. » Le jeune

Villèle, de retour en France en 1807 après une longue absence, fut aussitôt nommé maire de son village et désigné pour le Conseil général : « Tous les propriétaires notables du département faisaient également partie de ce Conseil, et la Restauration nous y trouva encore sept ans après. Il existait évidemment des ordres généraux pour enjoindre aux préfets de choisir de préférence les anciens propriétaires les plus considérables du pays. Bonaparte n'ignorait pas que la plupart d'entre eux étaient ce qu'on a appelé plus tard des légitimistes, mais comme il avait dit lui-même : " Ces gens-là ne peuvent vouloir que le sol tremble [1] ". » C'est avec le Consulat et l'Empire que s'installa, très volontairement et très consciemment, ce gouvernement de classe qui, sous des noms différents, occupa désormais la France.

Celle-ci engloba alors le Piémont, après avoir annexé l'île d'Elbe, autre « petite île ». Bonaparte se déclara médiateur des Cantons suisses, et le 19 février 1803 imposa son Acte de médiation à la Confédération helvétique. Sur son initiative, et grâce aux intrigues de Talleyrand qui y fit une fortune par les pots-de-vin qu'il toucha de toutes mains, la Diète de Ratisbonne décida la sécularisation des principautés ecclésiastiques : la carte de l'Allemagne était bouleversée, et la succession impériale échappait à l'Autriche. Quelques semaines plus tard, une loi ordonnait la levée de 60 000 conscrits.

La guerre menaçait de nouveau. Il était clair que la Paix d'Amiens n'avait été qu'une étape dans les ambitions de Bonaparte : de la mer du Nord à la Méditerranée, l'influence française dominait toujours davantage en Europe. Sans doute l'Angleterre fut-elle présentée comme ayant provoqué la guerre, par son refus d'évacuer Malte, que lui imposait ce traité. Mais le Traité de Lunéville et les conventions de La Haye obligeaient la France à évacuer la Hollande, sitôt la paix conclue avec l'Angleterre, et Bonaparte s'était gardé

---

1. *Mémoires et correspondance* du comte de Villèle, Perrin et Cie, 1888, tome I, p. 190.

de le faire. Malte était peu de chose auprès de cette hégémonie française qui débordait très loin des frontières, déjà tellement élargies, de la France. Le ministre Hawkesbury disait à l'envoyé de Bonaparte à Londres : « Le Piémont a été réuni : vous êtes sur le point de disposer du sort de l'Allemagne, de la Suisse, de la Hollande. Malgré la détermination que nous avons prise de ne nous mêler en aucune manière des affaires du continent, nous y sommes entraînés... » Il ajoutait : « ...malgré nous », car il faut toujours qu'un homme politique soit de mauvaise foi. L'Angleterre s'était résolue à ne pas exécuter le traité, et à courir le risque d'une nouvelle guerre. De son côté, rien ne permet de croire que Bonaparte n'ait pas voulu sincèrement, à ce moment-là, la paix avec l'Angleterre, mais à la condition d'avoir les mains libres en Europe. D'autant qu'il avait récupéré les anciennes colonies françaises, y compris la Louisiane, et semblait vouloir créer un nouvel empire colonial autour de la mer des Antilles. En février 1803, Fiévée lui écrivit : « Jamais l'Angleterre ne supporterait le rétablissement de nos colonies. » Elle résistera donc à l'expansion, qui parut longtemps irrésistible, de la France, ne serait-ce que pour sauver le commerce qui la faisait vivre, et son industrie déjà si forte à laquelle Bonaparte fermait le marché européen, et dont il aurait pu paralyser l'essor jusque dans le Nouveau Monde. L'Angleterre devint ainsi « le soldat de la liberté ».

Le 16 mai 1803, 1 200 bateaux français et hollandais seront saisis par les Anglais ainsi que 200 millions de marchandises. Bonaparte répliqua en faisant arrêter tous les Anglais séjournant en France, et constatera la rupture de la Paix d'Amiens dans un message aux Conseils. Fontanes, président du Corps législatif, et maître en flagornerie, affirmera dans un discours que la France entière se rassemblait autour du « héros qu'elle admire ». Les Français n'avaient pas eu la parole. La guerre reprend, et continuera jusqu'à Waterloo, à travers tant de fêtes impériales, de victoires et d'horreurs.

COMPLOTS

La guerre fait peur, et la monarchie à son déclin s'y était résignée, pour affermir un trône menacé. Tandis que Bonaparte organise une « grande armée d'Angleterre » dans la région de Boulogne, inspecte les côtes qu'il fortifie, imagine des batteries sous-marines qui sont recouvertes à marée haute et tirent à marée basse, fait construire des bateaux plats pour le transport des troupes, visite Ostende, Anvers, Bruxelles, Liège, et envoie Mortier conquérir le Hanovre aux dépens de la couronne d'Angleterre, on se demande à Paris avec une insistance accrue : s'il disparaissait? Une guerre veut un pouvoir fort, qui ne risque pas de chanceler et ne soit pas lié à un homme, mais lui survit. La suite de ce raisonnement est un étrange paradoxe, et Bonaparte disait avec raison, dès cette époque du Consulat, que son pouvoir était fondé sur l'imagination des Français : parce que Bonaparte apparaît maintenant indispensable, on se persuade qu'il faut rendre héréditaire ce pouvoir. Comme si un frère ou un fils, adoptif ou non, pourraient jamais le remplacer, comme s'il devait transmettre avec sa couronne quelque chose de son génie. Il peut mourir, donc il faut en faire un empereur. On doit convenir qu'une semblable déduction ne tient pas debout, et montre assez le rôle décisif que peuvent jouer en politique le mythe, la fable et l'imbécillité humaine : la mort n'épargne pas les empereurs, ni la défaite, comme on le verra. En fait, le groupe qui s'était emparé du pouvoir avec Bonaparte voulait être assuré de le garder après lui, quitte à gouverner sous le couvert d'une régence ou d'un de ses frères. Cela, évidemment, on ne le disait pas aux Français.

Dans cette perspective, les complots suscités par l'Angleterre, moyen commode pour supprimer l'ennemi sans trop de frais, seront l'événement décisif qui décida de l'Empire.

« Ils veulent tuer Bonaparte, écrivit Regnaud à Thibaudeau, il faut le défendre et le rendre immortel par la succession. C'est mon opinion bien réfléchie. » Le 20 ou le 21 août 1803, un brick anglais débarquait en France Cadoudal et quelques complices, qui comptaient enlever le Premier Consul. Ils se sont défendus d'avoir voulu le tuer. Cadoudal était à Paris le 30 août, changeant à tout moment de cachette. Il avait reçu du gouvernement anglais un million en lettres de change, mais personne n'a jamais pensé que l'intérêt l'ait fait agir. Il était intelligent, passionné pour la cause royaliste, habile et audacieux, infatigable, avec la force et la carrure d'un rustre. Son premier interrogatoire le décrit ainsi : « Le nez court et écrasé, les yeux bleus, la bouche petite, le menton à fossette et rond, le visage plat, cheveux à la Titus, nageoires peu fournies [1]. » Il projetait d'arrêter Bonaparte sur la route de Saint-Cloud ou de la Malmaison, où le Premier Consul circulait d'ordinaire avec une faible escorte. Quand tout serait fait, le comte d'Artois devait venir en France, et l'insurrection deviendrait générale. On s'était assuré le concours de Pichegru, qui fut amené à son tour par un bateau anglais le 16 janvier 1804, avec Jules de Polignac et quelques autres.

Pichegru s'était évadé de Guyane, où il avait été déporté après le 18-Fructidor. Il était entré en relations avec le prince de Condé dès 1795, alors qu'il commandait l'armée de Rhin-et-Moselle, et sans doute avait-il alors battu en retraite pour favoriser les entreprises des princes. Rappelé à Paris par le Directoire qui avait soupçonné sa trahison, il avait été remplacé à l'armée par Moreau, lui-même d'une fidélité douteuse, et dont on peut penser que Pichegru lui avait laissé entrevoir quels étaient ses projets. Il n'est pas impossible que Moreau, lui aussi, se soit laissé battre volontairement en Bavière. Ce qui est sûr, c'est qu'ayant saisi les papiers d'un général autrichien qui prouvaient la trahison

---

1. *Recueil des interrogatoires subis par le général Moreau, des interrogatoires de quelques-uns de ses complices* De l'Imprimerie impériale, prairial an XII).

de Pichegru, Moreau n'en informa le Directoire que tardi-
vement, et à l'annonce seulement du coup d'État de Fructidor. Il avait alors prétendu que beaucoup de temps avait
été nécessaire pour trier et déchiffrer tous ces papiers. On
avait feint de le croire. Il n'éprouvait maintenant pour
Bonaparte que des sentiments hostiles, estimant que ses
propres victoires ne lui avaient pas été assez payées. « Bonaparte, disait-il, était mal entouré, les choses n'allaient pas
comme elles devaient aller. » Cette jalousie se doublait
d'une querelle de femmes, Mme Moreau et sa mère ne
pardonnant à Joséphine ni son élévation ni ce qu'elles
tenaient pour un manque d'égards : on ne les invitait pas
aux Tuileries, ou on les faisait attendre comme n'importe
qui. Bonaparte avait renoncé à se réconcilier avec Moreau :
« Il viendra se casser la tête, non contre moi, mais contre
les piliers du palais. Je ne sais comment cela arrivera, mais
il se perdra. » Les conspirateurs, grâce à Moreau, espéraient
avoir avec eux sinon l'armée, du moins une partie de celle-ci,
en effet restée très fidèle à son chef.

Pichegru, caché dans Paris, rencontra Moreau à plusieurs
reprises, parfois en présence de Cadoudal. Aucun accord ne
se fit, chacun des trois hommes voulant tirer la couverture
à lui, lorsque Bonaparte serait supprimé. Rien ne prouve
avec certitude que Moreau ait voulu se compromettre pour
les princes. Il entendait qu'on « travaille pour lui », et être
« nommé dictateur ». Peut-être les conjurés n'avaient-ils
songé à lui que pour qu'il servît « d'intervalle entre la chute
de Bonaparte et la restauration des Bourbons » (Miot de
Mélito). La police n'ignorait pas qu'un complot se préparait,
ni la présence de Pichegru et de Cadoudal à Paris, ni qu'ils
avaient pris des contacts avec Moreau. C'est celui-ci qu'on
arrêta le premier, le 15 février 1804. Il nia tout.

L'arrestation de Moreau fit scandale. On ne manqua pas
de dire que Bonaparte avait inventé une conspiration pour
abattre le vainqueur de Hohenlinden, dont la gloire lui portait ombrage. « Une partie de la bourgeoisie, relate Mme de

Rémusat, les avocats, les gens de lettres, tout ce qui pouvait représenter la portion libérale de la population, s'échauffa pour Moreau. » Une députation du Tribunat se rendit même auprès du Premier Consul, et fit une sorte d'apologie de Moreau. Une dizaine de jours plus tard, Pichegru fut arrêté, 39, rue Chabanais, dans son lit et ficelé, « rugissant comme un taureau ». Un de ses prétendus amis l'avait vendu. « On ne peut se représenter l'agitation qui régnait au palais du Consul, dit encore Mme de Rémusat, les barrières de Paris demeurèrent fermées pour la recherche de Georges. » On s'empara de Jules de Polignac le 4 mars, et de Cadoudal lui-même le 9, alors qu'en cabriolet il tentait de fuir, tuant raide un policier. Il fut arrêté au carrefour de l'Odéon, près de la rue des Quatre-Vents. Enfermé au Temple, il reconnut volontiers avoir voulu « attaquer le Premier Consul de vive force », et contesta la complicité de Moreau, peut-être avec la pensée que celui-ci resterait ainsi disponible pour la bonne cause. Peut-être, tout simplement, parce que cela était vrai. On sait cependant que Moreau rejoignit en 1813 les armées alliées qui s'apprêtaient à envahir la France, devint le conseiller militaire du Tsar et fut atteint aux deux jambes par un boulet français et amputé. « Ce coquin de Bonaparte est toujours heureux », écrivit-il alors à sa femme avant de mourir.

Les aveux obtenus des conjurés établissaient qu'un des princes de la maison de Bourbon était attendu en France. Savary, envoyé sur la falaise de Biville par Bonaparte, l'avait vainement guetté. Un seul Bourbon séjournait aux frontières, le duc d'Enghien, qui vivait à Ettenheim, petit village badois. Savary raconte dans ses *Mémoires* que le duc d'Enghien traversait souvent le Rhin pour aller au spectacle à Strasbourg, mais ce n'était peut-être qu'un prétexte. On pouvait supposer qu'il était le prince dont la venue aurait marqué la phase finale du complot. Un rapport de police signala même la présence à Ettenheim de Dumouriez, passé depuis longtemps à l'ennemi : on l'avait confondu avec le marquis de Thumery dont le nom ressemblait au sien, prononcé à l'allemande.

L'arrestation et la mort du duc d'Enghien ont pesé d'un grand poids sur la mémoire de Bonaparte. C'est qu'il s'agissait du dernier des Condé. On s'est attendri beaucoup moins sur les paysans innombrables, fusillés par les armées françaises en Italie, en Allemagne, en Espagne, en Russie, pour le seul crime d'avoir voulu défendre ou libérer leur patrie. C'étaient de petites gens, et on ne peut faire de grandes choses et poursuivre un grand rêve sans piétiner ce qui est à ras de terre. Mais un Bourbon! Celui-ci fut arrêté le 15 mars 1804.

Le 12 février précédent, il avait écrit d'Ettenheim à Sir Charles Stuart, ambassadeur d'Angleterre, pour offrir ses services à ce pays contre le sien, lui disant son « désir d'être employé dans le cours de cette guerre ». « Je ne souhaite, disait-il, que donner à votre généreux gouvernement des preuves de ma reconnaissance et de mon zèle. J'ose espérer que les Anglais me jugeront dignes de combattre avec eux mes plus implacables ennemis [1]... » Bonaparte put ignorer cette lettre : elle confirme que si le duc d'Enghien ne complotait pas contre Bonaparte lui-même, il ne souhaitait rien tant que de combattre les Français, ce qu'il déclara d'ailleurs sans difficultés aux militaires commis pour le juger. Le comte d'Artois le désirait aussi. Cela pouvait se comprendre, de leur point de vue, puisqu'ils pensaient incarner la légitimité. La masse des Français avait désormais une opinion différente, et c'est précisément de cette époque, bien plus que de la mort de Louis XVI, que date le divorce de la France et des Bourbons.

Le 10 mars, Bonaparte réunit Cambacérès, Lebrun, le grand juge Régnier, Fouché, Talleyrand et Murat, gouverneur de Paris. Cambacérès aurait fait des objections. « Vous êtes devenu bien avare du sang des Bourbons », lui aurait

---

1. *Bulletin* de la Société Chateaubriand, n° 10, 1967, p. 87.

dit Bonaparte. Fouché approuvait le projet, qui mettrait un terme aux illusions des royalistes, les écartant définitivement de Bonaparte, croyait-on. Talleyrand pensait de même. Ordener partit pour Strasbourg et franchit le Rhin avec des soldats et des gendarmes. Le 20 mars, le duc d'Enghien était amené à Paris, enfermé à Vincennes, et la nuit suivante condamné par une commission militaire et exécuté. Il est bien évident que si l'on avait cru le duc d'Enghien vraiment impliqué dans la conspiration de Moreau et de Cadoudal, on l'aurait déféré au même tribunal, pour un procès public. Mais ce qu'on avait voulu, c'était sa mort, et bien entendu on trouva des juges pour cette exécution. Savary était là pour qu'elle fût rapide. Longtemps on a discuté pour connaître le vrai responsable. Savary, qui commandait les troupes à Vincennes, a publié à ce sujet une brochure en 1823, où il accuse Talleyrand d'avoir machiné toute l'affaire[1]. Il y raconte que, revenant vers Paris, il rencontra Réal, envoyé par le Premier Consul pour interroger le duc d'Enghien, et qui fut donc très surpris d'arriver trop tard. Savary ne parle plus de cette rencontre dans ses *Mémoires*, ce qui est assez étonnant. Cette mission donnée à Réal a permis de penser qu'on ne voulait pas tuer le duc d'Enghien, du moins pas tout de suite. Mais Napoléon a dit à Sainte-Hélène qu'il en avait « donné l'ordre ». Il a dit aussi : « Je saisis l'occasion de leur renvoyer la terreur jusque dans Londres, et cela me réussit. » Peut-être avait-il voulu faire disparaître des papiers compromettants, que détenait le duc d'Enghien[2]. Il paya d'ailleurs ses complices. La veille de l'exécution, une somme de 100 000 francs fut versée à Réal, et au mois de juin suivant, chacun des juges reçut 10 000 francs. Ils pourront dire ensuite qu'ils pensaient que le Premier Consul ferait grâce :

1. *Extrait des Mémoires de M. le duc de Rovigo, concernant la catastrophe de M. le duc d'Enghien*, Charles Gosselin, rue de Seine, n⁰ 12; Ponthieu, Palais-Royal, galeries de bois n⁰ 252, 1823.

2. Théo Bergerat, « Le duc d'Enghien », *La Nouvelle Revue*, 1ᵉʳ septembre 1804.

ils condamnèrent à mort et empochèrent [1]. Le Tsar fit prendre le deuil à sa cour. Talleyrand rappela au chancelier russe l'assassinat de Paul Ier, auquel son fils même, actuellement régnant, passait pour n'avoir pas été étranger. Les autres souverains d'Europe se turent ou approuvèrent. Le Pape ne manifesta rien. Charles IV d'Espagne, tout Bourbon qu'il était, ne fit aucune objection. La Prusse, cependant, se rapprocha secrètement de la Russie : on a dit que la fusillade de Vincennes y avait été pour quelque chose. Bonaparte déclara que c'était une leçon nécessaire pour les conspirateurs et que maintenant on le laisserait tranquille. « Le sang veut du sang », dit-il à Caulaincourt. Après 1814, tout le monde voulut avoir appris avec horreur la mort du duc d'Enghien. Sur le moment, la réprobation fut silencieuse et ne dépassa pas quelques cercles étroits. Chateaubriand, nommé ministre dans le Valais, démissionna, invoquant la santé de sa femme.

Le procès de Moreau et de Cadoudal devait avoir lieu deux mois plus tard, et après que Bonaparte eut été proclamé empereur. Pour être sûr d'un bon résultat, le gouvernement avait supprimé par sénatus-consulte le jury devant qui, normalement, les accusés auraient dû comparaître, et qui aurait peut-être acquitté Moreau. Comme dans tous les procès politiques depuis que le monde existe, on avait commencé par truquer les cartes. L'accusation soutenait que le gouvernement anglais était « l'âme de la conspiration », et que pour lui « il n'y avait de sacré que le crime ». L'opinion suivait mal. « On vendait à la porte du palais, écrivit Rœderer à Joseph Bonaparte, le portrait des accusés, et le peuple regardait même Georges avec intérêt. En un mot, je n'ai jamais vu de dispositions plus sinistres pour le gouvernement. » Cadoudal revendiquait avec passion la responsabilité de tout. « Le Premier Consul m'a fait mettre à la tour

---

1. Camille de Branville, « Talleyrand et l'exécution du duc d'Enghien », *La Revue de France*, 1er septembre 1938.

du Temple; si je l'eusse fait enlever, je l'aurais fait mettre à la Tour de Londres. » Moreau louvoyait et, dans le beau monde, il était de bon ton de douter qu'il fût coupable et de lui garder toute son estime. « Abominable procès », dit Mme de Staël. On répandit le bruit que Moreau était « la victime de la rage et de la jalousie » de Bonaparte, et que son mérite avait « offusqué la vue du petit tyran ». Mme Récamier vint dans la salle d'audience, et comme Moreau passait près d'elle, et lui dit quelque mot, « elle voulut lui répondre, sa voix se brisa ». Les gendarmes chargés de garder Moreau et les soldats en service lui témoignaient une grande déférence. De nombreux militaires ne lui cachaient pas leur sympathie. « Le général Lecourbe accompagnait l'épouse de l'accusé, et se faisait remarquer par son attitude fière et menaçante » (Thibaudeau). Pichegru manquait : on l'avait trouvé mort dans sa prison, sans qu'on sache encore s'il s'est effectivement suicidé. Il avait été étranglé par « une cravate de soie noire fortement nouée, dans laquelle on avait passé un bâton », dont on avait usé comme d'un « tourniquet » pour serrer la cravate jusqu'à ce que mort s'ensuive [1]. Moreau fut condamné à deux ans de prison, ce qui mécontenta violemment l'Empereur, qui voulait mieux. Il commua la peine en bannissement à vie et Moreau, traversant l'Espagne, partit pour l'Amérique. Dès ce moment, la Russie lui offrit d'utiliser ses talents militaires « à la délivrance de la France ». Moreau ne devait accepter qu'après plusieurs années, proposant de se joindre aux alliés à la tête d'une « petite armée », faite de prisonniers français en Russie. Ainsi la trahison de Moreau reste à démontrer, avant son procès, mais il trahit ensuite. On a dit qu'avant de franchir la frontière d'Espagne, en 1804, il avait déclaré à l'officier de gendarmerie qui l'accompagnait : « Je vous donne ma parole d'honneur que si la guerre avait lieu, et si l'Empereur avait

---

1. *Recueil des pièces authentiques relatives au suicide de l'ex-général Pichegru*, sans lieu ni date (1804).

besoin de moi, il n'aurait qu'à me le faire savoir; je reviendrai plus vite que je ne m'en vais [1]. »

Vingt accusés furent condamnés à mort, dont le marquis de Rivière, Armand de Polignac et Cadoudal. Les nobles furent graciés, les roturiers exécutés. On avait présenté à Cadoudal une demande de grâce qu'il avait refusé de signer. Il mourut avec un courage exemplaire et conscient, dit-on, d'avoir aidé Bonaparte à devenir empereur.

---

1. Ach. de Vaulabelle, *Histoire des deux restaurations*, Garnier Frères, s. d., tome I (septième édition), p. 156.

Deuxième partie

LE TRÔNE

J'ai un titre, vous n'en avez pas. Vous n'êtes rien. C'est le trône qui est la constitution, tout est dans le trône.

Napoléon.

L'EMPIRE

La mort du duc d'Enghien et la condamnation des royalistes ne devaient pas détourner nombre de tenants de l'Ancien Régime de servir le nouveau. L'attrait des places fut le plus fort, et on était rentré d'émigration souvent ruiné. Quant aux républicains, ils furent rassurés : « Le voilà des nôtres », dirent-ils, et une couronne pour Bonaparte leur déplut moins, quand ils purent penser qu'avec lui la Révolution serait couronnée. « Les royalistes toujours intrigants, maladroits et sans y réfléchir, dira Napoléon à Caulaincourt, faisaient courir le bruit que je jouerais le rôle de Monk : *j'étais mal assis.* » Après l'affaire du duc d'Enghien, ce fut une page tournée, et le pouvoir de Bonaparte en reçut une *assiette* plus sûre. La Contre-Révolution, si active depuis 1789, et qui aurait pu triompher plus d'une fois, avait échoué. Il fallut, quelque dix ans plus tard, les armées étrangères pour que soit provisoirement restauré le trône des Bourbons. Aussi est-ce Fouché, lié depuis toujours avec les Jacobins et qui s'était opposé au Consulat à vie, mais que les derniers événements comblaient d'aise, qui soumit au Sénat une motion invitant Napoléon Bonaparte à « achever son ouvrage en le rendant immortel comme sa gloire ». Cambacérès, cette fois, avait été tenu à l'écart de la manœuvre,

qu'il n'approuvait guère. Le lendemain, 28 mars 1804, Bonaparte reçut le Sénat venu lui faire part du vote, et déclara
qu'il réfléchirait.

L'émotion était grande chez les Bonaparte. Joseph combat-
tait toute adoption du fils d'Hortense et de Louis, le petit
Napoléon-Charles, qui l'aurait « dépossédé de ses droits ».
On sait que cet enfant mourra, ce qui contribuera à conduire
Napoléon au divorce. Pour l'heure, Joséphine se rassurait
plutôt. Elle avait accompagné le Premier Consul, qui rendit
visite à son frère Louis « en grand apparat », escorté par
« trente hommes à cheval, le sabre à la main ». Il s'agissait
d'obtenir le consentement du père à l'éventuelle adoption de
Napoléon-Charles. Mais Louis s'y opposa avec fureur, et on
notera au passage les mœurs, les idées et les ambitions de
cette famille : Louis soupçonnait cet enfant de n'être pas
son fils, mais celui du Premier Consul qui l'aurait ainsi
presque reconnu, en l'adoptant. Ce n'est pas à Bonaparte
qu'il osa s'en prendre, et voici la scène et ses suites : « Louis,
dans l'épanchement de sa douleur, s'emporta contre sa belle-
mère, disant d'elle tout ce que la haine la plus prononcée
aurait à peine osé en penser. Joseph Bonaparte, en nous
faisant le récit des plaintes et des emportements de son frère
Louis, ne nous dissimula point lui-même toute l'indignation
que lui faisait éprouver le projet du Premier Consul. Il y
voyait le renversement de tout son avenir : plus de succession,
plus de pouvoir pour lui ni pour ses enfants. Par la plus
perfide des combinaisons, il était trompé dans toutes ses
espérances, écarté pour toujours des affaires... A mesure qu'il
parlait, son ressentiment s'enflammait, et bientôt les passions, excitées au plus haut degré, s'exhalèrent dans les plus
violentes expressions qu'une âme profondément blessée peut
suggérer à la parole. Il maudit l'ambition du Premier Consul
et souhaita sa mort... »

Fin avril, Bonaparte ayant demandé aux sénateurs de
lui faire connaître « leur pensée tout entière », ce qui
ne manquait pas de drôlerie, le Sénat adopta le principe

d'une monarchie héréditaire, sur lequel les autres assemblées devraient se prononcer. Au Tribunat un nommé Curée, « républicain éprouvé », fut choisi pour proposer que Bonaparte soit proclamé empereur, avec succession héréditaire dans sa famille. Le 3 mai, la motion fut adoptée, malgré l'opposition de Carnot. Bonaparte songeait déjà à son couronnement : il reçut le cardinal-légat Caprara, et lui dit son désir d'être couronné par le Pape. Au nom du Conseil d'État, Portalis présenta au Sénat le projet de sénatus-consulte qui confiait à un empereur « le gouvernement de la République », et qui fut voté le 28 floréal (18 mai 1804). Seul, l'ex-évêque Grégoire avait parlé en faveur de la République. C'était un homme qui ne pliait pas. Jusqu'à la fin de la Convention, il était venu siéger en robe d'évêque. Thibaudeau rapporte qu'il y avait eu au Sénat, chargé de veiller à la « conservation » de la République, trois votes négatifs seulement et deux bulletins blancs, « mis par lâcheté ». Il précise aussi que Portalis avait déclaré que le titre d'empereur était choisi « parce qu'il ne supposait ni maître ni sujets », mais la formule fut changée dans le texte imprimé du discours. On remplaça « sujets » par « esclaves », ce qui était une nuance : les Français redevenaient *sujets*.

L'Empire était héréditaire, et Napoléon pouvait adopter les enfants ou petits-enfants de ses frères. Sinon ceux-ci, puis leurs enfants, succéderaient. Lucien et Jérôme étaient écartés de la succession à cause de leurs mariages. Joseph déclara modestement : « La nature m'a fait sans ambition : accepter la grandeur est une grande vertu pour moi. » Mme d'Abrantès raconte que son mari, Junot, fervent républicain, pleura en apprenant la proclamation de l'Empire, et que bien d'autres militaires étaient furieux. Ils se soumirent. Des adresses nombreuses parvenaient à Napoléon, adhérant avec enthousiasme à l'ordre nouveau.

Le jour même qui vit l'Empire proclamé, le Sénat vint en corps à Saint-Cloud, conduit par Cambacérès, qui pour la première fois donna à Bonaparte le titre de *majesté* :

« Il le reçut avec calme, et comme s'il y avait eu droit toute
sa vie. » Un tableau de Rouget montre le salon de Saint-
Cloud : Bonaparte et Joséphine, avec deux dames, sont au
centre; d'un côté, un groupe de sénateurs inclinés, de l'autre,
les militaires. Dans ses *Mémoires*, Miot de Mélito ajoute ces
détails : « L'Empereur répondit d'une voix ferme et élevée.
Il paraissait le moins gêné de tous. Parmi les assistants, il
y avait une sorte d'embarras et de malaise très visible et
que lui seul ne partageait pas... Il s'approcha de Cambacérès et lui parla avec beaucoup d'affection, à ce qu'il me
parut, mais je n'ai pu entendre ce qu'il lui disait. Puis
il adressa successivement la parole à Portalis et à divers
conseillers d'État. Quelques-uns répondirent suivant la nouvelle étiquette, en le traitant de Sire et de Majesté, et
Portalis fut de ce nombre. D'autres s'embarrassaient dans
les anciennes et les nouvelles formules. Commençant leurs
phrases par citoyen premier consul, ils coururent après les
termes qui leur étaient échappés, pour y substituer ceux de
Sire et de Majesté. Toute la cérémonie ne dura pas un quart
d'heure. L'Empereur la termina en rentrant seul dans son
intérieur. »

C'est là qu'il y eut un dîner, et dispute. Élisa Bacciochi,
Caroline Murat étaient atterrées : Joseph et Louis devenaient princes et leurs épouses princesses. Quand Napoléon
s'adressa à la « princesse Louis » — car il distribua tout de
suite les rôles — Mme Murat fondit en larmes. « Elle buvait
à coups redoublés de grands verres d'eau, pour tâcher de
se remettre et paraître faire quelque chose. »

Les grands dignitaires de l'Empire furent créés aussitôt :
Joseph Bonaparte devenait grand électeur — grand électeur
de quoi ? —, Louis Bonaparte connétable, sans doute à cause
de ses glorieuses campagnes, et le reste à l'avenant : Cambacérès archichancelier, Lebrun architrésorier.

Napoléon nomma dix-huit maréchaux, dont Berthier,
Augereau, Murat, Soult, Ney et Bernadotte qui l'avait toujours détesté. Le 10 juillet, Duroc devint grand maréchal

du palais, et Caulaincourt grand écuyer, tandis que Fouché avait repris possession de la Police. Berthier fut nommé grand veneur.

Le 15 juillet (et non le 14, comme on dit un peu partout), Napoléon empereur se montra pour la première fois à son peuple dans toute sa gloire. Il arriva jusqu'à l'église des Invalides sur un cheval couvert d'or, avec des étriers en or massif. Joséphine était dans un carrosse à huit chevaux, couronnée d'une infinité d'épis de diamants. On assista à une messe, dite par Caprara. Napoléon portait l'uniforme de colonel de la Garde et était assis sur un trône. Lacépède, grand chancelier de la Légion d'honneur, historien des serpents [1], fit un discours, et Napoléon décora de sa main les premiers légionnaires civils. Julie Talma, dénuée de tout respect, nomma cette cérémonie : « la distribution des babioles ». L'Empereur avait déjà envoyé la croix à l'amiral Latouche-Tréville, chargé d'organiser l'expédition d'Angleterre, en lui disant : « Soyons maîtres du détroit six heures, et nous sommes maîtres du monde. » C'est ce qu'on ne réussira pas.

Il partit peu après pour le camp de Boulogne, où les troupes furent rassemblées non loin de la mer, le 16 août, tandis que la flotte anglaise patrouillait au large, et la croix fut distribuée aux soldats par l'Empereur. « L'enthousiasme fut irrésistible », assure le général Marbot. Cependant le baron Tupinier dit qu'à l'arrivée de Napoléon au camp de Boulogne, certains corps de troupes lui étaient hostiles et se préparaient à l'accueillir mal : Soult et ses généraux « étaient sur les épines ». Le même témoin précise que pour la distribution des Légions d'honneur, on fit asseoir l'Empereur sur un siège qu'on prétendit être celui de Dagobert,

---

1. *Histoire naturelle des serpens*, par M. le comte de La Cépède, garde du Cabinet du Roi; des Académies & Sociétés royales de Dijon, Lyon, Bordeaux, Toulouse, Metz, Agen, Stockolm, Hesse-Hombourg, Hesse-Cassel, Munich &c. — Quatre volumes. A Paris, Hôtel de Thou, rue des Poitevins, M.DCC.X.C., sous le privilège de l'Académie royale des Sciences.

et que, ce jour-là, les troupes « électrisées » acclamèrent en
effet le nouveau souverain [1]. Celui-ci quitta Boulogne pour
la Belgique et la Rhénanie. Les résultats du plébiscite sur
l'Empire étaient connus depuis le 2 août : 3 572 329 oui,
et moins de 3 000 non, dont 66 seulement pour Paris. C'est
d'Allemagne que Napoléon demanda officiellement au Pape
de venir le sacrer à Paris. Talleyrand lui avait annoncé le
20 août que le principe de ce voyage était acquis : « Il
devient hors de doute que Sa Sainteté est déterminée à se
rendre auprès de la personne de Votre Majesté, et à consacrer votre avènement par tout ce que son auguste ministère
a de plus imposant aux yeux du peuple. Je me réjouis vivement des grands effets et des suites heureuses que cet
événement doit nécessairement avoir sur l'opinion présente,
et sur celle même de la postérité [2]. » Napoléon était allé se
recueillir, dans la cathédrale d'Aix-la-Chapelle, sur les restes
de Charlemagne. Toujours, l'imagination.

DIE EROÏCA

Paul-Louis Courier avait à peine dépassé la trentaine.
La protection de Duroc et de Marmont lui avait permis
de revoir l'Italie qu'il aimait, nommé chef d'escadron le
27 octobre 1803. Il avait rejoint à Plaisance le premier régi-
ment d'artillerie à cheval, sous les ordres du colonel d'Anthouard. C'est de là qu'il écrivit :
« Nous venons de faire un empereur, et pour ma part je
n'y ai pas nui. Ce matin, d'Anthouard nous assemble et
nous dit de quoi il s'agissait, mais bonnement, sans préam-
bule ni péroraison. Un empereur ou la république, lequel
est le plus de votre goût?... Personne n'ouvre la bouche.
Cela dura un quart d'heure et plus, et devenait embarras-
sant pour d'Anthouard et pour tout le monde, quand Maire,

---

1. « Mémoires du baron Tupinier », *La Revue de France*, 15 août 1924.
2. Talleyrand, Lettres inédites, *La Revue de France*, 15 juin 1934.

un jeune homme, un lieutenant que tu as pu voir, se lève et dit : « S'il veut être empereur, qu'il le soit; mais pour « en dire mon avis, je ne le trouve pas bon du tout. — Expli- « quez-vous, dit le colonel, voulez-vous, ne voulez-vous pas? « — Je ne le veux pas, répond Maire. » A la bonne heure. Nouveau silence. On recommence à s'observer les uns les autres comme des gens qui se voient pour la première fois. Nous y serions encore si je n'eusse pris la parole. « Mes- « sieurs, dis-je, il me semble, sauf correction, que ceci ne « nous regarde pas. La nation veut un empereur, est-ce à « nous d'en délibérer? » Ce raisonnement parut si fort, si lumineux... que j'entraînai l'assemblée. Jamais un orateur n'eut un succès si complet. On se lève, on signe, on s'en va jouer au billard. Maire me disait : « Ma foi, comman- « dant, vous parlez comme Cicéron; mais pourquoi voulez- « vous tant qu'il soit empereur, je vous prie? — Pour en « finir et faire notre partie de billard. Fallait-il rester là « tout le jour? Pourquoi, vous, ne le voulez-vous pas? — « Je ne sais, me dit-il, mais je le croyais fait pour quelque « chose de mieux. » Voilà le propos du lieutenant, que je ne trouve point tant sot... Demanelle (autre colonel), je crois, ne fera pas d'assemblée. Il envoie les signatures avec l'enthousiasme, le dévouement à la personne, etc. »

On voit sur le vif quelle fut l'opinion de l'armée, et dans quelles conditions furent souvent rédigées et approuvées les adresses chaleureuses que reçut l'Empereur.

Stendhal avait vingt et un ans et vivait à Paris, ayant quitté cette armée qui lui avait permis, pourtant, de connaître l'Italie. C'était le théâtre qui le tentait maintenant : écrire pour la scène et être aimé des actrices. Ayant horreur de la superstition, la « restauration des autels » n'avait pu lui plaire. Les arguments de ceux qui l'avaient entreprise lui semblaient pourtant de bon augure, et il prévoyait l'avenir, dès 1802, avec sa clairvoyance habituelle : « Toute religion qu'on se permet de défendre comme une croyance qu'il est utile de laisser au peuple ne peut plus espérer qu'une agonie plus ou moins prolongée, donc dans cent ans le christianisme n'existera plus que dans la mémoire des obstacles qu'il a apportés au bonheur des nations [1]. » Il assista à l'une des séances du Tribunat, où l'on délibérait sur la motion de Curée : « Plusieurs tribuns, dit-il, parlent comme de mauvais coquins. » Or ils parlèrent presque tous en faveur de l'Empire. Stendhal était d'ailleurs partisan de Moreau contre Bonaparte, et relevait qu'au théâtre le public pensait comme lui, manifestant chaque fois que la pièce suggérait une allusion au conflit des deux généraux. Il ne manqua pas de souligner que Moreau, traversant l'Espagne pour gagner l'Amérique, fut fêté et acclamé. Il ajoutera même, trente ans après, qu'un ami avait « failli l'entraîner dans la conspiration de Moreau ». On n'est pas forcé de le croire. Ce qui est certain, c'est qu'il avait rencontré Moreau, l'année précédente, et qu'il écrivit en sa faveur, quand il fut arrêté, quelques pages dont il ne fit apparemment rien. Il pensait alors que Bonaparte « volait la liberté à la France ». Il dira aussi qu'il avait « désiré passionnément » que l'Angleterre ne fût pas conquise : « Où se réfugier alors ? » La première distribution de la Légion d'honneur lui inspira cette note : « La tyrannie cherche à multiplier les besoins des hommes. Ce sont autant de liens par lesquels ils les attachent [2]. » Le 15 juillet 1804, quand le nouvel Empereur allait aux Invalides, il l'a vu, « à quinze pas » : « Il est sur un beau cheval blanc, en bel habit neuf, chapeau uni, uniforme de colonel de ses gardes, aiguillettes. Il salue beaucoup et sourit. Le sourire de théâtre, où l'on montre les dents, mais où les yeux ne sourient pas. » Et le jour du Sacre, « cette cérémonie ridicule », il se moquera du « petit cuistre portant la croix du Pape » et conclura : « Je réfléchissais beaucoup toute cette journée sur cette alliance si évidente de tous les charlatans. La religion venant sacrer la tyrannie et tout cela au nom du bonheur des

1. *Pensées, Filosofia Nova*, Le Divan, 1931, tome I.
2. *Ibid.*, tome II.

hommes. Je me rinçai la bouche en lisant un peu de prose d'Alfieri. »

Il est curieux de remarquer que l'opposition au Sacre, mis à part quelques légitimistes et quelques républicains impénitents, vint de ceux qui, peu d'années après, furent les plus fidèles à Napoléon : les soldats, et certains écrivains. D'autres, qui passeront pour avoir été adversaires de l'*usurpateur*, brûlaient d'être ses obligés. Mme de Staël, exilée en Allemagne, écrivait à Joseph Bonaparte, implorant qu'on cessât de la traiter en ennemie. Elle envoyait à son ami Hochet une lettre très étudiée, dont une page devait être mise sous les yeux d'un familier de l'Empereur : « ... Je me prononce contre la dynastie des Bourbons — on sait du reste qu'ils me détestent et je n'écrirai pas une ligne qui ne soit dans le sens de la Révolution — je me prononce pour la dynastie actuelle... » Elle ajoutait que si Napoléon lui rendait « sa patrie et sa fortune », elle prouverait sa reconnaissance, et qu'il était vraiment singulier qu'avec le talent qu'on ne pouvait lui dénier, le nouveau régime « ne veuille rien faire pour la captiver ». Encore en 1811, au cours d'un entretien avec le préfet du Léman, elle exprimera « le désir d'obtenir grâce et pardon, et l'intention de faire pour y parvenir tout ce qu'on lui imposera [1] ». Mme de Staël évoquera cette époque dans *Dix ans d'exil* : « Ma haine, quelque forte qu'elle fût contre Bonaparte... » Il eût suffi d'un rien pour que cette haine se dissipât : un peu de bienveillance, qui lui fut refusée. C'est Napoléon qui ne pouvait la souffrir, et qui l'accabla jusqu'au bout de rebuffades, quand il ne la tournait pas en dérision. Le comte de Narbonne, le seul de ses ambassadeurs qui ait mérité ce nom, dira l'Empereur, avait été l'amant adoré de Mme de Staël, et était sans doute le père de deux de ses enfants. Il donnait volontiers, pour amuser la galerie, les détails les plus intimes sur l'anatomie de Mme de Staël, et Napoléon put ainsi en faire des gorges

1. Compte rendu du ministre Montalivet, Archives Nationales, AF IV 1066, d. 6, p. 17.

chaudes, expliquant à son entourage que la châtelaine de
Coppet tenait plus de l'homme que de la femme. Michelet,
très curieux en ce domaine, a flairé ce menu secret : « Mme de
Staël avait quelque chose de bien cruel pour une femme;
c'est qu'elle n'était pas belle. Elle avait la taille assez forte,
la peau d'une qualité médiocrement attirante. Ses gestes
étaient plutôt énergiques que gracieux; debout, les mains
derrière le dos, devant une cheminée, elle dominait un salon
d'une attitude virile, d'une parole puissante, qui contrastait
fort avec le ton de son sexe, et parfois aurait fait douter
un peu qu'elle fût une femme [1]. » Elle avait été sous le
Consulat « folle de lui », disait Napoléon, mais il ne s'était
pas plus soucié de sa personne que de ses livres, « galimatias
inintelligibles ». Tandis que se préparait le Sacre, elle
déchiffrait et triait à Coppet les papiers de Necker qui venait
de mourir, se disputant ferme avec Benjamin Constant, lui
aussi écarté malgré lui de Paris, et n'ayant d'autre refuge
que Germaine dont il était bien fatigué. « Je voudrais,
écrivait-il dans son *Journal*, qu'on ne me demandât pas de
l'amour, après dix ans de liaison. » Chateaubriand passait,
tout comme eux, cet été de 1804 à la campagne, dans des
maisons amies, à Fervacques, notamment, chez Mme de
Custine dont l'amour commençait à l'importuner un peu.
Il lui confiait, après l'avoir quittée : « Je regrette Fervacques,
les carpes, vous... » Il ne revint à Paris que passé les fêtes
du Sacre. J'ai vainement cherché dans la correspondance
de Joubert une allusion à ces fêtes, et je ne sais ce qu'était
devenu son enthousiasme de jadis pour le Premier Consul.
Il y a dans ses *Carnets* quelques phrases désabusées. La
littérature française, qui devait bien changer à cet égard,
fit le vide, bon gré mal gré, autour du nouvel Empereur, qui
ne fut célébré que par la littérature officielle, la mauvaise.

C'est vers ce temps que Beethoven barra sa dédicace à
Bonaparte, en tête de la *Troisième Symphonie*.

---

1. J. Michelet, *Les Femmes de la Révolution*, Delahays, 1854.

L'EMPEREUR

Élie Faure, qui fut un esprit éminent, connu surtout pour ses travaux d'histoire de l'art, a écrit un livre singulier sur Napoléon, qui est une apologie sans mesure. « Les historiens, dit-il, qui font gravement, au nom de la morale, son procès à Napoléon, ressemblent à tel clergyman, gras et rose, frais émoulu du séminaire, et vierge, qui sermonnait un grand artiste déjà vieux et tout déchiré par la pensée, la paternité et l'amour. »

Il est bien vrai que Bonaparte se souciait peu de morale. Mais pas davantage de paternité et d'amour. Quant à sa pensée, elle fut toujours tournée vers l'action, et ne tint compte jamais d'autrui que comme d'un moyen dont il faut tirer parti, pensée artiste, si l'on veut, mais d'un genre assez particulier et très redoutable. « J'aime le pouvoir, disait-il à Rœderer, mais c'est en artiste que je l'aime... comme un musicien aime son violon. » La comparaison n'est pas bonne, il me semble. Un violon est très inoffensif, et peut être agréable, tandis que le pouvoir politique est rarement l'un ou l'autre, et peut apporter sur un continent entier, s'il est dans une main sans pitié, la douleur et la mort pour des millions d'êtres qui ne demandaient que la paix. Ce n'est pas un jeu, qu'on puisse apprécier en esthète. Si Élie Faure était né cent ans plus tôt, et qu'il eût agonisé dans quelque plaine de Russie ou d'Allemagne, il aurait sans doute avant de mourir pensé autrement. C'est pourquoi, avec Napoléon comme avec n'importe qui, je ne vois pas de raison pour que la morale n'ait pas le dernier mot.

Parlant du pouvoir, et du mal qu'il avait eu pour y parvenir, Napoléon disait encore à Rœderer : « Je sais ce qu'il m'a coûté de peines, de veilles, de combinaisons. » Il aurait dit aussi, Mme de Chastenay le rapporte : « Je ne parle pas de la couronne; dans ma vie, c'est un accident. » Longtemps, sa famille y pensa plus que lui, qui se serait contenté du pouvoir, quel qu'en soit le nom, mais il le voulait absolu. « Dans le monde, disait-il, il n'y a qu'une alternative : commander ou obéir. » Et quand il comprit, le jour de la victoire de Lodi, qu'il avait tout pour atteindre à la puissance suprême, ce fut un sentiment d'ivresse qu'il sut traduire ainsi : « Je voyais le monde fuir sous moi, comme si j'étais emporté dans les airs. » Car, avec bien d'autres, il avait le génie du verbe. Ceux qui l'ont vu au temps du Directoire, ont remarqué qu'il se comportait avec les Directeurs soit avec trop de morgue, ou trop de familiarité, soit avec une légèreté peu naturelle. Il n'était à son aise que maître sans partage.

Quand il le fut, il accepta longtemps toutes les contradictions, tous les avis, toutes les dérobades, il prenait volontiers conseil, sollicitait des rapports, ne prenait jamais en mauvaise part une opinion hostile à ses projets, mais tout cela, avant la décision. Au Conseil d'État, « on discutait de bonne foi, avec liberté, comme en famille ». La résolution arrêtée, il fallait que tout plie. « Je vais sur la route, je questionne les passants, les prisonniers, les soldats, je prends mon parti et je marche. » Ce fut là une des sources de sa puissance : il était effectivement né pour décider. « Avant la Révolution, dit-il, l'autorité était tombée en quenouille, nous avions un roi imbécile, il a été pendu, on a chassé sa famille. Nous relevons le trône et nous fondons l'Empire. » Il voulut délibérément être un despote, mais éclairé, par une foule de renseignements, une masse de rapports, par les discussions qu'il suscitait. Les années passant, et tant de succès obtenus, il changea, ne cherchant plus à convaincre, mais à contraindre. « Il n'y a qu'un secret pour mener le monde, c'est d'être fort, parce qu'il n'y a dans la force ni erreur ni illusion; c'est le vrai mis à nu. » Il détesta de plus en plus l'esprit d'examen, et toute réserve sur ses actes, toute critique, toute pensée chez les autres. « Les métaphysiciens sont une sorte de gens à qui nous devons tous nos maux. » Désormais au Conseil d'État, raconte Thibaudeau, « il fermait la bouche en taxant les objections d'idéologie... Les opposants, lorsqu'il y en avait, ne se permettaient de balbutier qu'avec beaucoup de ménagements ce que, sous le Consulat, ils auraient articulé hardiment ». L'ennemi, ce fut pour lui toujours davantage ce qu'il appelait l'*Idéologie*, « cette ténébreuse métaphysique ». Sous le Directoire, il avait affecté une grande satisfaction d'être admis à l'Institut, et s'était affublé, selon le mot de Barras, du « manteau du philosophe ». En peu d'années, il n'en resta rien. Quand il commença à aborder Rœderer en lui demandant chaque fois : « Comment va la métaphysique? », c'est que son conseiller de jadis n'avait plus sa confiance. « En dernière analyse, disait-il, pour gouverner il faut être militaire : on ne gouverne qu'avec des éperons et des bottes. »

A la guerre, et dans son armée, il pouvait donc être lui-même, sans tricher. Jamais il ne fut plus heureux que dans les camps, loin des Tuileries, et beaucoup de soldats l'adorèrent. « J'ai vu souvent, dit Stendhal, les soldats pleurer de tendresse pour le grand homme. » La sûreté de son jugement, la rapidité de ses décisions, son audace et sa prudence, sa vision immédiate des intentions de l'adversaire, et de ses faiblesses, son intelligence du combat à livrer, dans sa totalité comme dans chacune de ses péripéties et chacun de ses moments, cela fit de Napoléon ce que Chateaubriand lui-même, aux pires heures de 1814, ne pouvait contester : « un grand gagneur de batailles [1] ». Cela n'explique pas tout à fait l'amour qu'il inspira à ses soldats. Ils se savaient dirigés et commandés, sans doute, mais surtout par un chef qui était, dit le capitaine Coignet, « dans le péril avec nous ». Qu'on se rappelle les rois et les empereurs du siècle précédent, suivant de loin les batailles dans quelque carrosse, entouré des dames de la cour. A Eylau, assis sur une botte de paille, les soldats voyaient leur Empereur manger des

1. *De Buonaparte, des Bourbons*, Mame Frères, imprimeurs-libraires, rue du Pot-de-Fer, n° 14, 1814.

pommes de terre au milieu d'eux. Et ils racontaient : « Les
boulets roulaient sur la route, il ne les voyait pas. Et quand
nous fûmes près de lui, il monte à cheval et part au galop...
et le soldat de crier : " Vive Bonaparte! " » Il leur parlait
familièrement : « La véritable gloire consiste à se mettre
au-dessus de son état. Moi, mes amis, j'ai une bonne place,
je suis Empereur. Je pourrais vivre dans les délices de ma
capitale... Eh bien, je fais la guerre pour la gloire de la
France, je suis au milieu de vous au bivouac, dans les
combats; je puis être tout comme vous atteint par une
balle... Je me mets au-dessus de mon état. » A Essling, la
Garde menaça de mettre bas les armes, si l'Empereur ne
cessait pas de s'exposer. Le capitaine Coignet le juge ainsi,
après l'avoir suivi si longtemps : « C'était l'homme le plus
dur et le meilleur, mais tous tremblaient et tous le chéris-
saient, voilà mon Napoléon. » Il n'admettait pas qu'un chef
ne soit pas en danger autant que ses hommes, et qu'un roi,
s'il est digne de l'être, ne soit pas en même temps un soldat.
Il exigeait que son frère Jérôme, s'il voulait commander aux
autres, fût constamment avec sa troupe, et « qu'on ne tire
pas un coup de fusil qu'il n'y soit le premier exposé ». Aussi,
à Fontainebleau, après la première abdication, quand tout
le monde abandonnait Napoléon, aussi bien ses maréchaux
que le mamelouk qui couchait en travers de sa porte, les
grognards de la Vieille Garde se disputeront-ils pour le
suivre à l'île d'Elbe. Lorsqu'il entrait dans une capitale,
et que les rois s'humiliaient devant lui, ses soldats avaient
le sentiment que ce triomphe était le leur, et dans les revers,
ils pouvaient apercevoir leur empereur marchant à pied avec
eux, couchant n'importe où, pointant le canon s'il le fallait.
Jamais autorité mieux acceptée, que celle de Napoléon sur
ses soldats, plus légitime, signe et conséquence d'une supé-
riorité qui ne se discutait pas. Il n'y a que Tolstoï, dans
Guerre et Paix, qui ait montré Napoléon sur un champ de
bataille comme un guignol ridicule, qui ne sait pas ce qu'il
veut, et c'est la seule faiblesse de ce livre admirable.

A l'intérieur, revenu des camps et des bivouacs, c'était une autre affaire. Or Napoléon voulait être obéi jusque dans ses dernières provinces, par tout le monde, et même dans les détails les plus intimes de la vie de chacun, comme il l'était par ses soldats. Son idéal aurait été d'avoir tous ses sujets en fiches, mais le temps lui manqua. C'est à quoi tendaient les instructions reçues par les préfets. A l'époque même où la France comptait cent trente départements, il aurait aimé connaître ses sujets un par un, les possibilités, les manques, les ressources de chacun, de manière à agir plus sûrement sur eux et par eux, de même qu'il feignait de connaître ses soldats, de les reconnaître dans le rang, rappelant leur passé et leurs campagnes. Le ministère de la Police entreprit cette *Statistique personnelle et morale* où tous les Français auraient dû figurer, et qui aurait été « le tableau moral de la nation, l'histoire de chaque individu, l'effroi des méchants, l'espoir du mérite ». Il fallait que n'importe qui fût suivi pas à pas, « dès son enfance et dans toutes les circonstances de sa vie ». Les résultats de cette entreprise furent décevants, mais elle annonçait assez bien le monde d'aujourd'hui et plus encore, peut-être, celui de demain : Napoléon fut le grand inventeur de la mise en fiches des hommes, le grand collectionneur des renseignements des mouchards et des espions, empereur des soldats, assurément, mais aussi de la Police. « J'avais par le moyen de Lavallette une haute police secrète et importante. Douze personnages correspondaient avec moi et avaient chacun douze mille francs par an... Mme de Genlis, Fiévée, Montlosier étaient du nombre... J'aurais dû étendre davantage ce système, qui était bon. » Mais il en avait bien d'autres.

La France, malgré tout ce qu'on pourra dire de l'Ancien Régime et des Bastilles, n'avait jamais connu d'État policier. Il naît ici, et je crains qu'il ne soit immortel. « Surveillez tout le monde, disait Napoléon, excepté moi. » Il était d'ailleurs surveillé comme les autres, car toute police a sa contre-police, et celle-ci une troisième police qui la surveille, épiée à son tour. Napoléon n'ignorait pas ce que Fouché voulait lui cacher, mais Fouché savait qu'il ne l'ignorait pas, et on ne peut dire, finalement, qui craignait le plus l'autre. La peur s'installait ainsi du haut en bas. On lit dans les *Mémoires* de Fouché : « La couronne n'avait succombé en 1789, que par la nullité de la haute police. » C'est ce qu'on ne verra plus, et l'État napoléonien préfigure ces États du xxe siècle dans lesquels une révolution intérieure paraît impossible, sauf miracle, et qu'on n'abat que de l'extérieur, par la guerre. Il fallut que ses ennemis arrivent jusque dans Paris pour avoir raison de l'Empereur : le pays entier pouvait être las de la guerre, celle-ci aurait duré autant que lui si on ne lui avait mis enfin le pied sur la gorge, il tenait trop bien tout son monde. Tous ceux qui avaient attiré son regard, fût-ce par leurs mérites, ne devaient plus marcher que par son ordre. Il écrivit à Berthier : « Je veux donc que vous vous mariiez, sans cela je ne vous verrai plus. » Cette contrainte ne se relâchait jamais, aux fêtes même qu'il donnait, où l'ennui accablait, et Napoléon s'en disait étonné. Talleyrand lui fit observer que le plaisir ne se mène pas à la baguette, et qu'il ne suffit pas de dire : « Allons, Messieurs et Mesdames, en avant marche! » Une étiquette minutieuse réglait la vie de la cour, sans aucun moment de détente et de vrai plaisir. Les femmes y étaient silencieuses, les hommes pressés et généralement mal à l'aise. Tout s'y passait en service commandé. Les uniformes étaient somptueux, les cérémonies magnifiques, mais tout cela dans un ordre froid. On n'y entourait pas un souverain, comme jadis à Versailles, toujours obligeant et courtois, si insuffisant qu'il puisse être par ailleurs, qui exigeait le respect mais le rendait à sa manière : on évoluait désormais sous l'œil d'un Maître, et qui marquait l'alignement, à la parade. Qu'on songe que cet homme, pendant les Cent-Jours et au bord de l'abîme, trouva le temps de rétablir dans les lycées l'usage du tambour.

Il est bien vrai qu'il a restauré l'enseignement public, qui avait disparu pendant les années révolutionnaires. Mais selon le mot de Fontanes, si un solide enseignement était dispensé, c'était pour avoir « des citoyens plus fidèles ». Napoléon lui-même déclarait au Conseil d'État que le corps enseignant devait être un moyen « de diriger les opinions politiques et morales ». Il ne s'agissait pas d'éveiller les esprits, mais de les discipliner. La culture et l'intelligence devaient naître et marcher droit comme une armée en bataille, et servir : « On se plaint que nous n'avons pas de littérature, disait-il, c'est la faute du ministre de l'Intérieur. » Dans une lettre à Joseph, il parle des « hommes de lettres et des philosophes », et reconnaît : « Vous savez que je ne les aime pas, puisque je les ai détruits partout. » Un libraire de Nuremberg, Philippe Palm, eut l'honneur d'être fusillé pour avoir publié un pamphlet dont l'auteur resta inconnu. Un arrêté consulaire avait posé le principe suivant : « Pour assurer la liberté de la presse, aucun libraire ne pourra vendre un ouvrage avant de l'avoir présenté à une commission de révision. » Les littérateurs, s'ils voulaient survivre, devaient être aux gages et aux ordres : « Celui qui reçoit mes bienfaits et dont les écrits influent directement sur l'opinion, doit suivre une marche droite et franche, sans réaction... » Les autres, on les ferait taire. « Si Chénier se permet le moindre propos, faites-lui connaître que je donnerai l'ordre qu'il soit envoyé aux îles Sainte-Marguerite. Le temps de la plaisanterie est passé. Qu'il reste tranquille; c'est le seul droit qu'il ait. Ne laissez pas approcher de Paris cette coquine de Mme de Staël; je sais qu'elle n'est pas éloignée... Ayez aussi l'œil sur Benjamin Constant, et à la moindre chose dont il se mêlera, je l'enverrai à Brunswick, chez sa femme. Je ne veux rien souffrir de cette clique. » Une opposition? Comment existerait-elle? L'Empereur incarnait le peuple, et celui-ci ne saurait s'opposer à lui-même. Nous aurons connu exactement cette théorie, professée par d'autres et avec les mêmes conséquences. C'est en cela que le pouvoir de Bonaparte, quoi qu'il ait pu dire et qu'en aient dit ses thuriféraires, n'a jamais été qu'une dictature : il ne souffrit jamais, en face de lui, une quelconque opposition, dans tous les domaines et jusqu'en théologie. Au Concile national de 1811, quelques évêques n'ayant pas accepté tout ce qu'il exigeait, avec cependant pour sa personne et son autorité un grand respect, trois d'entre eux furent saisis dans leurs lits et enfermés à Vincennes. Les autres, en effet, se firent tout petits, et reconnurent qu'en matière de religion, c'est lui qui voyait juste. Son choix arrêté, personne n'avait le droit de suggérer le moindre doute, car il était sûr d'avoir toujours raison. Il n'y avait même que lui qui avait raison, tous les Français, et même l'Europe entière s'il avait pu, réduits à l'état d'enfance. Cet homme du XVIIIe siècle, qui avait tant aimé Rousseau et qui disait aimer encore Voltaire, aurait voulu traquer partout la pensée libre, et ceux qu'il détestait le plus, dont il disait à sa police qu'elle ne devait jamais les perdre du regard, ce n'était pas les hommes d'Église qu'on soumettait assez bien en les rudoyant un peu, mais précisément les disciples de ces philosophes, restés grands lecteurs de cette *Encyclopédie* qui avait cru libérer l'homme de toutes les servitudes. « Ils n'avaient pas besoin de Dieu, c'est pourquoi ils avaient besoin d'un tyran. » (Chateaubriand.)

On a de Bonaparte de belles déclarations de principe : « Lorsque ma volonté est que la censure n'existe pas, j'ai lieu d'être surpris de voir, dans mon empire, des formes qui peuvent être bonnes à Vienne ou à Berlin... J'ai longtemps calculé et veillé pour maintenir la liberté politique. Je n'entends pas que les Français deviennent des serfs. Je le dis encore une fois, je ne veux pas de censure. » Mais si un ouvrage déplaisait, il le faisait saisir, et supprimer, sans cérémonie. C'est ce qui arriva à Mme de Staël. Destutt de Tracy dut faire paraître son *Commentaire sur l'esprit des lois* en Amérique, et en anglais. Le discours que Chateaubriand avait préparé, pour sa réception à l'Institut, ne fut pas accepté, quoiqu'en fait de brûlot révolutionnaire, on ait fait mieux. Quant à Marie-Joseph Chénier, il fut pensionné, mais après s'être humilié et condamné au silence.

Les classiques n'étaient pas épargnés. Aux représenta-
tions d'*Héraclius*, des spectateurs en avaient le texte sur les
genoux, et s'amusaient à relever les suppressions et les pas-
sages intercalés. Quelqu'un en parla à Fouché : « Convenez,
dit-il, que les vers d'Esménard valent bien mieux que ceux
de Corneille. » Esménard était le policier de service. Une
tragédie comme *Athalie*, où il est question d'usurpation et
de rois légitimes, paraissait dangereuse entre toutes.

Si du sang de nos rois quelque goutte échappée...

Ce vers-là, et bien d'autres, fut interdit. La musique même
devint suspecte. Napoléon décidera un jour, tout naturellement : « Désormais, j'entends qu'aucun opéra ne soit donné
sans mon ordre. » Il fallait voir comment il traitait la presse.
Celle-ci était aussi entre les mains de la police, ou sous son
contrôle : « Vous avez, écrivait l'Empereur à Fouché, des
hommes capables de faire, sur cette matière fort importante,
cinq ou six bons articles qui donnent une bonne direction à
l'opinion... Faites changer le directeur de ce journal, ou sup-
primez-le... Quand il y aura à dire quelque chose, *Le Moniteur*
le dira. » Il aurait voulu que personne n'imprime, ni ne parle.
Il écrivait à Eugène de Beauharnais : « Il faut imprimer peu,
et le moins sera le mieux. » Pour ceux qui auraient été tentés
de discourir : « Je veux, dit-il, qu'on puisse couper la langue
à un avocat qui s'en sert contre le gouvernement. » Il
demandait au général Delmas : « Vous étiez de ces imbéciles
qui croyaient en la liberté? » Il réduisit en peu d'années à
néant toute liberté, sauf celle d'aller dans les églises. Encore
étaient-elles surveillées, et il ne fallait pas qu'on s'avise d'y
prier à contretemps. Il dit à Beugnot, portant la main à son
épée : « Tant que celle-là pendra à mon côté, vous n'aurez
aucune des libertés après lesquelles vous soupirez, pas même,
monsieur Beugnot, celle de faire à la tribune quelque beau
discours à votre manière. » Dans les bulletins de Fouché,
revient comme une litanie : « Emprisonné jusqu'à nouvel

ordre. » Ceux qui avaient fait une révolution pour supprimer
les Lettres de cachet étaient servis. Bien caractéristique du
génie de l'Empereur, un trait comme celui-ci : « Ce chanoine
a trop d'esprit, c'est un homme dangereux; qu'on le mette à
Vincennes. » Et parfaitement révélatrice de ses méthodes,
cette lettre : « Je désire que cent autres prêtres des plus
mauvais soient dirigés de Parme et de Plaisance sur La
Spezzia et, de là, embarqués pour la Corse. » Pourquoi cent?
Parce que cela plaisait au Maître. On arrêtait qui on voulait,
on assignait à résidence, on vous internait parmi les fous, on
vous laissait des années au secret, dans quelque forteresse.
En 1814, on verra sortir d'un peu partout des prêtres hébé-
tés. Le 6 mars 1801, Donatien-Alphonse-François, marquis
de Sade, fut arrêté chez le libraire Massé. Transféré à Charenton en 1803, il y restera jusqu'à sa mort, plus de onze ans.
Il était fou comme vous et moi. Un grand vicaire de Bayonne
ayant écrit un mandement jugé téméraire, fut envoyé à
Pignerol pour dix ans, et un prêtre de Saint-Roch, après un
sermon, mis à Bicêtre, toujours chez les fous. Après tout, il
fallait être fou pour tenter d'échapper, si peu que ce soit, à la
plus pointilleuse tyrannie qu'ait connue la France. Lorsqu'un suspect ne consentait pas à avouer, Napoléon connaissait les bonnes méthodes : « faire serrer les pouces dans un
chien de fusil », c'est ce qu'il conseille à Soult. Le bruit avait
couru qu'on avait interrogé ainsi Pichegru. La Justice devait
être militaire, et on se lasserait de relever dans la correspondance impériale ces ordres qui reviennent à tout propos :
« Réunir une commission militaire », et faire fusiller deux,
ou trois, ou cinq, ou dix « coupables ».

Esprit d'une organisation prodigieuse, il fut responsable
de tout ce qui fut ordonné sous son règne, exigeant de tout
savoir, contrôlant tout. « Travaillant jusqu'à vingt heures
par jour, dit Chaptal, on n'aperçut jamais ni son esprit
fatigué, ni son corps abattu, ni aucune trace de lassitude. »
Thiers vise plus loin, et plus juste : « Chez Napoléon, la joie
du succès n'interrompit jamais le travail. Cette âme infati-

gable savait à la fois travailler et jouir. » Il lui convenait de
« passer dix à douze heures sur une seule idée », de la
prendre, selon sa formule, « par le cou, par le cul, par les
pieds, par les mains, par la tête », pour ne la quitter qu'épui-
sée et possédée. Rien n'est curieux comme ce qu'il écrivit à
Eugène de Beauharnais, lui expliquant comment il devait
vivre, à quelles heures il serait bon qu'il se lève et se couche,
quels devaient être ses amusements, ce qu'il devait faire pour
sa femme. A ses frères, il tentait d'expliquer patiemment de
quelle façon un royaume se mène : « Ce n'est pas au jour la
journée que doivent travailler les princes, mon frère. » Avec
une égale attention il créait des royaumes, et organisait le
Jardin des Plantes : « J'insiste sur cette idée qu'en dissé-
minant la ménagerie dans trente ou quarante arpents et plus
s'il est possible, et plaçant çà et là des bassins, des arbres,
des pavillons, des bosquets, renfermant dans cette enceinte
toutes les espèces de bêtes, bêtes féroces, animaux paisibles,
même les oiseaux et les poissons, on aurait un ensemble de
promenade aussi intéressant que varié, et que cela compo-
serait un beau monument. » Rien ne lui semblait futile,
aussi bien le sort des peuples que l'organisation d'un village
et son budget municipal, la levée des impôts en Allemagne,
le mariage de la fille de quelque hobereau périgourdin, le
comportement d'un garde-magasin ou d'un capitaine d'habillement. « Qu'on ne remue pas une escouade d'infanterie
sans mon ordre. » Avec Daru, il entrait dans le dernier détail
des fournitures nécessaires : « Monsieur Daru, il n'y a plus de
capotes à Varsovie... Monsieur Daru, j'attends toujours
20 000 paires de souliers... Monsieur Daru, 200 voitures portant 2 000 sacs de farine sont parties... Monsieur Daru, vous
avez un magasin de 3 400 culottes d'artillerie et de 1 400 pantalons de drap, ce qui fait près de 5 000 culottes et pantalons.
Vous avez également 3 000 culottes autrichiennes, ce qui fait
8 000 culottes... » Ses ministres, s'ils entraient dans son
cabinet, devaient pouvoir répondre à tout ce qui approchait
de leur compétence, et tout de suite. Pourquoi tel évêque,

trop souvent, se dispensait-il « d'assister au mariage des
rosières ? » On doit reconnaître que les plus futés prirent le
parti de répondre imperturbablement, sur n'importe quoi.
Quand il sut l'un d'eux prêt à mourir, la réaction de l'Empereur aurait été celle-ci : « Rien de plus juste. Un homme que
je fais ministre, ne doit plus pouvoir pisser au bout de quatre
ans. C'est un honneur et une fortune éternelle pour sa
famille. » Il paraît que tout ministre en puissance savait ce
qui l'attendait : « Il a déjà tué Portalis, Crétet, et jusqu'à
Treilhard, qui pourtant avait la vie dure... Il m'en arriverait
autant... » Stendhal, cousin de Daru, se souvient que celui-ci
« se tuait de travail » et rentrait chez lui « avec la physionomie d'un bœuf excédé de peine et des yeux rouges ». On a
raconté aussi l'histoire de Daru, endormi de fatigue à côté
de l'Empereur, et à son réveil voyant celui-ci qui travaillait
à sa place. C'est à Daru, précisément, qu'il a écrit : « Le
temps presse, et les jours sont des années. »

Mollien parle de son « insatiable besoin d'être le centre
de tout, le principe unique d'action et d'impulsion sur toute
personne et sur toute chose », et ce même ministre fut stupéfait de voir l'attention de Napoléon, lorsqu'il lui exposait
les mécanismes de la Bourse : « Il porta, dit-il, jusqu'à
l'excès la passion de tout entendre. » Il n'avait jamais
honte de ses ignorances : il s'informait, il interrogeait inlas-
sablement, demandant qu'on lui précise jusqu'au sens des
mots, provoquait la discussion, mais toujours se réservant
de conclure. « Ce n'est pas des conseils que j'attends, disait-
il, mais des avertissements : il faut les chercher dans toutes
les sources. » Ses correspondants, bien payés, lui adressaient
des lettres d'information sur la situation du moment et sur
tout ce qu'ils pouvaient apprendre, tel Joseph Fiévée, ancien
affidé d'Hyde de Neuville, que lui avait présenté Rœderer.
Stendhal a noté « l'air coquin du grand noir Fiévée. »
C'est lui qui disait : « Quand on a un vice, il faut savoir
le porter. » Il était si bien dressé à espionner qu'il continua
après la chute de l'Empire, dédiant ses lettres au favori de

Louis XVIII, le comte de Blacas. Mais celui-ci, borné et sot comme il n'est pas possible, n'en faisait rien.

Napoléon savait utiliser tout le monde. Dans les débuts du Consulat, il fit écrire pour lui l'auteur des *Liaisons dangereuses*, avant de le nommer général dans l'artillerie : Laclos avait fait des recherches et des expériences sur le *boulet creux* [1]. « En mettant les gens à leur place, dira Molé, en leur demandant seulement ce qu'ils pouvaient, et ce qu'ils savaient, il doublait leurs aptitudes et leurs succès. Napoléon tombé, j'ai vu les mêmes hommes employés sous la Restauration : ils ne justifiaient plus l'idée qu'ils m'avaient donnée d'eux. » Au Conseil d'État, et à propos des sujets qui auraient dû lui être étrangers, il montrait « une sagacité merveilleuse, infinie, étincelant d'esprit, saisissant, créant dans toutes les questions des rapports inaperçus et nouveaux ». La première fois que Consalvi le rencontra, il fut stupéfait de l'entendre parler pendant plus d'une demi-heure, sans lui laisser placer un mot, « avec une véhémence et une abondance inexprimables, sans colère toutefois ni dureté de langage ». Même un ennemi comme Metternich était séduit : « La conversation avec lui a toujours eu pour moi un charme difficile à définir. Saisissant les objets par leur point essentiel, les dépouillant des accessoires inutiles, développant sa pensée et ne cessant de l'élaborer qu'après l'avoir rendue parfaitement claire et concluante, trouvant toujours le mot propre à la chose, ou l'inventant où l'usage de la langue ne l'avait pas créé, ses entretiens étaient toujours pleins d'intérêt. » Il ne parla jamais un français parfaitement correct, disant *armistice* pour amnistie, et *rentes voyagères* pour rentes viagères, mais avec lui tout passait, il charriait tout cela, étonnait et subjuguait. Molé insistera sur le « peu de suite, je dirai même le désordre qui régnait dans cet esprit, dont l'inépuisable verve était, peut-être, le trait le plus saillant ». C'était un esprit jamais en repos et

1. Émile Dard, *Le Général Choderlos de Laclos*, Librairie académique Perrin, 1936.

qui, pour aller plus vite, sautait les transitions. A la fois, il poursuivait des rêves démesurés et vivait dans l'instant, épuisant au fur et à mesure toutes les possibilités données par chaque minute. On a cité cette réplique, sans doute apocryphe, mais qui me semble si caractéristique du personnage, et si belle : « Avez-vous parfois pensé au lendemain, Sire? — Jamais. »

Il avait cette faculté, qui peut-être ne se rencontra chez personne d'autre, de tout assimiler immédiatement, de tout comprendre sur l'heure et de tout transformer aussitôt en acte, et il en résulta évidemment pour lui cette certitude que nul mieux que lui n'était fait pour faire un choix, donner un ordre et contraindre les autres à s'y tenir. « Ce mode de gouverner qui centralise tout, qui ramène tout au monarque, est applaudi de toute l'Europe », affirmait-il devant le Conseil d'État, où l'on se serait gardé de le contredire. « Quand je cesse d'avoir les yeux sur une chose, rien ne marche. » La confiance, si légitime, qu'il avait en lui-même, devint d'ailleurs excessive, monstrueuse, avec les années, et dut contribuer à sa perte. « Mon peuple s'est bien trouvé, dans toutes les circonstances, de s'en fier à moi... » Ce fut un premier stade. Et le suivant : « Mes peuples d'Italie me connaissent assez pour ne devoir point oublier que j'en sais plus dans mon petit doigt qu'ils n'en savent dans toutes leurs têtes réunies. » Cette fois, c'était trop dire. Il en vint à préférer à de vrais ministres d'obscurs exécutants. A Talleyrand, succéda Champagny, duc de Cadore, qui n'a pas laissé un grand nom dans la diplomatie, et à Champagny, Maret, duc de Bassano, qui avait été très bien comme secrétaire des Consuls. « Je ne connais personne de plus bête que le duc de Bassano, disait Talleyrand, si ce n'est M. Maret. » Napoléon, au faîte de sa puissance, entendit ne partager celle-ci d'aucune manière, sûr de se suffire, traitant les hommes comme on fait de ces chevaux tournant autour d'un puits, les yeux bandés : « Faites ce que je vous dis scrupuleusement, puisque vous ne savez pas mes projets. »

Alors, dit Chaptal, « tout ce qui l'entourait était timide et passif : on écoutait la volonté de l'oracle et l'on exécutait sans discussion. » Que de fois il aura dit : « Vous êtes un imbécile, taisez-vous. » On se tut, jusqu'au jour où l'on poussa ce « Ouf! » qu'il avait prévu.

Pendant les Cent-Jours seulement, il parut pour la première fois hésiter, se raviser, feignant d'incliner au libéralisme, acceptant des solutions qui lui déplaisaient et conscient de n'être plus lui-même, jurant d'ailleurs de se reprendre : « On me pousse dans une route qui n'est pas la mienne, on m'affaiblit, on m'enchaîne. La France me cherche et ne me trouve plus. Que me parle-t-on de bonté, de justice abstraite, de lois naturelles. La première loi, c'est la nécessité, la première justice, c'est le salut public... A chaque jour suffit sa peine, à chaque circonstance sa loi, à chacun sa nature. La mienne n'est pas d'être un ange. Messieurs, il faut qu'on retrouve, il faut qu'on revoie le vieux bras de l'Empereur. »

Et, en effet, on l'aimait. Après une charge de ses cuirassiers, d'Hautpoul fut embrassé par l'Empereur devant toute la division. « Pour me montrer digne d'un tel honneur, dit-il, il faut que je me fasse tuer pour Votre Majesté. » Le lendemain, à Eylau, il était mort. Le 20 mars 1815, quand Napoléon revint de l'île d'Elbe, il monta l'escalier des Tuileries, et Lavallette le précédait, à reculons pour ne pas cesser de le voir, « le contemplant avec une émotion profonde, les yeux baignés de larmes et répétant : " Quoi! C'est vous! C'est vous! " » Napoléon aura suscité des admirations et des dévouements sans nombre, mais surtout parmi les humbles, les petits, les soldats. A son retour de l'île d'Elbe, c'est même de paysans et de montagnards, plus encore que de soldats, qu'il sera d'abord entouré. Ceux-là l'aimaient pour les avoir débarrassés du joug et de l'arrogance des nobles d'Ancien Régime. « Je ne suis pas seulement, dit alors Bonaparte, l'empereur des soldats, je suis celui des paysans et des plébéiens de France. » Ils ne le voyaient pas, quoi qu'il ait pu faire, tellement différent

d'eux. « Il les rassurait sur le retour des dîmes, des droits
féodaux, de la restauration des biens des émigrés, et de
l'oppression des seigneurs » (Chaptal). Il en était conscient,
disant à Hortense de Beauharnais : « Je n'ai pour moi que
le peuple et toute l'armée jusqu'aux capitaines. » Quand il
s'enferma à l'Élysée après Waterloo, une foule l'acclamait,
avenue Marigny, avec « un enthousiasme en quelque sorte
sauvage », et la plupart de ces fidèles obstinés étaient de
la « classe indigente et laborieuse ».

Chez les autres, l'attachement qu'on lui porta fut souvent
de médiocre qualité, et cela aussi, il le savait. C'est son
entourage, assurément, qui lui avait donné cette « mauvaise
opinion de la nature humaine » dont parle Mme d'Abrantès.
« Jamais il n'admirait », dit Mme de Rémusat. Metternich,
témoin suspect peut-être, a dit en termes presque iden-
tiques qu'il était « l'homme du monde qui méprisait le plus
le genre humain ». Et Caulaincourt : « Son peu d'estime
pour les hommes faisait que l'Empereur n'exigeait pas d'eux,
en général, plus de qualités et de vertus qu'il ne leur en
supposait. Tout porte à croire que cette indulgence, ou cette
indifférence, venait de la mauvaise opinion qu'il avait des
humains. » Et Chaptal : « Il ne croyait ni à la vertu ni à
la probité. Il appelait souvent ces deux mots des *abstrac-
tions*. » Si l'on en croit les *Mémoires* de Bourrienne, une de
ses phrases favorites était : « Je commence d'abord à croire
le mal. » Cela fait beaucoup de témoignages pour qu'on en
puisse douter, et ce n'est pas un très bon signe que de voir
d'abord et partout le mal : le monde est un miroir où se
réfléchit le visage de celui qui regarde. On doit convenir
que sa famille lui donnait une triste image de l'humanité :
comblée par lui d'argent et d'honneurs qu'elle ne méritait
à aucun titre, estimant que tout lui était dû, jamais satisfaite, se querellant et lui reprochant de n'en pas faire assez,
faute de mieux c'est parmi elle qu'il choisit pourtant des
rois. « Je sentais mon isolement; aussi, je jetais de tous les
côtés des ancres au fond de la mer. » Pas une ne tint ferme.

Qu'on s'étonne donc si dans ses lettres, il traite ceux qu'il y nomme « les princes du sang » comme le dernier des rustres n'oserait pas traiter des domestiques. Quant aux maréchaux, s'il les couvrait d'or, leur zèle redoublait. En 1813, Oudinot le pressait de faire la paix, déclarant négligemment : « Vous n'êtes plus aussi généreux qu'autrefois. » Il reçut 15 000 napoléons et entra aussitôt dans les vues de l'Empereur : « Puisqu'il en est ainsi... Votre Majesté me connaît. » Il les connaissait, en effet, lui et ses pareils. Il se défiait de tout le monde, non sans raison, et même de ceux qui ne l'auraient pas mérité : « Il eut toujours peur du peuple », a écrit Stendhal. D'où ses projets : « Pour les ducs, il faut 30 maisons à Paris... Il faut leur donner 500 000 francs pour la maison et au moins 100 000 francs de rentes; pour les comtes, 60 maisons avec 200 000 francs, et 50 000 francs de rentes au moins; pour les barons, il en faut 400 au moins ayant 5 000 francs de rentes. » Il achetait des dévouements pour s'en faire un rempart : au sommet de cette pyramide de nantis, qui pourrait atteindre l'Empereur? Quand il créa des majorats, fonda une nouvelle noblesse, c'était dans la pensée d'organiser des corps intermédiaires liés à lui par l'intérêt, seul lien solide, et qui l'aideraient à dominer tous les autres, surtout à les tenir à distance. « Je veux avoir à Paris cent fortunes, toutes s'étant élevées avec le trône... » Il était d'ailleurs persuadé ne faire ainsi que des ingrats, ajoutant : « Je saurai bien les retrouver. » Ceux dont il n'avait pas payé l'attachement, il n'y croyait pas. Les républicains franchement ralliés à son trône, parce qu'ils voyaient en lui survivre la Révolution, mais qui n'étaient pas à ses gages, il s'en défiait : « C'est un Jacobin poudré », disait-il de l'un d'eux. En 1815, il refusa de s'appuyer sur le peuple et d'être « le roi de la Jacquerie ». C'était avec les classes dirigeantes qu'il voulait être en accord, les classes aisées, possédantes, tant il est vrai que ce trône avait pour base et soutien l'argent. Elles se dérobèrent, il tomba.

Napoléon amassait de l'or dans ses caves, mais non pour lui-même, comme un levier, une arme, un moyen de puissance. Il était généreux pour les autres, à charge d'en être exactement servi. Il aimait que ses subordonnés conservent quelque incertitude sur leur sort. Il fallait qu'il tînt leur vie, leur honneur, mais aussi leur fortune, à sa merci. C'était un de ses principes, qu'on n'a de zèle qu'autant qu'on est inquiet. « La défiance, dit Caulaincourt, de tous ceux qui s'étaient acquis une considération personnelle, appartenait tout à fait à la manière de voir de l'Empereur. » Il ne voulait de serviteurs qu'à sa dévotion, dont il fût le maître de toutes les manières, par l'intérêt sans doute, mais à l'occasion par leurs vices : « J'ai toujours remarqué que les honnêtes gens ne sont bons à rien. » Il pensait que l'avarice, l'envie, la lâcheté, sont de puissants et sûrs moteurs pour les hommes, et il en jouait.

A la guerre, c'est avec la mort qu'il jouait, aussi froidement et délibérément, et s'il ménageait le sang de ses troupes, c'était pour les garder à son usage aussi intactes et nombreuses que possible. Ses calculs ne s'embarrassaient jamais du nombre des victimes. Son prestige est resté si grand que les historiens classiques de l'Empire font de même, en toute innocence : « Jaffa était emportée d'assaut, avec un grand massacre des habitants. La campagne s'annonçait bien » (Madelin). Napoléon osa dire ce que tant d'autres pratiquent depuis que la politique existe : « Un homme comme moi se fout de la vie d'un million d'hommes. » Après l'attentat de la rue Saint-Nicaise, il éclata en fureur parce qu'on avait tenté de le tuer, mais n'eut pas spontanément un mot pour les blessés et les morts restés sur le pavé : ce détail était sans importance. Il avait le droit de répandre tout le sang qu'il voulait, mais lui seul. Je pense encore à Louis Madelin, pour qui les Arabes révoltés en Égypte contre Bonaparte étaient nécessairement des *fanatiques*, et tous ceux qui en voulurent à sa vie, par la suite, des *misérables*. Et lui donc, comment le qualifier? Mme de Staël note quelque part : « Il n'y a que lui

pour lui : tout le reste des créatures sont des chiffres. » Il
savait bien que ses conquêtes ne pouvaient être maintenues
que par la terreur. Sa formule, toujours la même, la voici :
« A la moindre insurrection qui éclaterait, il faut la réprimer
avec de la mitraille. » C'est ce qu'il écrivait à son « cher
fils », le prince Eugène. Il lui disait, un autre jour : « S'il y a
quelque grande famille qui se soit mal comportée, je veux la
détruire de fond en comble, père, frères, cousins, pour qu'elle
serve d'exemple dans les annales de Padoue. » Il réussit
ainsi à unir contre lui dans toute l'Europe les nobles, les
peuples et les rois, et ne se maintint jamais, selon ses propres
mots, « que par la force » : « Mon empire est détruit, si je
cesse d'être redoutable. » Paul-Louis Courier racontait à un
ami, en 1806 : « Il y a tel village de Calabre où un jeune
homme ne se marie point s'il n'a tué au moins un Français[1]. »
C'est dire si Napoléon les avait fait aimer. « Les habitants
d'Hersfeld paraissent coupables, observe-t-il. Il faut envoyer
une colonne mobile de 4 000 hommes, et faire piller la ville
de fond en comble... C'est ainsi qu'en brûlant le gros bourg
de Bignasco, en l'an IV, j'ai maintenu la tranquillité dans
l'Italie... » Ou encore : « Il faut qu'il y ait six gros villages
pillés et brûlés, mais de manière qu'il n'en reste pas de
vestiges... » Et à Joseph, ces conseils sur le mode plaisant :
« La saison va devenir supportable, et l'armée reprendra de
l'ardeur. D'ailleurs, faites piller deux ou trois gros bourgs,
de ceux qui se sont le plus mal conduits; cela fera des
exemples et rendra aux soldats de la gaîté. » En 1806, des
paysans se révoltent à Parme, « des pâtres révoltés », dit
Le Moniteur, qu'on a ramenés à la raison « sans violence » :
sans parler des autres, seize ont été fusillés. « Je vois avec
plaisir, dit l'Empereur, qu'on a brûlé un village des insurgés.
J'imagine qu'on aura fait piller ce village par les soldats. »
Surtout piller, qu'on n'oublie pas de piller : heureuse habitude, et qui explique aussi l'attachement des soldats pour

---

1. Lettre inédite, publiée dans *La Revue de France*, 15 juin 1925.

Napoléon. Inutile de multiplier les citations, qui n'en finiraient pas, mais enfin il faut bien dire la vérité : « Il est nécessaire de faire des exemples. Le premier village du Piémont qui s'insurgera, faites-le livrer au pillage et brûler. » Ou encore : « Faites fusiller trois personnes par village. » Ce chiffre de trois lui plaisait, déjà expérimenté en Égypte : « Tous les jours, ici, je fais couper trois têtes et les promener dans Le Caire; c'est le seul moyen de venir à bout de ces gens-ci. » C'est par les incendies, les déportations, les fusillades, systématiquement organisés, que Napoléon tenta d'asseoir son pouvoir de Lisbonne à Moscou, et ceux qui n'avaient pas son génie pouvaient au moins l'imiter dans ce domaine. Les vols de Junot au Portugal furent si démesurés qu'ils scandalisaient son entourage, pourtant blasé. Masséna, dit Stendhal, « était voleur comme une pie ». La prise de Saragosse fut la grande victoire du pays de Voltaire : l'armée française put enfin, par centaines, égorger des moines. Pour les exécutions et les meurtres, les généraux de la Grande Armée n'étaient pas en reste, mais soyons juste : les massacres de Madrid, c'est Napoléon lui-même qui les a voulus, écrivant à Murat : « Il est temps de montrer l'énergie convenable. Je suppose que vous n'épargnerez pas la canaille de Madrid, si elle remue... » Mais au Prado les peintures de Goya crient encore pour cette canaille. « Les bourgeois qui écrivent l'histoire font des phrases sur ces sortes d'actions », dit aussi Stendhal.

Avec Toussaint-Louverture, à Saint-Domingue, Bonaparte avait montré jusqu'où pouvaient aller sa duplicité et sa cruauté : un nègre, pensez donc! Le chef noir fut approuvé, flatté, puis attiré dans un guet-apens, arrêté, déporté, et mourut misérablement dans une forteresse. Ce sont les nécessités de la politique, dira-t-on. Mais alors, pourquoi tant s'indigner quand cela vous arrive? Ce n'est donc pas moi qui pleurerai sur Sainte-Hélène.

« Il faut lui rendre cette justice, dit Mme d'Abrantès, qu'il était vraiment équitable. Il avait une grande bonté dans l'âme, mais pas de cœur, c'est-à-dire qu'il n'avait aucune sensibilité. » Molé dit, un peu différemment : « Il ne fut ni bon ni méchant, ni juste ni injuste, ni cruel ni compatissant, il fut *tout politique*. Il ne vivait que pour ses desseins. » Il s'en expliquera lui-même, précisément avec Molé : « Ne croyez pas que je n'aie pas le cœur sensible comme les autres hommes. Je suis même assez bon homme. Mais dès ma première jeunesse, je me suis habitué à rendre muette cette corde qui, chez moi, ne rend plus aucun son. » Cela même n'est pas si clair. On l'a vu pleurer plusieurs fois. Partant pour la guerre, il dit à Joséphine et à Talleyrand : « Il est bien pénible de quitter les deux personnes qu'on aime le mieux », et se mit à sangloter. Quand Lannes fut blessé à mort, « de grosses larmes lui roulaient sur les joues, et tombaient dans son assiette ». On a raconté cent fois leurs pathétiques adieux. Il est vrai que Napoléon aurait relaté tout différemment la scène, se confiant à Metternich : « Quand le Maréchal prononça mon nom, on vint me le dire, et sur-le-champ je le déclarai mort. Lannes me détestait cordialement. Il m'a nommé comme les athées nomment Dieu quand ils arrivent à l'article de la mort. Lannes m'ayant nommé, j'ai dû le regarder comme décidément perdu. » Ce ne serait donc pas deux amis, se quittant avec désespoir pour jamais : où est la vérité? On peut lire dans les cahiers intimes de Marie-Louise un jugement assez atroce, qui ne résout pas davantage le problème, bien entendu : « Napoléon avait une sensibilité que lui donnait la peur, et une faiblesse de nerfs pardonnable dans une femme, mais non dans un homme. Je l'ai vu prêt à se trouver mal en voyant un postillon blessé et, dans le même instant, il aurait ordonné l'empoisonnement d'un homme de sang-froid [1]. » Quand Marmont revint d'Espagne blessé, son bras en écharpe qu'il avait sauvé de justesse, l'Empereur lui dit : « Vous tenez donc bien à cette

---

1. « Les papiers intimes de Marie-Louise », *Revue des Deux Mondes*, 15 décembre 1938.

loque [1]? » Mais si l'on se souvient d'autres faits, on dira
qu'il manquait rarement de secourir, d'encourager, de tirer
du néant, ceux dont il pouvait espérer qu'ils avaient pour lui
quelque attachement. Il entrait dans des colères terribles, il
criait qu'il ferait fusiller les coupables, mais en restait là.
« J'allais les punir, dit-il, quand ils recommençaient à bien
faire. » Si emporté qu'il fût, on pourrait ajouter qu'il était
patient plus que bien d'autres, et même bienveillant par
nature. Avec ses familiers, et quand il en avait le loisir, il
savait être simple, ouvert, confiant, « avec beaucoup de
grâce et de gentillesse », dit Stéphanie de Beauharnais. On a
peine à imaginer cette espèce de tendresse qu'il montrait
parfois, même à ses ministres. On cite cette réponse à Decrès,
qui lui avait écrit une lettre furibonde : « Je suis fâché que
vous vous soyez mis en colère contre moi; mais enfin, une
fois la colère passée, il n'en reste plus rien; j'espère donc que
vous ne m'en garderez pas rancune [2]. » Lui-même n'en eut
jamais l'ombre, et passa sa vie à pardonner. Ceux qu'il avait
congédiés, il ne lui répugnait pas d'avoir encore leurs conseils,
et il les recevait volontiers, tels Fouché en 1802 et Talleyrand
en 1807. Il chassa publiquement et outrageusement du
Conseil d'État le fils de Portalis, et accepta ensuite sans
commentaires qu'il eût un poste élevé dans la magistrature,
ce qui de régime en régime le mènera loin : il sera Garde des
Sceaux, puis Premier Président de la Cour de cassation, « le
plus misérable caractère qui fût oncques », dira Chateaubriand. Les services rendus, au contraire, Napoléon ne les
oubliait pas, et il récompensait sans se lasser. Ses amis de
jeunesse, ses professeurs à Brienne, ses soldats, tous ses serviteurs, depuis les valets jusqu'aux maréchaux, sa famille,
qui n'abusât jusqu'à la fin de ce qu'on aurait pu prendre pour
une grande bonté?

---

1. Sainte-Beuve, *Causeries du Lundi*, Garnier Frères, 1857-1872, tome VI,
p. 16.
2. Victor Martel, « L'amiral duc Decrès », *Le Correspondant*, 25 novembre
1911.

Il y avait aussi chez lui, tout couronné qu'il était, le goujat. « Allez mettre du rouge, Madame, vous avez l'air d'un cadavre. » Et à Mme Regnaud : « Savez-vous que vous vieillissez terriblement? » Et une autre fois : « Aimez-vous toujours les hommes? » On lui répondit : « Oui, Sire, quand ils sont polis. » Une dame lui fut présentée à l'Hôtel de Ville, il la regarda et dit : « Ah bon Dieu! On m'avait dit que vous étiez jolie! » Quand Marie-Louise arriva en France, petite fille qui ne savait rien, et qui toute son enfance avait tenu Napoléon pour un monstre, il fallut qu'il la prenne au débotté, en chemin. Avec Maria Walewska, il profita d'un évanouissement et abusa d'elle. Après quoi, suppose pieusement Octave Aubry, « il regrette... il a peur... » Je n'en crois rien. Son comportement à Sainte-Hélène, faisant grief à Bertrand de ne pas contraindre sa femme à se prostituer à lui, est d'un individu vraiment ignoble. Stendhal prétend qu'il renvoyait au bout de trois minutes les femmes qu'il avait convoquées dans ses petits appartements, sans même avoir « quitté son épée ». Ce n'est pas impossible. Lorsqu'aux Tuileries il faisait « le tour du cercle féminin », les hommes placés au second rang voyaient les épaules nues des femmes subitement rougir à son passage : on ne savait jamais quelle phrase cruelle et inutile il allait vous jeter. Les femmes poussaient un soupir d'aise quand il quittait la pièce, et étaient généralement pétrifiées, s'il s'arrêtait devant elles. Mme de Staël, que la timidité n'étouffait pas, raconte qu'elle avait prévu et mis par écrit les réponses « fières et piquantes » qu'elle ferait au Premier Consul. D'ailleurs, il ne lui dit pas un mot, ce qui était pire. Généralement, il demandait : « Comment vous appelez-vous? », et Grétry, déjà interrogé vingt fois de cette manière, finit par lui répondre : « Sire, toujours Grétry. » A Saint-Cloud, devant un cercle de dames, il se borna à répéter indéfiniment : « Il fait chaud. » Les propos qu'il tint à Gœthe ne me semblent pas mériter leur célébrité, et la première phrase, tant citée, est digne de Labiche : « L'Empereur me fait signe d'approcher. Je reste debout devant lui à une distance convenable. Après m'avoir regardé attentivement il dit : « Vous êtes un homme. » Je m'incline. Il me demande : « Quel âge avez-vous? — Soixante ans. — Vous « êtes bien conservé. Vous avez écrit des tragédies? » Je réponds l'indispensable. Ici, Daru prend la parole... » Napoléon ne savait ni parler, ni entrer, ni sortir, ni saluer, ni s'asseoir, disaient ceux qui avaient connu l'ancienne cour. A ceux-là, il fit toujours figure de parvenu. « Quelque chose de dédaigneux quand il se contient, dit Mme de Staël, et de vulgaire quand il se met à l'aise. » Claudel a remarqué que l'Empereur fut « une espèce de Turelure », et qu'il y eut « un énorme scandale dans toute la chrétienté », lorsque le Pape vint le couronner [1].

Il riait peu, dit-on, mais tout le monde s'accordait à dire que son sourire était exquis, et illuminait son visage. Quand il voulait plaire, il y avait chez lui « une douceur, un charme ineffable ». On sait qu'il attachait grand prix à la délicatesse de ses mains, qui étaient belles. « Son front était élevé et découvert; il avait peu de cheveux, surtout sur les tempes; mais ils étaient très fins et très doux. Il les avait châtains, et les yeux d'un beau bleu, qui peignaient d'une manière incroyable les diverses émotions dont il était agité, tantôt extrêmement doux et caressants, tantôt sévères et même durs. Sa bouche était très belle, les lèvres égales et un peu serrées, particulièrement dans la mauvaise humeur » (*Mémoires* de Constant). Hortense Allard a rapporté que ses yeux devenaient noirs, dans la colère [2]. En peu d'années, et précisément pendant celles qui précédèrent et suivirent le Sacre, son visage changea, de maigre devenu plein, et désormais d'un blanc mat, sans couleur. Tout son corps s'épaissit, ce qui n'ôta rien à la vivacité de sa démarche et à son endurance physique qui fut longtemps surprenante. Le capitaine Coignet le montre au camp de Boulogne et à

1. *Mémoires improvisés*, Gallimard, 1954.
2. *Les Enchantements de Mme Prudence de Saman L'Esbatx*, Sceaux, typographie d'E. Dépée, mai 1872.

Austerlitz « se vengeant sur sa tabatière », lorsqu'il était mécontent, et prenant « de grosses prises de tabac ». Il paraît que des conspirateurs avaient déposé à la Malmaison une tabatière avec du tabac empoisonné. Il prisait au Conseil d'État, pendant les discussions, et à Sainte-Hélène : « Il avait l'habitude de laisser partout sa tabatière. Il lui en fallait sur sa cheminée, sur son lit, dans ses poches. » C'était sa seule manie, sa seule faiblesse. Les plaisirs de la table n'existaient pas pour lui, ceux de l'amour à peine davantage, mais il prenait des bains à tout propos, pour sa santé. La moindre odeur l'incommodait, et si le parfum qu'avait mis une femme était trop fort, il suffoquait. Pourtant, il s'inondait d'eau de Cologne. Il se déshabillait devant n'importe qui, et recevait tout nu dans sa baignoire. C'est ce qu'il advint, ou presque, à Mme de Staël, venue l'entretenir de politique et de métaphysique, ce qui était mal le connaître. Il détestait les théoriciens sûrs d'eux et sans expérience réelle, ce qu'il appelait « ces savants à tous crins qui décident à tort et à travers ». En revanche, il causait volontiers avec les spécialistes, les techniciens, et tous ceux qui pouvaient lui apprendre quelque chose : « Il aimait qu'on le comprît vite, qu'on répondît tout droit à sa pensée [1]. » Le plus souvent, il parlait d'abondance, comme s'il avait été seul, et dictait de même à ses secrétaires, très vite, en grommelant, écorchant les mots, et allant à grands pas dans la pièce. Il raconte qu'arrivant aux Tuileries, d'où Louis XVIII venait de s'échapper, il trouva des lettres du roi, certaines même d'amour, laissées sur la table, et d'un style convenu et académique dont le ridicule l'avait frappé. Les siennes, presque toujours, sont un enchantement, par la netteté du trait, la liberté du tour, sans jamais un mot de trop, avec une vivacité par où l'on voit la pensée qui galope. « Le grand art d'écrire, a-t-il dit, c'est de supprimer ce qui est inutile. » Certaines de ses lettres sont très longues,

1. Comte d'Haussonville, « Souvenirs de l'Émigration et du Premier Empire », *Revue des Deux Mondes*, 1er janvier 1878.

sans doute, mais parce qu'il avait tant à dire, quand cela
en valait la peine, sachant ne rien omettre et ne ménageant
pas son temps, pour donner des conseils, réconforter, ou
encore menacer et donner libre cours à sa colère, ou esquisser
des règles de vie, un art de gouverner, et toute une philosophie.

Écrivain, empereur, législateur, général, chef de famille,
administrateur, si prodigieuse que fut sa fortune et apparemment insolites que furent les problèmes qu'il eut à
résoudre, ce n'est qu'à la fin, à l'extrême fin de son règne et
de son action, qu'il put paraître n'être pas supérieur à tout.
Il avait dit à Cambacérès : « La grande immoralité, c'est de
faire un métier qu'on ne sait pas. » Personne autant que lui
n'a été fait pour le sien. Et quand il fut détrôné et expédié
à Sainte-Hélène, il montra qu'il savait n'être plus rien, et
ne pas transiger. « J'ordonne ou je me tais », dit-il. L'histoire des royaumes et des empires propose tant d'exemples
de médiocres qui furent rois et empereurs, qu'il est satis-
faisant pour l'esprit qu'une fois au moins ce soit le génie
qu'on ait couronné.

Ce couronnement fut un acte religieux, voulu, organisé,
prémédité comme tel, au point que le chef des chrétiens
dut venir y présider. Or Bonaparte avait dit en Égypte
qu'il n'y a pas d'autre Dieu que celui de Mahomet, que
« les principes de l'Alcoran sont les seuls vrais », qu'il était
« absurde de croire que trois font un ». Au Conseil d'État, il
reconnut bien volontiers que s'il avait gouverné un peuple
de Juifs, c'est le Temple de Salomon qu'il aurait rétabli. La
Religion lui apparaissait nécessaire, donnant seule à un
État « un appui ferme et durable », mais toute religion était
bonne, n'importe laquelle, pour ce qu'il avait à en faire.
Sainte-Beuve remarque très justement que pour comprendre
le Concordat, il faut y voir la suite et la répétition du
comportement de Bonaparte avec les ulémas du Caire [1].

---

1. *Causeries du Lundi*, déjà cité, tome I, p. 194.

Cinq semaines avant sa mort, il dira : « Je suis bien heureux de n'avoir pas de religion; c'est une grande consolation. Je n'ai point de craintes chimériques, je ne crains rien de l'avenir. » En dépit de toutes les phrases fabriquées pour la postérité, il mourra comme Rœderer dont Talleyrand estimera qu'il a eu de la chance : « Il est mort dans le matérialisme, dans la vérité. » Mme de Rémusat avoue qu'elle ne sait pas si Napoléon était déiste ou athée. Joséphine eut un mot bien plus juste : « Je ne sais s'il croit en Dieu, mais il en joue bien. » Dans ses lettres au Pape ou aux évêques, Dieu est en effet toujours avec lui, il est le bras de Dieu, son confident, Dieu et lui font cause commune, se prêtent main-forte. Mais qu'on se rassure : il n'en croyait pas un mot.

Il regrettait cependant que la religion ait perdu de son empire sur les masses, que la crédulité se soit faite moins naïve. Il se serait proclamé Dieu le Fils, s'il avait pu. « Je suis venu trop tard : Alexandre, après avoir conquis l'Asie, a pu s'annoncer au peuple comme le fils de Jupiter. Et tout l'Orient l'a cru. Si, moi, je me déclarais fils du Père éternel, il n'y a pas une poissarde qui ne me jetât des pommes cuites. Les peuples sont trop éclairés aujourd'hui. Il n'y a plus rien à faire. » Faute de mieux, il entendait bien que Dieu fût dans ses cartes, atout majeur pour les niais, et surtout facteur d'ordre et condition de la soumission des humbles. C'est au Conseil d'État qu'il confia encore sa pensée : « Je préfère voir les enfants d'un village entre les mains d'un homme qui ne sait que son catéchisme et dont je connais les principes, que d'un quart de savant qui n'a point de base pour sa morale et point d'idée fixe. La religion est la vaccine de l'imagination, elle la préserve de toutes les croyances dangereuses et absurdes. Un frère ignorantin suffit pour dire à l'homme du peuple : « Cette vie est un passage... » Si vous ôtez la foi au peuple, vous n'aurez que des voleurs de grand chemin. » La religion était à ses yeux la seule sauvegarde vraiment efficace pour les possé-

dants, piliers de l'État : « La société ne peut exister sans
l'inégalité des fortunes, et l'inégalité des fortunes sans la
religion. Quand un homme meurt de faim à côté d'un autre
qui regorge, il lui est impossible d'accéder à cette différence,
s'il n'y a pas là une autorité qui lui dise : Dieu le veut ainsi;
il faut qu'il y ait des pauvres et des riches dans le monde;
mais, ensuite et pendant l'éternité, le partage se fera autrement. » Avec Napoléon, le cynisme est dans toute sa pureté,
et l'opium du peuple sans mélange. Pour les femmes, évidemment, il voulait beaucoup de religion, « une religion
charitable et douce ». Les filles qu'il faisait élever à Écouen,
il exigeait qu'on en fît « des croyantes, et non des raison-
neuses », qu'elles aillent à la messe et qu'on leur apprenne
le catéchisme : « Cette partie de l'éducation est celle qui
doit être le plus soignée. »

Il disait aussi : « L'homme sans Dieu, je l'ai vu à
l'œuvre en 1793! Cet homme-là, on ne le gouverne pas, on
le mitraille... Pour former l'homme qu'il nous faut, je me
mettrai avec Dieu. » Il affirmera dans son testament mourir dans la foi catholique, mais expliquera aux assistants
qu'il estimait cela « convenable à la moralité publique ».
La religion lui semblait indispensable pour les autres, les
gens éclairés mis à part. L'évêque Grégoire, après s'être
entretenu avec lui en 1800, notait que le Premier Consul
voulait une religion « non pour lui et les siens, mais pour
le peuple, servantes, cordonniers ». Il dira lui-même à Thibaudeau : « Il faut une religion pour le peuple. » Rarement
sans doute à un point tel, la religion ne fut exploitée comme
on se sert d'une superstition commode, et bafouée. Les
joyeux lurons du Directoire respectaient davantage la religion, quand ils déportaient les prêtres parce qu'ils disaient
la messe. Bonaparte s'avisa qu'il y avait dans les livres saints
« tout ce qui peut être utile au gouvernement et à la société.
Il n'est question que de choisir. » Il choisira donc, et fera
même, si nécessaire, grand étalage de son érudition religieuse,
payant les prêtres pour qu'ils disent la messe à son profit.

Se faire sacrer par l'un d'eux, tenu par un peuple ignorant pour le Vicaire du Christ, était un coup de maître. Aucun Bourbon n'en avait eu autant, cela valait Saint-Denis et Reims. Le Pape ne se faisait aucune illusion sur les sentiments chrétiens de l'Empereur, et écrivit de sa main que Napoléon ne communierait pas, le jour du Sacre. Portalis, le chrétien de la bande, dut employer pour faire passer le Concordat et le Sacre, des arguments qui n'auraient pas déplu à Voltaire : « Les religions, même fausses, ont l'avantage de mettre obstacle à l'introduction de doctrines arbitraires... La superstition est, pour ainsi dire, régularisée, circonscrite et resserrée... Tout ce qui tend à rendre sacré celui qui gouverne est un grand bien. Le malheur de nos jours est qu'on raisonne trop la puissance. » Ainsi parlaient, en ce temps-là, ces chrétiens honteux. Pour être équitable, il faut dire que Portalis exprimait là davantage les idées de son maître que les siennes. Il s'agissait ouvertement de mettre dans son jeu la déraison des pauvres gens. Napoléon s'étonnait que Louis XIV ait laissé jouer *Tartuffe*, ajoutant qu'il ne l'aurait pas permis. C'est que Louis XIV ne jouait pas double jeu, même dans les bras de la Montespan : il y croyait. On ne doit pas oublier, lorsqu'on suit les cérémonies du Sacre, que tous les participants n'y voyaient qu'une singerie inévitable, sauf le Pape et quelques prêtres, qu'on tenait pour des sots. Il me reste à raconter le déroulement et les fastes de cette imposture.

*Tant il est vrai que le trône
et l'autel sont des alliés naturels,
indispensables pour enchaîner le
peuple et l'abrutir.*

Napoléon.

LE TRÔNE ET L'AUTEL

Le Conseil d'État n'avait pas accepté sans résistance l'idée d'un sacre religieux. « Ce sont les peuples, et non Dieu, qui donnent les couronnes, dit Regnaud. La cérémonie doit être indépendante de toute opinion religieuse... D'ailleurs, il n'y a plus de sainte ampoule. » Napoléon expliqua à ces messieurs que la religion n'était pas si morte en France qu'on pouvait le désirer, et qu'il était bon de la compromettre pour « consolider » définitivement la Révolution. La venue du Pape serait « utile à la masse de la nation ». A Rome, on n'avait guère hésité à reconnaître l'Empire, mais on aurait préféré que Napoléon vînt s'y faire couronner. Il n'en était pas question, et le nouvel Empereur avertit qu'il n'admettrait pas de refus. Le Pape redoutait de faire un pareil voyage, dans un pays où il devait avoir tant d'ennemis. Il se demandait si on ne mettrait pas fin à ses jours « par le poison ou par toute autre manière ». Son prédécesseur était mort captif en France, fâcheux précédent. Les négociations durèrent plusieurs mois, entre Consalvi et Fesch à Rome, Caprara, Talleyrand et Bernier à Paris. Si l'on en croit Consalvi, c'est la maladresse de Fesch qui imposa un si long délai : le voyage du Pape « aurait été décidé en vingt jours... si l'on eût négocié avec tout autre que le cardinal Fesch ». En fait, Rome ne voulut longtemps envisager le séjour du Pape à Paris, que s'il en résultait « un avantage réel pour l'Église ». On voyait bien le surcroît de prestige apporté à l'héritier de la Révolution par la Papauté, mais on souhaitait qu'il ne fût pas sans contrepartie. Or l'Empereur entendait convoquer le Pape à son sacre comme il eût fait pour son « chapelain ». Rome aurait désiré que le cas des évêques constitutionnels, toujours en rupture avec le Saint-Siège, fût réglé. Le cardinal Fesch donna des assurances vagues dont il fallut se contenter. Le texte du serment que prononcerait Napoléon paraissait équivoque, en ce qu'il parlait des « lois du Concordat », ce qui pouvait englober les *Articles organiques* dont le Pape ne voulait pas entendre parler. La référence que ferait ce serment à la liberté des cultes lui semblait aussi difficile à admettre. « Il est de l'essence même de la religion catholique d'être intolérante », écrivit Consalvi à Caprara : telle était alors la doctrine des papes. Le même Consalvi, porte-parole autorisé du Saint-Siège s'il en fût, devait dire à Louis XVIII : « La liberté de la presse, telle qu'elle est établie en France par la Charte royale, est l'arme la plus dangereuse qui ait jamais été mise entre les mains des adversaires de la religion. » Pour l'instant, les porte-parole de l'Empereur apaisèrent le Pape : on n'abuserait en France d'aucune liberté. Pie VII entendait d'ailleurs, s'il venait à Paris, non seulement sacrer Napoléon, mais « placer de sa main la couronne impériale sur la tête auguste de Sa Majesté ». Là encore, on lui donna de bonnes paroles.

Il partit de Rome le 2 novembre 1804, accompagné d'une centaine de personnes, dont six cardinaux. L'un d'eux, un Borgia, mourut en route. Pie VII voyageait dans une solide berline, attelée de six chevaux, assis dans un fauteuil « bien rembourré, dont les accoudoirs étaient garnis de boîtes enfermant la tabatière, le chapelet, le crucifix et le bréviaire ». Le cardinal Cambacérès avait été au-devant de lui, jusqu'à Turin. L'accueil empressé des foules le rassura. A Montargis, il rencontra Bernier et eut avec lui une conversation, seul à seul, qui resta secrète. Peut-être Bernier, une fois de plus, chercha-t-il à se pousser. Peut-être fut-il question du Sacre, dont tous les épisodes n'étaient pas encore éclaircis. Dans la forêt de Fontainebleau, Napoléon qui feignait de chasser attendait à cheval, et ne mit pied à terre que lorsque le Pape fut descendu de voiture. Non seulement on avait fait venir d'Italie ce malheureux, mais on eut soin de l'humilier petitement, dès la première rencontre. C'étaient là les manières habituelles de Napoléon. On s'embrassa. La voiture impériale fut amenée, et, par un mouvement concerté, s'arrêta entre Pie VII et Napoléon, de telle sorte que celui-ci monta vivement et prit la droite, arrivant ainsi à Fontainebleau avec le Pape à sa gauche, escorté de mamelouks. Cette entrée eut lieu le 25 novembre 1804, vers une heure trente de l'après-midi.

Au bas du perron, Talleyrand, ancien évêque, et qui avait sacré les premiers évêques constitutionnels, tenus par Rome pour schismatiques, puis s'était marié, attendait le Pape, qui fut conduit dans ses appartements, habités autrefois par Anne d'Autriche, et donnant sur la cour des Fontaines. La nuée de prêtres italiens qui accompagnait le Pape étonna les Français. Le lendemain, Pie VII reçut les personnes marquantes de la cour. On lui trouva la figure assez belle, « grave et bienveillante ». Napoléon, qui cette fois tenait la gauche, partit avec lui pour Paris le 28 novembre, où ils arrivèrent à la nuit tombée, en chaise de poste et à grand train. Les journaux n'avaient pas annoncé officiellement l'arrivée du Pape, qui passa inaperçue. Napoléon ne voulait pas qu'on le vît, à gauche, dans la voiture.

On logea le Pape au premier étage du Pavillon de Flore, dans les pièces qu'avait habitées Madame Élisabeth jusqu'au 10 août. Le rez-de-chaussée et l'entresol étaient réservés à sa suite, mais bien des prélats durent habiter dans divers hôtels. Le lendemain, les cloches des églises annoncèrent que le Pape était dans Paris. On se porta en foule

dans le jardin des Tuileries, et le Pape apparut pour bénir.
Thibaudeau, peu clérical, affirme qu'une « poignée de polissons, pour qui c'était une sorte d'industrie, criait à tue-tête :
« Le Pape! Le Pape! » De même Chateaubriand prétend
qu'en 1815, ceux qui vinrent « brailler au Carrousel : « Vive
l'Empereur! » étaient « payés quarante sous par tête ».
Comment le savoir? D'ailleurs, l'enthousiasme des foules est
si bête que, payées ou pas, c'est tout un.

Les corps constitués et les personnalités du régime durent
venir saluer le Saint-Père, quoique plusieurs généraux ne
l'aient pas fait de gaieté de cœur. Fontanes, toujours fidèle
à lui-même, célébra l'union du trône et de l'autel, « pour
repousser les doctrines funestes qui ont menacé l'Europe ».
François de Neufchâteau, président du Sénat, ancien conventionnel et fondateur du culte décadaire, « libertin corrigé
par les années », selon les *Mémoires* de Barras, qui s'y
connaissait, fit des ronds de jambe et parla de la France
« fille aînée de l'Église ». Lui aussi s'émerveilla de la conjonction « du trône et de l'autel, qui a rapproché les rivages
de la Seine et du Tibre », un vrai miracle, « et à laquelle
on doit le bonheur de voir à Paris le père commun des
fidèles ». C'est le même qui jadis voulait anéantir les « christicoles » et composait des romances chantées dans les églises,
devenues temples de la Raison :

> *Notre Évangile est la nature*
> *Et notre culte la vertu...*

Le président du Tribunat, Fabre de l'Aude, dignitaire de
la franc-maçonnerie, vint le même jour et assura le Pape
de la « vénération et de l'amour des Français ». Il le félicita pour ce qu'il avait fait à Rome, et même d'avoir « réduit
les dépenses de sa table [1] ». Le docteur Guillotin, philan-

---

1. « Discours prononcé à Sa Majesté l'Empereur par Son Excellence M. François de Neufchâteau, Président du Sénat conservateur. — Réponse de Sa
Majesté. — Autre discours adressé par Son Excellence M. François de Neufchâ-

thrope, se présenta au nom du Comité central de la Vaccine. Pie VII visita quelques églises, au milieu d'un grand concours de peuple. On peut lire dans les *Mémoires* de Constant que ce peuple qui, depuis dix ans, n'avait plus connu de cérémonies religieuses, s'y adonnait souvent « avec une avidité inexprimable ». Le Pape sortit enfin moins fréquemment dans Paris, l'Empereur ayant estimé, paraît-il, qu'on s'empressait trop.

Le cardinal Consalvi a dit dans ses *Mémoires* : « L'Empereur Napoléon exerçait sur le Saint-Père une espèce de fascination et d'éblouissement, que toutes les calamités publiques et privées ne purent faire cesser. C'était un mélange d'admiration et de crainte, de tendresse paternelle et de gratitude. » Il n'en obtint pas grand-chose cependant, ni avant ni après le Sacre : seulement la soumission de six évêques constitutionnels, restés jusque-là irréductibles, mais à qui Fouché força la main. C'était une mesure d'ordre, qui convenait à l'Empereur. Mais Pie VII demanda vainement la modification des lois sur le divorce, la déclaration du catholicisme en France comme « religion dominante », et il ne fut pas question de lui rendre les légations. Il dut convenir enfin qu'on ne négociait pas avec Napoléon : celui-ci octroyait ce qui lui plaisait, rien de plus. Pie VII fut averti que l'Empereur poserait lui-même la couronne sur sa tête, et il se résigna. Il ne serait qu'un figurant, indispensable sans doute, mais qui devait rester à sa place et ne pas sortir de son bout de rôle.

NOTRE-DAME

Bonaparte n'eut jamais une affection particulière pour les Parisiens. « La population de Paris, disait-il, est un ramas

teau à N.S.P. le Pape. — Autre discours adressé par le président du Tribunat à Sa Majesté l'Empereur et à Sa Sainteté. » A Paris, chez Gauthier, imp., rue de la Huchette, n° 32. Sans date (1804). Bibliothèque historique de la Ville de Paris, 12 272, n° 15.

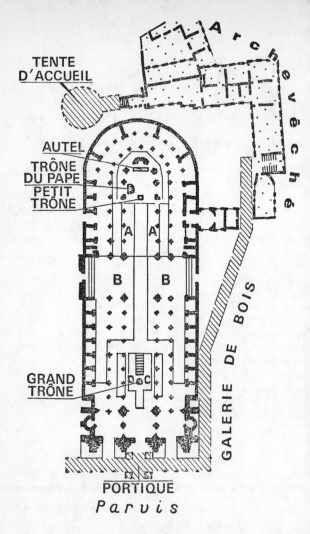

TENTE D'ACCUEIL

Archevêché

AUTEL

TRÔNE DU PAPE

PETIT TRÔNE

A   A

B   B

GALERIE DE BOIS

GRAND TRÔNE

D C

PORTIQUE

Paruis

Plan de Notre Dame et des dispositions qui ont été faites pour le couronnement.

A : Le clergé — B : Délégations diverses — C : Les Princesses Bonaparte — D : Joseph et Louis Bonaparte, Cambacérès et Lebrun.

de badauds qui ajoutent foi aux bruits les plus ridicules. »
Il songea à se faire sacrer ailleurs, ou feignit d'y songer.
La municipalité d'Orléans proposait sa cathédrale « la plus
vaste de France », et on pensait aussi à Lyon et à Aix-la-
Chapelle. « Pourquoi ne pas choisir, dit l'Empereur, une
autre ville que Paris, où il y a tant de canailles? Quand ce
ne serait que pour faire voir aux Parisiens qu'on peut gouverner sans eux. » Et Thibaudeau lui prête ce propos :
« Cette ville a toujours fait le malheur de la France : ses
habitants sont ingrats et légers. » Le Conseil d'État aurait
choisi le Champ-de-Mars, où une cérémonie d'un caractère
« politique et civil » aurait pu se dérouler heureusement.
Ce n'était pas ce que voulait Napoléon. L'église des Invalides, ci-devant temple de Mars, où avaient eu lieu déjà
bien des fêtes patriotiques, parut un moment convenir, et
ce fut finalement Notre-Dame, plus spacieuse et plus commode, qu'on adopta. Des immeubles furent démolis, pour
dégager la cathédrale, tandis qu'on élevait des arcs de
triomphe et des estrades, le long du chemin venant des
Tuileries. Dans l'église elle-même, on fit tant de travaux,
écrivait Julie Talma que la piété n'étouffait pas, « que Dieu
ne s'y reconnaîtra plus ». Elle fut transformée, en effet, en
salle de spectacle dans le goût du jour, par Percier et Fontaine. La grande grille du chœur et les autels latéraux avaient
été supprimés. Beaucoup de carton et des tapisseries étaient
suspendus dans la nef centrale, avec les armes de l'Empire
et des « N » dans des couronnes de lauriers. On avait dissimulé autant que possible tout ce qui rappelait les âges
gothiques dont on était décidément sorti, et le souvenir de
ce Nazaréen crotté qui n'avait que faire dans les triomphes
qui se préparaient. On avait ainsi obtenu une sorte de
temple néo-grec, avec quelque chose de romain, çà et là,
qui parut splendide. Plusieurs tribunes superposées occu-
paient les nefs latérales, et il y en avait d'autres dans la
galerie supérieure. Du haut en bas, l'édifice devait grouil-
ler de monde. Une galerie de bois avait été bâtie à l'exté-

rieur de la cathédrale, et se prolongeait du côté de la Seine jusqu'aux bâtiments de l'Archevêché. Elle était couverte d'ardoises, tendue de tapisseries des Gobelins, abondamment décorée d'aigles aux ailes éployées, et dominée par un faux portique, face à l'entrée de l'église, qui reposait sur quatre piliers, le tout, cette fois, « d'un style gothique ». Le dessous du portique figurait une voûte semée d'étoiles. « Sur le haut des piliers, on voyait Clovis et Charlemagne assis sur leur trône, le sceptre à la main... Aux deux côtés du frontispice s'élevaient deux tourelles quadrangulaires, sur-montées l'une et l'autre d'un aigle d'or [1]. » Le portail prin-cipal, sur la place du parvis, avait d'ailleurs été condamné, pour y adosser la vaste tribune où serait le trône de l'Em-pereur, et on entrait par les portes latérales. Le Pape et l'Empereur, l'un après l'autre, iraient d'abord à l'Arche-vêché, descendant de leur carrosse sous une tente dressée tout près du pont de la Cité. Puis, ils gagneront l'église en empruntant la galerie de bois.

A l'intérieur, une estrade de plus de vingt marches barrait la nef, d'où l'Empereur dominerait l'assemblée, face à l'autel, une suite nombreuse s'installant derrière lui. Cette estrade commençait entre le quatrième et le cinquième pilier, à la même distance du centre de l'Église que le maître-autel et se prolongeait jusque sous la tribune des orgues. Elle sup-portait un arc triomphal, à deux étages. Au sommet, des aigles, les armes de l'Empire, une inscription : *Napoléon empereur des Français*, et des personnages allégoriques dres-sant des couronnes ou sonnant du buccin. Au-dessous, une autre inscription : *Honneur Patrie*, le tout supporté par des colonnes, et d'où descendait au centre une tenture de velours rouge qui abritait le trône de l'Empereur et le fauteuil destiné à Joséphine. Le haut de cette tenture formait un dôme « terminé en pointe, surmonté d'un gros panache blanc ».

---

1. *Histoire abrégée des couronnements... augmentée du Sacre de Napoléon Premier...*, à Paris, chez Locard, imprimeur-libraire, quai des Augustins, nᵒ 31, près la rue Gît-le-Cœur, an XIII-1805 (p. 159-160, et les notes).

Entre les colonnes de droite, en regardant le chœur, devaient s'asseoir les princesses Bonaparte, leurs suites derrière elles, entre les colonnes de gauche, Joseph, Louis, Cambacérès et Lebrun, les grands dignitaires. Les marches de l'estrade étaient recouvertes d'un tapis bleu, semé d'abeilles, et c'est là que devaient se mettre sur des gradins, de part et d'autre, les ministres, les grands officiers militaires, les membres du Conseil d'État.

En avant de l'estrade, et jusqu'à l'entrée du chœur, laissant un large espace vide au milieu où pourraient évoluer les personnages de la scène, des sièges avaient été disposés pour les sénateurs, les membres du Corps législatif, les tribuns, les membres de la Cour de cassation, et toute une foule de représentants de l'administration, de la Légion d'honneur, de l'armée, des villes de France, des tribunaux, par ordre de dignité décroissante, à mesure qu'on s'éloignait de l'Empereur et qu'on se rapprochait de l'autel de Dieu.

Dans le chœur, du côté de l'Évangile, un trône plus modeste, que surmonte un baldaquin, était destiné au Pape et il y aura deux fauteuils au milieu du chœur et deux prie-Dieu, où l'Empereur et l'Impératrice assisteront à une partie de la messe, sous un dais suspendu très haut. Plusieurs rangées de tribunes entouraient le chœur, où prendraient place le Corps diplomatique, les familles des hauts dignitaires, les bureaux de l'Institut, diverses délégations de l'État-Major de Paris, de la Préfecture de la Seine et de la Préfecture de Police. De là, on pourrait suivre le sacre et le couronnement, guère visibles dans tous leurs détails depuis les autres parties de l'église : la cérémonie proprement religieuse était destinée à un public restreint. Au contraire, la prestation de serment de l'Empereur et son intronisation, qui auraient lieu sur le grand trône et au sommet de l'estrade dans la grande nef, cérémonie civile où le Pape n'aurait qu'un rôle épisodique, devaient être vues de tout le monde. Sur un plan de Notre-Dame, Isabey avait montré aux principaux acteurs, grâce à de petites poupées habillées de papier de couleur, comment ils devraient évoluer. Une répétition générale eut lieu, la veille du Sacre, aux Tuileries. Dans la galerie de Diane, on avait figuré sur le parquet un plan sommaire.

FIGURANTS ET COSTUMES

Dès le 4 brumaire (26 octobre), Napoléon avait établi la liste de tous ceux qui assisteraient au couronnement. Les invitations reprirent des formules d'un autre temps, qu'on avait cru ne jamais revoir. Elles s'achevaient, avec quelques variantes, par : « Sur ce, nous prions Dieu qu'il vous ait en sa sainte et digne garde », ce qui dut faire rire et commençaient ainsi : « La divine Providence et les Constitutions de l'Empire ayant placé la dignité impériale héréditaire dans notre famille... », sans rappeler que la divine Providence était apparue sous les traits des grenadiers de Brumaire.

Le Pape, les cardinaux, les évêques et tous les autres ecclésiastiques devaient porter les ornements correspondant à leur état et à leurs fonctions, sans qu'il y ait eu grand-chose à prévoir de particulier. Toutefois, il avait été recommandé « que les cardinaux et les évêques eussent la mitre de drap d'or, pour ajouter à l'éclat de la cérémonie [1] ». Les autres costumes avaient été dessinés par David et par Isabey. On y retrouve le souvenir de cette Antiquité dont on avait fait le modèle des mœurs et des arts sous la Révolution, mais c'était surtout du style Henri III qu'on s'était inspiré : brodequins, bas de soie, bouffants de satin blanc, veste de mignon, manteau court, et sur la tête toque de plumes. Tous ces messieurs dont certains avaient porté la carmagnole, et qui tous, il y a peu d'années, avaient participé de gré ou de force à la simplicité révolutionnaire, s'affublèrent de ce cos-

---

1. *Détails officiels des cérémonies qui doivent avoir lieu dimanche, 11 frimaire, dans l'église cathédrale Notre-Dame de Paris, pour le couronnement de Leurs Majestés Impériales*, Aubry, imprimeur, salle Neuve des Marchands, nos 37-38 et 39. Sans date (1804). Bibliothèque historique de la Ville de Paris, 12 272, no 16.

tume de théâtre avec plus ou moins de bonheur. Les maréchaux vinrent présenter le leur à Napoléon la veille du Sacre, disputant sur le rang qu'ils auraient à la cérémonie, chacun énumérant les victoires qui devaient le placer avant les autres. On devine si les femmes furent agitées jusqu'au grand jour, et quelle importance connurent dans la vie de Paris les essayages de ces dames. Charles de Rémusat se souvient qu'Isabey venait chez ses parents « montrer les dessins des habits, joyaux, ustensiles de toutes sortes, du sacre et de la cour. On comparait divers projets d'uniformes, divers modèles de broderies. Mme Bonaparte avait donné des diamants à toutes ses dames. Ma mère s'occupait de faire monter les siens, d'essayer des robes et des manteaux de cérémonie. » C'est Duplan, le coiffeur de l'Impératrice, qui vint coiffer Mme de Rémusat, au petit matin et avant que le jour soit levé. Les coiffeurs furent débordés, et la dernière nuit certaines élégantes restèrent des heures immobiles, après être passées par leurs mains, pour ne pas compromettre l'édifice de leurs cheveux.

Joséphine devait revêtir une robe de satin blanc, semée d'abeilles d'or et brodée d'or et d'argent, une collerette de dentelle, et un manteau de velours rouge. Elle semblerait rajeunie grâce à un maquillage minutieux, des diamants aux oreilles et au cou, et formant un diadème sur sa tête. A l'Archevêché, où le cortège ferait halte avant d'entrer dans l'église il était prévu que Joséphine recevrait un autre diadème orné de brillants et d'améthystes, et qu'on mettrait sur ses épaules un lourd manteau de cour en velours pourpre, semé d'abeilles d'or et doublé d'hermine, de près de vingt-trois mètres de long. Ceci posait un problème. De l'Archevêché à Notre-Dame, en passant par la galerie de bois, puis dans la cathédrale, au cours de tous les va-et-vient que devait comporter la cérémonie, enfin pour le retour, il était clair qu'un tel manteau devait être porté. Ce furent les sœurs et belles-sœurs de l'Empereur qu'on choisit pour cet office. On ne pouvait leur faire pire affront.

Miot de Mélito, familier de Joseph Bonaparte, raconte le Conseil qui fut réuni à Saint-Cloud le 26 brumaire (17 novembre) pour régler définitivement les détails de la cérémonie. Joseph fit preuve d'une grande érudition, évoquant le couronnement de Marie de Médicis : son manteau avait été porté par une parente très éloignée, non par la sœur du roi. Et cependant, ajouta-t-il, elle avait droit « à tous les honneurs, puisqu'elle était mère ».

C'était un trait à l'adresse de Joséphine. Napoléon, outré, « se leva brusquement de son fauteuil, et apostropha rudement son frère ». Le même jour, en présence de Louis Bonaparte, de Cambacérès et de Lebrun, Joseph aurait offert à Napoléon « sa démission et de se retirer en Allemagne ». C'est à Fontainebleau seulement, après l'arrivée du Pape, que Joseph revint à de meilleurs sentiments. Il consentit à être « le premier sujet » de l'Empereur, et à « se conformer à ses vues pour le couronnement ».

PRINCES ET PRINCESSES

Jusqu'au bout, la famille Bonaparte avait espéré que Joséphine ne serait pas couronnée. Élisa, Pauline et Caroline, voyaient une injustice et une injure dans la distance qui serait mise ainsi entre elles et cette créature. Joseph expliqua que ses droits s'en trouveraient lésés, sa position compromise : les enfants d'Hortense et de Louis deviendraient petits-fils de l'Impératrice, ce qui les placerait au-dessus des siens. La décision était prise, cependant, et Joséphine folle de joie, avec le sentiment qu'elle n'aurait plus rien à redouter, le divorce écarté. « Ma femme est une bonne femme qui ne leur fait point de mal, disait Napoléon. Elle se contente de faire un peu l'impératrice, d'avoir des diamants, de belles robes, les misères de son âge. Je ne l'ai jamais aimée en aveugle. Si je la fais impératrice, c'est par justice... Si j'avais été jeté dans une prison, ou envoyé en exil, elle aurait partagé mon

sort ; et parce que je deviens puissant, je la renverrais ? Non,
cela passe ma force. » Mais à Sainte-Hélène, il dira qu'il avait
fait couronner Joséphine avec, déjà, la pensée du divorce :
« Je le ferai quand cela me conviendra, le couronnement ne
fait rien à la question. Au contraire. » La famille Bonaparte
n'était sans doute pas dans la confidence.

Le tumulte reprit, quand on sut que le manteau de Joséphine serait porté par ses belles-sœurs. La femme de Joseph,
généralement effacée, osa dire « qu'un tel office était bien
pénible pour une femme vertueuse ». On négocia. Il fut enfin
convenu qu'elles seraient censées « soutenir » le manteau, sans
le porter, et qu'elles auraient elles-mêmes un porte-queue
préposé à leur traîne. Elles n'eurent pas le sentiment que
leur dignité était vraiment sauve. C'étaient de curieuses
espèces, comme on disait encore en ce temps-là.

Le corps de Pauline qui fut moulé, dit-on, par Canova
pour sa fameuse statue, n'avait qu'un seul défaut, peu grave :
une oreille sans ourlet. Molé, guère bienveillant, prétend que
« sa bêtise n'avait d'égale que sa beauté et son ignorance. Je
ne sais quoi de vicieux et de dissolu respirait dans toute sa
personne, et repoussait l'amour tout en excitant le désir ».
Tous les contemporains ont été touchés par la beauté de
cette femme que dans le tableau du Sacre, David, peintre
froid, n'a pas su rendre : Pauline y ressemble à Élisa, qui
n'avait rien pour elle. A quinze ans, Pauline avait été amoureuse du quadragénaire Fréron, et aurait voulu l'épouser.
Elle s'était vite consolée, et Bonaparte l'avait fait venir en
Italie où elle n'avait plus pensé qu'à s'amuser. « L'autorité
du général de l'armée d'Italie se brisait contre l'étourderie
d'une petite fille. » On se hâta de la marier avec l'adjudant-
général Leclerc, qu'elle dut suivre en pleurant jusqu'à Saint-
Domingue où il allait combattre la révolte des Noirs. Elle
s'éloignait avec peine de Pierre Rapenouille, dit Lafont, bel
acteur de la Comédie-Française. Leclerc se serait bien passé,
dirent les mauvaises langues, « de cette addition à ses
bagages, car c'était une vraie calamité, après qu'on avait

épuisé le plaisir de la regarder pendant un quart d'heure, que
d'avoir la terrible charge de distraire, d'occuper, de soigner
Mme Leclerc ». Le général Leclerc mourut. Pauline revint
avec le corps embaumé de son époux, et une maladie qui la
rendit plus dolente mais ne la détourna pas de tenir l'amour
pour une occupation bien agréable. Bonaparte arrangea aussitôt son mariage avec le prince Borghèse, qui avait un joli
visage, était complètement nul, et qu'elle trompa toute sa
vie. « Il était là un très petit garçon, sur le pied du mari
d'une reine d'Angleterre, et encore moins que cela. On ne
prenait pas garde à lui » (Thibaudeau). Caroline écrivait à
Murat : « Borghèse est toujours gai, fou, s'amuse de tout et
t'envoie mille compliments. » Gouverneur du Piémont, et
bien que Prince romain, il fut l'un des persécuteurs de
Pie VII, et l'un des plus impitoyables, je ne dirai pas par
peur, mais par trouille de son beau-frère. Pauline avait été,
grâce à lui, la première princesse de la famille, et quand
celle-ci eut des malheurs, en 1814, elle put vivre au palais
Borghèse, sous la protection du Pape, évidemment. J'ai lu
dans les *Mémoires* d'Antommarchi qu'il y avait à Rome un
prêtre qui était « chapelain de la princesse Pauline ». Il ne
devait pas avoir grand travail. Pauline était une cervelle
d'oiseau, ne se souciant pas de politique, enfant gâtée,
aimable d'ailleurs, généreuse avec Napoléon quand il connut
la chute et l'exil, bonne fille comme il arrive souvent aux
femmes faciles. « Pauline est la seule, disait son frère, qui ne
me demande jamais rien. » Il disait aussi : « Elle devrait être
immensément riche par tout ce que je lui ai donné. Mais elle
donnait tout à son tour. » Elle n'aimait vraiment que le
plaisir, ce qui a paru incompréhensible à plus d'un historien :
« Une ardeur de tempérament voisine de la maladie » (Madelin). Il existe à ce sujet un rapport médical.

Caroline, de son vrai nom Maria-Nunciata, aimait aussi le
plaisir, mais ne donnait rien et voulait recevoir beaucoup.
Elle se tenait, dit Beugnot, « pour déplacée partout ailleurs
que sur un trône ». A la proclamation de l'Empire, quand

elle vit ses belles-sœurs princesses sans qu'elle le fût, elle éclata en plaintes et en larmes, reprochant à Bonaparte de la « condamner à l'obscurité », et tomba sur le plancher évanouie. Elle avait cette grande force de se juger digne des plus hautes destinées, ce qui est payant, pour peu que les circonstances s'y prêtent, même si cette conviction ne repose sur rien. Caroline reçut bientôt le titre d'Altesse Impériale, qui ne la consola pas. La pensée que le fils d'Hortense et de Louis pourrait succéder à Napoléon ne lui était pas supportable. Et Achille? demanda Murat (c'était leur fils). Quand elle fut faite grande-duchesse de Berg en 1806, Caroline ne s'en contenta pas, bien que menant grand train et logée magnifiquement à l'Élysée où il s'en passait de belles. C'est de ce palais qu'elle expulsa une demoiselle Guillebeau, maîtresse de son mari, ce dont se souciait peu Caroline, mais aussi de Junot, ce qui était intolérable, car Junot était son amant. Junot plaisait, il était blond et de belle taille, un coup de sabre en Italie lui avait fendu la tempe, un coup de feu en Allemagne lui avait presque mis la cervelle à l'air. Il se prénommait Andoche. Mlle Guillebeau fut remise plus tard entre les bras de l'Empereur, et plus tard encore, sous la Restauration, dans ceux du duc de Berry. A un autre moment, Caroline eut des démêlés violents avec la femme de Junot, dite duchesse d'Abrantès, non à cause de Junot, cette fois, mais parce que les deux femmes se disputaient Metternich, amant de l'une et de l'autre. Junot courut se plaindre à Napoléon, qui lui aurait dit : « Je n'aurais pas le temps de m'occuper des affaires de l'Europe, si je me charge de venger tous les cocus de ma cour. » Junot larda sa femme avec une paire de ciseaux et, sanglants tous deux, la contraignit à lui accorder « les dernières faveurs ». C'est elle, du moins, qui le raconte [1]. « Jamais les mœurs publiques de ce pays n'ont été aussi pures que de 1800 à 1809 », remarque Stendhal, toujours précis.

1. « Mémoires inédits », *La Revue de France*, 15 février 1927.

Caroline menait aisément de front la galanterie et la politique. Elle songea d'abord au trône de Pologne, et intriguait avec Fouché. Murat se fiait à sa femme pour mener à bien leur commune ambition. On sait qu'il était grand, qu'il s'habillait avec magnificence, que sur les champs de bataille son audace et son courage étaient prodigieux, et qu'il sera enfin roi de Naples et fusillé. Un précieux témoin, le général Pépé, assure qu'il était « adoré à sa cour, à cause de sa politesse pleine d'affabilité », qui aurait pu étonner, en raison de « son origine plébéienne », si l'on ne s'était souvenu qu'il avait été élevé « dès sa première jeunesse dans un collège de Toulouse », ce qui explique tout. Après la retraite de Russie, il quitta ce qui restait de la Grande Armée, qu'on lui avait confiée, et fila. *Le Moniteur* dit qu'il avait été « indisposé », et Napoléon lui écrivit : « Je suppose que vous n'êtes pas de ceux qui pensent que le lion est mort. »

En 1813, l'exemple de Bernadotte, reconnu par les Alliés, lui tournait la tête, et tandis que Napoléon se battait en Allemagne, il négociait secrètement pour sauver sa couronne. Caroline, à Naples, en faisait autant. Il y avait longtemps qu'ils se disaient las du joug de l'Empereur. « On n'est pas roi pour obéir », disait Murat. En janvier 1814, toute honte bue, il passa à la coalition, et Fouché lui écrivait : « Votre conduite sera appréciée comme toutes les choses de ce monde, par le succès. » On peut reconnaître, puisqu'il a échoué, qu'il a trahi d'une manière particulièrement éclatante. Stendhal a dit de Bernadotte que c'était « une âme aussi noble que celle de Murat, roi de Naples ». Les jugements historiques de Stendhal, qui se croyait si avisé, sont d'une grande candeur. « Ils étaient plusieurs, dit Napoléon à Sainte-Hélène, que j'avais faits trop grands; je les avais élevés au-dessus de leurs esprits. » Murat se parait de panaches, de broderies, avait de grosses lèvres, des cheveux frisés et l'esprit, en effet, assez court. Dans un combat, disait l'Empereur, il était « un César », mais hors de là

« presque une femme ». Il racontait aussi : « Murat avait
censément besoin d'une femme chaque nuit, mais toute
femme lui était bonne, rien ne l'arrêtait, qu'elle eût la vérole
ou non. » On a dit d'ailleurs qu'il traitait la sienne « comme
une vivandière de bataillon ». Sur la lame de son sabre, il
fit graver une devise : « L'honneur et les dames [1] », mais
on a suggéré qu'il n'avait pas que ces goûts. « Croiriez-vous,
disait encore Napoléon, que le roi de Naples n'écrit jamais
à ses enfants sans mouiller son papier de grosses larmes?
Murat est une bête, mais il a un élan, une audace, il n'a fait
que la guerre toute sa vie. Murat est une bête, mais il est
un héros... Jamais on ne vit à la tête de la cavalerie quelqu'un de plus déterminé, de plus brave, de plus brillant. »
On le voit, fastueux et sur un cheval qui se cabre, dans la
toile de Gros qui commémore la bataille d'Aboukir. Il avait
donc commencé sa vie au séminaire des Lazaristes de
Toulouse, triste départ. La Révolution lui ouvrit une tout
autre carrière. C'est lui qui réprima de la bonne manière le
peuple soulevé de Madrid : « Les Mamelouks s'élançant le
cimeterre à la main sur cette masse compacte, firent en un
instant voler une centaine de têtes. » Caroline Bonaparte
avait la sienne trop grosse pour le corps, bien qu'elle fût
plantureuse, les épaules grasses et blanches, avec un teint
d'une grande fraîcheur, de belles mains, de belles dents,
des cheveux blonds abondants, en tout fort éblouissante,
vue d'un peu loin. Elle dut souffrir cruellement, le jour du
Sacre, avec Élisa et Pauline, « soutenant » le manteau de
Joséphine qu'elle détestait, en compagnie d'Hortense qu'elle
n'aimait pas mieux et dont elle avait tenté de faire échouer
le mariage avec Louis, répandant le bruit que la future était
grosse de Bonaparte. Celui-ci dit quelque part que c'est
Lucien qui confia à Louis ce secret de famille. Car c'était
une jolie famille.

Louis avait ramené d'Italie une vérole qu'il traîna toute

1. Princesse Lucien Murat, « Murat devant le Sphinx », *Conferencia*, 29 juin
1929.

sa vie, et qui dut contribuer à le rendre atrabilaire. Girodet, qui a peint de Murat un portrait qui prouve que les culottes fort ajustées de l'époque allaient très bien au roi de Naples, a retrouvé toute la mièvrerie d'Atala dans le dessin qu'il a laissé de Louis Bonaparte, en colonel de dragons : celui-ci n'y porte pas l'uniforme, c'est l'uniforme qui semble le porter. Il marchait avec difficulté, et ses articulations lui donnaient de fréquentes tablatures. Il usait avec peine de sa main droite : « Il aimait beaucoup dessiner, dit Stéphanie de Beauharnais, et l'on était obligé de lui attacher son pinceau ou son crayon avec un ruban. » Il allait faire des cures « aux boues de Saint-Amand, c'est un pays bien triste [1] ». On lui conseilla de coucher dans la chemise et les draps d'un galeux, ce qui pourrait provoquer une forte éruption qui aurait des suites heureuses. Sa femme dut subir cette infection. Il passait pour tyranniser Hortense, jaloux de Napoléon et de tout le monde, d'une méfiance qui ne se relâchait jamais. Bonaparte avait donc songé à adopter son fils aîné, mais cela même paraissait suspect à Louis, qui doutait en être le père. On le fit roi de Hollande, car il était le préféré de l'Empereur, mais il ne fut pas assez docile aux ordres qu'il recevait, prit le parti des Hollandais, et s'en alla tout simplement quand il en eut assez. Il n'était pas loin de penser, lui aussi, qu'il en savait plus long que son illustre frère : « Si mes opinions eussent été suivies, Napoléon serait encore sur le trône [2]. » Il avait fini par se séparer de sa femme. « Ce que je trouve consolant, lui écrivait-il, c'est de vivre loin de vous, c'est de n'avoir rien à démêler, rien à faire avec vous, rien à en attendre... Nous n'étions nullement faits l'un pour l'autre [3]. »

Hortense écrivait des romances, et peignait sous la direc-

---

1. « Lettres de la reine Hortense à Eugène de Beauharnais », *Revue des Deux Mondes*, 15 juillet-1er août 1933.
2. *Réponse à Sir Walter Scott sur l'histoire de Napoléon*, par le comte de Saint-Leu, Louis Napoléon, Florence, chez Guillaume Piatti, 1831.
3. Lettres inédites, *La Revue hebdomadaire*, 28 juin 1909.

tion d'Isabey. On la tenait pour une âme d'artiste. Elle était généralement aimée et estimée de ses proches, son mari excepté. On la trouvait gaie, bonne, et douce. Elle avait beaucoup de grâce dans le port et la démarche, les yeux bleus, et beaucoup d'éclat dans ses jeunes années. Plus tard, ses dents se sont gâtées, comme celles de sa mère, et la vie avec Louis Bonaparte la rendit triste. « On ne consulte guère notre goût en ce monde, confiait-elle à son frère. Je n'ai la force que de pleurer et de me plaindre. » Elle se présente dans ses *Mémoires* comme maladive, crachant le sang, sacrifiée, à la poursuite des eaux sulfureuses, et ne tenant son rôle dans les fastes de l'Empire qu'à contrecœur. Elle raconte qu'elle lisait volontiers les romans noirs d'Ann Radcliffe. Elle n'insiste pas sur d'autres épisodes, qui durent être moins sombres : « J'avais passé le premier relais, lorsque j'aperçus assez loin deux cavaliers accourant au grand galop. C'étaient M. de Flahaut, et M. de Pourtalès, écuyer de ma mère... »

Son mari la faisait surveiller par les domestiques, ouvrait ses lettres, et lui faisait des scènes épouvantables, parlant de « la haine qu'elle avait pour lui ». Il paraît qu'il poussa la délicatesse jusqu'à lui raconter par le menu les aventures de Joséphine, qu'il n'eut pas grande peine à présenter comme une catin, exigeant que toute intimité cesse entre la mère et la fille. Quand leur fils aîné mourut, encore petit garçon, Hortense écrivit ceci : « Je ne sens plus rien. Il est mort, je l'ai vu. Dieu n'a pas voulu que j'aille avec lui. Cependant, je ne devais pas le quitter; à présent je ne mourrai plus, car je ne sens plus rien et c'est pourquoi je me porte bien. » On aimerait citer toute cette lettre admirable. Hortense était alors reine de Hollande, et vivait dans un palais où, dit-elle, « il faut faire attention comme l'on crache, l'on tousse, et l'on se mouche ». Napoléon avait pour elle, comme pour Eugène de Beauharnais, une grande affection qu'il leur conserva après le divorce de leur mère. Hortense dut alors soutenir au mariage de Marie-Louise le même manteau que portait Joséphine, le jour du Sacre. Ceci se passait en 1810, dans le Salon Carré du Louvre, devenu chapelle. En 1814, Eugène de Beauharnais fut reçu par Louis XVIII qui le combla de paroles aimables, et Hortense accepta le titre de duchesse de Saint-Leu, tout cela pour d'excellentes raisons : « Je prenais un autre titre, comme le droit de mon rang. » Bref, alors qu'on n'aurait été rien sans Bonaparte, on s'accommodait des Bourbons pourvu qu'on restât quelque chose. Hortense fut la mère de Louis-Napoléon, et du duc de Morny qui devait s'unir au prétendant, un demi-siècle plus tard, pour égorger la République à leur profit. Elle avait eu ce fils adultérin des œuvres de Flahaut, que Napoléon III fit pour cela grand chancelier de la Légion d'honneur.

La princesse Joseph, née Julie Clary, était une femme chétive, insignifiante, et elle préféra toujours vivre à Paris sans fastes ni façons. Elle n'eut que des filles, ce qui contrariait Joseph. Il existe à Rome une toile de Gérard qui la représente justement avec Charlotte et Zénaïde, assise devant l'étang de Mortefontaine où flottent des barques à baldaquin. Elle a l'air étonnée de ce qui lui est arrivé. David lui a donné dans son tableau du Sacre une figure pointue de souris.

Le peintre avait d'ailleurs voulu complaire aux princesses Bonaparte : elles n'y « soutiennent » même pas le manteau de l'Impératrice, ainsi qu'elles furent contraintes de le faire. Elles sont à distance, en demi-cercle, Hortense tenant à la main son fils Napoléon-Charles, celui qui devait bientôt mourir. Joseph et Louis sont près d'elles, au premier plan. Ni Lucien ni Jérôme n'assistèrent au Sacre, en froid avec l'Empereur à ce moment-là, et exclus pour l'instant de tout droit de succession. Lucien était à Rome, et affectait de ne s'occuper de rien. Il sera prince, lui aussi, pourvu d'un titre par le Pape, payé à cet effet. Jérôme, en 1804, avait tout juste vingt ans, et son frère l'avait fait entrer dans la Marine, n'en pouvant rien tirer, car il avait, admirablement développé, le goût des femmes et des plaisirs, et nul intérêt pour tout le reste. Un an plus tôt, il avait épousé la fille d'un citoyen de Baltimore, Elisabeth Paterson, sans le consentement de sa mère, quoique mineur. Bonaparte fut outré de cette mésalliance, et tenta vainement de faire annuler ce mariage par le Pape. Ce ne fut fait que plus tard, par l'Officialité diocésaine de Paris, plus compréhensive [1], et Jérôme épousa une princesse allemande et fut roi éphémère de Westphalie. Napoléon le tenait pour un jeune fou. « Ses passions sont vives, écrivait-il, toujours prêt à s'égarer. Il est inconcevable ce que me coûte ce jeune homme, pour ne me donner que des désagréments et n'être bon à rien dans mon système. » Il était insouciant et gai, l'argent lui filait dans les doigts, et Catherine de Wurtemberg qu'on lui fit épouser l'adorait, ce qui est une bonne note. En 1814, quand tout fut perdu, la famille royale de Wurtemberg proposa à Catherine de la recueillir, à condition qu'elle quitte son mari : elle préféra à tout Jérôme Bonaparte, c'est pourquoi je ne peux me défendre d'une certaine sympathie pour ce garçon, au demeurant égoïste, sans étoffe, et parfaitement incapable. « Vous avez beaucoup de prétentions, lui écrivait l'Empereur, quelque esprit, quelques bonnes qualités, mais gâtées par la fatuité, une extrême présomption, et vous n'avez aucune connaissance des choses... Vous ne vous occupez, vous ne parlez que de babioles, et je vois avec peine que tout est petitesse chez vous. » Que Napoléon lui ait confié un commandement dans ses armées, et l'ait transformé en roi, fut une étrange aberration et un signe de plus du mépris qu'il avait pour les hommes : sous son joug n'importe qui pouvait être roi, et tant valait celui-là, qui était de la famille. Dans un tableau de Gros, Jérôme Bonaparte a le visage et la coiffure d'un Arlequin, et le costume d'un jeune premier d'opérette. Il n'y a que le cheval qui

1. Voir à ce sujet la lettre du prince Napoléon, fils du roi Jérôme, à la *Revue des Deux Mondes*, numéro du 1er juillet 1867, et la réponse du comte d'Haussonville, *Revue des Deux Mondes*, 15 juillet 1867.

soit vraiment royal. On s'amusait à Cassel, tout au moins à
la cour, au temps de ce monarque pour rire. Il se battit à
Waterloo, puis continua en exil une vie joyeuse, semant les
bâtards. Il en eut un de sa nièce, la comtesse Camerata, fille
de sa sœur Élisa, et un autre de la belle-fille de David. Le
baron Jérôme David, dont il était officiellement le parrain,
fut militaire puis tourna à la politique sous le Second Empire :
Napoléon III qui pouvait avoir des raisons de protéger les
bâtards, le nomma vice-président du Corps législatif et
grand officier de la Légion d'honneur [1]. Le fils de la comtesse
Camerata finit plus mal : il se suicida.

Veuf, Jérôme s'était marié avec la marquise Bartolini qui
lui apportait beaucoup d'argent, dont il avait grand besoin,
et il devait assister à l'aventure du 2-Décembre, et caracoler
avec son neveu dans les rues de Paris, vieil homme solide et
toujours gaillard, paraît-il. Il existe une photographie du
roi Jérôme, en 1858, abondamment cravaté, en redingote,
une main gantée de noir, quelques rares cheveux collés sur
le crâne, un assez triste rictus sur le visage et incontestable-
ment quelque chose de son frère, de Napoléon vieux qu'on
peut imaginer ainsi.

Joseph Bonaparte, bien moins heureux de vivre, passa sa
vie à se rappeler qu'il était l'aîné, tout prêt à considérer qu'il
y avait de l'usurpateur chez Napoléon, et regrettant que
l'ordre normal de succession n'ait pas été respecté, les Français en auraient été plus heureux. Il avait le sentiment d'être
placé dans une situation fausse, et injuste, par la réussite de
son cadet. Il pensait avoir, bien plus que lui, la tête sur les
épaules. « Aussi suffisant qu'insuffisant », disait Talleyrand.
Il avait longtemps affecté d'être le libéral, le philosophe, le
raisonnable de la famille, peu désireux de titres et d'honneurs
qu'il aurait subis malgré lui. Il s'était entouré d'hommes de
la Révolution, Mathieu Dumas, Girardin, Cavaignac, et
restait en rapports d'apparente amitié avec Mme de Staël.

---

1. G. Vapereau, *Dictionnaire des contemporains*, Hachette, 1870.

En fait, il se croyait apte à tout et ne réussit jamais rien. Rœderer, devenu son séide, vantait au Sénat les « hautes vertus » des frères de l'Empereur dans un rapport qui irrita Napoléon. « Est-ce que vous ne voyez pas que ce rapport est fait contre moi ? On veut me faire la guerre ; on met là Joseph au-dessus de moi. » Celui-ci resta fort soucieux de ne pas abandonner ses droits au trône de France, et n'alla pas sans humeur s'asseoir sur celui de Naples. Quand Napoléon eut attiré la famille royale d'Espagne dans le guet-apens de Bayonne, grâce aux manœuvres et aux mensonges de Savary, Joseph devint roi d'Espagne, entrant ou sortant de Madrid selon que le peuple était maté ou soulevé, tantôt foudre de guerre, tantôt soupirant après son château de Mortefontaine. « Sa tête est perdue, dira Napoléon à Rœderer. Il est devenu tout à fait roi. » Il fallut bien en 1813 rendre le trône d'Espagne à Ferdinand VII, et l'année suivante Joseph, devenu lieutenant-général de l'Empire, fuira Paris après avoir autorisé les maréchaux à traiter avec l'ennemi. Son rôle politique s'acheva là, mais il avait gagné gros dans l'aventure. « Je pense, disait alors Napoléon, qu'il dispose d'une vingtaine de millions parce qu'il a les diamants d'Espagne ; on croyait que c'était Murat qui les avait, mais c'était lui, il me l'a dit depuis. » Joseph vécut aux États-Unis, propriétaire de terres étendues, dans une demeure « la plus belle qu'on eût vue aux États-Unis après celle du président Washington ». Il fit des séjours en Angleterre, et mourut en Italie en 1844, près de quarante ans après le Sacre. Napoléon III fit transférer ses cendres aux Invalides, où elles n'ont que faire. Joseph était « bon, honnête, vertueux », si l'on écoute la duchesse d'Abrantès, et sa physionomie était aimable et ouverte. On trouvait qu'il ressemblait à Pauline par la délicatesse des traits, avec le sourire de l'Empereur. Pour le caractère, tout l'opposé de celui-ci : « La fantaisie de donner des ordres et de travailler ne prenait Joseph qu'une fois par mois... Il se croyait militaire, et du talent !... Je disais à Joseph : " Vous êtes occupé de jouir de

tout, moi de penser et jamais de jouir. Je ne puis être un
instant sans penser, et vous ne pensez jamais. Je travaille
quinze heures de suite sans être fatigué; au bout de deux
heures, vous avez mal à la tête. Vous aimez les femmes.
Je n'y pense guère. '' »

La mère de tous ces Bonaparte n'était pas à Notre-Dame :
David l'a mise cependant au centre de son tableau, car il
fallait décidément truquer l'histoire. On ne devait pas savoir
que Madame Mère avait pris parti contre Napoléon dans sa
querelle avec Lucien, et que sous prétexte d'une santé chan-
celante, elle était restée à Rome. C'est là d'ailleurs qu'elle
devait se retirer, après le règne de son fils auquel elle avait
toujours eu peine à croire, accueillie par ce Pape que les
siens avaient si longtemps utilisé, moqué, injurié, emprisonné, transporté en hâte d'Italie en France, espionné,
assiégé, rudoyé, humilié, traité de fou et d'imbécile, et qui
sera alors le seul à protester contre la captivité de l'Empereur, parlant du « pauvre exilé » quand l'Europe entière
voyait en lui un aventurier sanglant contre qui tout était
permis. Il chargea Consalvi d'écrire « aux souverains alliés
et notamment au prince régent... Ce serait pour notre cœur
une joie sans pareille que d'avoir contribué à diminuer les
tortures de Napoléon. Il ne peut être un danger pour quelqu'un, nous désirerions qu'il ne fût pas un remords pour
personne. » Lorsque Pie VII rencontrait Mme Letizia dans
la campagne romaine, il descendait de voiture, et demandait
« si l'on avait reçu des nouvelles de notre bon Empereur ».
La véritable grandeur, dans toute cette histoire, je suis heureux de la rencontrer enfin ici.

Napoléon se félicitera d'ailleurs de savoir sa famille rassemblée à Rome, disant qu'il n'y avait pas d'autre solution :
« A Rome seulement la famille Bonaparte pourra être consi-
dérée : elle ne peut baiser le cul du roi d'Angleterre, de Suède
ou de Naples. Mais elle peut baiser le cul du Pape, ce n'est
baiser le cul de personne. » Chateaubriand, devenu ambassadeur, retrouvera ces Bonaparte à Rome. « Les membres

d'une famille qui a produit un homme extraordinaire, dit-il, deviennent un peu fous par imitation. » Sur la toile de David, Letizia Bonaparte est plaquée plutôt que peinte, davantage momie que vivante, avec un je ne sais quoi qui annonce les sorcières de Goya. Elle avait cependant été fort belle, et gardait une grande dignité. Elle parlait mal le français, et avait la sagesse qu'on prête aux matrones romaines, amassant de l'argent en prévision de l'avenir. Elle devait mourir au palais Rinuccini, à l'angle du Corso et de la place de Venise, en 1836, infirme et aveugle. A Paris, elle avait vécu d'abord avec son frère le cardinal Fesch rue du Mont-Blanc, avant de s'installer dans l'ancien hôtel de Brienne, rue Saint-Dominique, actuel « hôtel du ministre des Armées ». C'était une résidence somptueuse, où Madame Mère menait une existence retirée, entourée de peu de monde, et sans crédit. Dans la tribune où David l'a assise, elle est accompagnée de sa maison d'honneur : la femme de Soult, à sa gauche, Mme de Fontanges, remarquable surtout parce qu'elle prisait énormément, à sa droite, derrière elle deux chambellans et son grand écuyer. Celui-ci, le comte de Beaumont, qu'on voit ici en uniforme, était un homme aimant s'amuser, qui s'ennuyait auprès de cette dame mûre et sans fantaisie. Les chambellans étaient des gens de l'ancienne cour, affables et distingués, le comte de La Ville, très expert en étiquette, et M. de Brissac, vieux laid, un peu bossu, et souffrant de perpétuels maux d'entrailles qui le faisaient sortir quinze fois par jour du salon de Madame Mère. C'est là ce qu'on appelle de la toute petite histoire mais, après tout, c'est la vérité. Bien qu'ayant pris avec celle-ci tant de libertés, David n'a pas représenté le plus illustre serviteur de Letizia Bonaparte dans quelques années, son secrétaire des Commandements, le jeune Decazes, qui gouvernera la France sous un autre règne, et fondera une ville qui porte encore son nom. Mais revenons au 11 frimaire an XIII.

UN MARIAGE SECRET

La veille, 1er décembre, l'Empereur avait reçu le Sénat aux Tuileries, sur un trône, au milieu d'une longue estrade entourée d'une balustrade dorée, et sous un dais de velours pourpre. Il semblait très à l'aise. Le Sénat lui apportait les résultats du plébiscite sur l'Empire. François de Neufchâteau prononça un discours, « ou plutôt une longue dissertation qui dura trois quarts d'heure ». Tous ces gens avaient gardé des beaux jours de la Révolution le goût des discours sans fin et imagés : Napoléon fut félicité « d'avoir fait entrer au port le vaisseau de la République ». L'Empereur, en revanche, répondit courtement, usant pour la première fois de l'expression : *mon peuple.* « Je remarquai sur les visages beaucoup de surprise lorsque ces mots se firent entendre; mais on se tut » (Miot de Mélito).

Or, le même jour, tout avait paru compromis, au prix d'un affreux scandale. Joséphine avait avoué au Pape, avec toutes les marques d'une grande confusion, qu'elle n'était pas mariée religieusement. Les scrupules religieux n'étaient évidemment pour rien dans cet aveu. Son couronnement semblait mettre Joséphine à l'abri de ce divorce dont la menace l'obsédait, mais un mariage religieux serait un lien de plus, et définitif selon cette religion à laquelle tout le monde faisait désormais semblant de croire. C'est pourquoi l'Impératrice tint à verser ses remords et ses désespoirs dans le sein du Saint-Père.

Il va sans dire que le cher homme fut bouleversé. On l'aurait donc fait venir de Rome pour bénir et consacrer un couple concubinaire, il préférait repartir. Qu'on imagine la cérémonie décommandée, les rires, le ridicule. Napoléon, pour une fois, dut s'incliner, avec les sentiments qu'on devine. Il convoqua le Grand Aumônier, son oncle à tout faire, le cardinal Fesch, et lui annonça qu'il allait procéder à son mariage, sans témoins, et en promettant un secret absolu. Mais pas de témoins, pas de mariage. Fesch monta aussitôt chez le Pape et le pria de lui accorder toutes les dispenses dont il pourrait avoir besoin, à l'avenir, dans les devoirs de sa charge. Pie VII, dupe ou non, ne fit pas de difficultés.

C'est ainsi que la nuit suivante, aux Tuileries, Fesch maria Napoléon et Joséphine. Celle-ci se fit remettre un certificat par le cardinal, attestant formellement que la cérémonie avait eu lieu, une heureuse confiance, comme on voit, régnant entre les deux époux. Cet épisode fut peu connu. Metternich dans ses *Mémoires* prétendit encore qu'en couronnant Joséphine, le Pape avait « sanctionné un concubinage », et tenir ce détail du cardinal Consalvi. Mariage secret, précaution inutile, c'est le titre de quelque œuvre galante du siècle précédent qu'on aurait pu donner à cette petite comédie. Et le jour se leva sur le matin du Sacre.

LA MULE DU PAPE

Le cortège pontifical quitta le premier les Tuileries, vers les neuf heures. Pie VII était dans un carrosse attelé de huit chevaux gris pommelés, dont l'impériale supportait une tiare dorée. C'était le carrosse de Joséphine, accommodé à la circonstance, tendu de blanc. Son départ avait été retardé par une exigence du cérémonial romain, très embarrassante : le Pape devait être précédé d'un camérier, à califourchon sur une mule et portant une croix. On finit par trouver « un âne assez propre » qu'on couvrit de galons, et qu'enfourcha l'ecclésiastique qui ouvrait ainsi la marche, croix en main : « Une vieille haquenée, dit Thibaudeau, montée par un prêtre, une véritable caricature. » La foule en fut bien amusée, tout le long du parcours : le respect religieux ne l'étouffait pas. Au passage de certaines voitures, où il y avait des dames inconnues, on disait : « Voilà les femmes du Pape [1]. »

Les grands corps de l'État étaient déjà dans la cathédrale, venus en cortège et chacun escorté de cent hommes à cheval. La Cour de cassation était arrivée à pied, entourée de quatre-vingts fantassins. Les maîtres des cérémonies avaient conduit tout ce monde aux banquettes ou aux gradins qui leur étaient destinés. Le Corps diplomatique apparut enfin, accompagné lui aussi de cent cavaliers que commandait le fringant prince Borghèse, heureux mari de Pauline. Tout était en place pour l'entrée solennelle du Pape.

Il descendit dans la cour de l'Archevêché, gravit le grand escalier, et entouré de nombreux prélats, revêtit ses ornements pontificaux. Le cardinal de Belloy, archevêque de Paris, l'avait accueilli au bas des degrés, puis le précéda dans la cathédrale pour lui présenter l'*aspersoir* au seuil de l'église. Devant le Pape on portait la croix et sept chandeliers, des chapelains tenaient deux mitres, il y avait des évêques et des cardinaux. Pie VII était coiffé de la tiare. Une garde l'entourait et lui rendait « les honneurs convenables ».

Quand le Pape pénétra dans Notre-Dame, les chœurs que dirigeait Lesueur entonnèrent le *Tu es Petrus*, et Pie VII gagna le trône qui lui était destiné. Les cardinaux, les évêques, le chapitre, s'installèrent des deux côtés du chœur, jusqu'à la croix du transept. De part et d'autre de l'allée centrale, ce n'était que mitres, camails et rochets. On se rappelle peut-être qu'au milieu du chœur, deux fauteuils et deux prie-Dieu attendaient Napoléon et Joséphine.

On attendit plus de deux heures, dans un froid très vif dont le Pape souffrit beaucoup, immobile sur son trône : on avait oublié de lui préparer une chaufferette. On a pensé que cela contribua fort à sa mélancolie, ce jour-là, et à l'air de « victime résignée » qu'il eut tout au long de la cérémonie. Les journaux, bien stylés, dirent qu'il avait « médité sur les choses du ciel et pour le bonheur de la terre. Il était impos-

1. Stéphanie de Beauharnais, « Souvenirs », *Revue des Deux Mondes*, 1er mars 1932.

sible de fixer ses regards sur Sa Sainteté, particulièrement dans ce moment, sans se sentir pénétré d'un sentiment extraordinaire de vénération ». Froid aux pieds ou prière, le Saint-Père fit bonne impression.

Au petit matin, il pleuvait, ce 2 décembre, mais le temps se leva, et il y avait sur Paris un ciel d'hiver assez beau et lumineux. Le froid, comme on sait, était extrême. Un an plus tard Caroline Murat s'en souviendra encore, écrivant à sa belle-sœur, de Munich, qu'il y faisait « plus froid qu'au couronnement », ce qui était tout dire. Le canon tonnait par intervalle, et les cloches sonnaient. Sur le parcours du cortège, les maisons avaient été décorées de draperies, de tentures, de guirlandes de feuillages et de fleurs artificielles. On avait loué très cher les balcons et les croisées. L'Empereur devait traverser le Pont-Neuf, après avoir suivi la rue Saint-Nicaise, la rue Saint-Honoré et la rue du Roule. Puis, par le quai des Orfèvres, la rue Saint-Louis, le Marché-Neuf, il arriverait devant Notre-Dame. Les troupes faisaient la haie.

LE CORTÈGE DU SACRE

Des salves d'artillerie annoncèrent le départ de Napoléon, prévu pour dix heures mais retardé. L'Empereur était dans un carrosse à sept glaces, que tiraient huit chevaux « couleur soupe-de-lait, richement caparaçonnés ». Sur l'impériale, il y avait quatre aigles déployant leurs ailes et soutenant une couronne d'or. Joséphine était à gauche de l'Empereur, devant elle Louis Bonaparte, aux côtés de Joseph. C'est Fontaine qui avait dessiné ce carrosse, mais il regrettait que par économie on eût retranché certains décors. Le tout, cependant, ruisselait d'or, et on pouvait voir des figures allégoriques, d'autres aigles, des médaillons peints, des palmettes, des guirlandes de fleurs, dans ce style de l'époque où richesse et lourdeur étaient les deux canons de la beauté. Un piqueur était monté sur l'un des deux che-

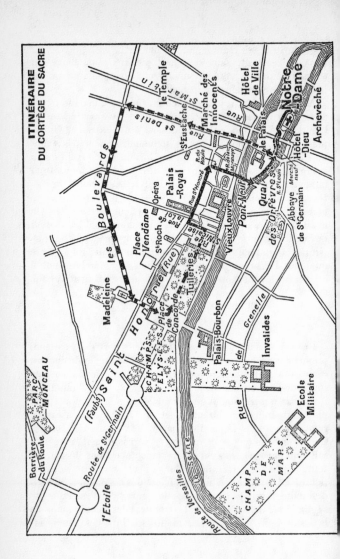

ITINÉRAIRE
DU CORTÈGE DU SACRE

vaux de volée, les six autres conduits à grandes guides par le cocher. Derrière celui-ci, des pages en livrée étaient entassés, et il y en avait d'autres accrochés derrière la voiture, qu'entouraient des militaires à cheval.

Murat, gouverneur de Paris, accompagné de son état-major, était sorti du Carrousel avant l'Empereur, suivi par des escadrons de cuirassiers, de carabiniers et de chasseurs de la Garde, entremêlés de pelotons de mamelouks. Ensuite venaient quatre hérauts d'armes, portant cotte d'armes de velours violet et toque à plumes blanches, et des voitures à six chevaux, hautes berlines que décoraient les armes impériales. C'est là qu'étaient les ministres, les grands officiers de l'Empire, Ségur, grand maître des cérémonies, Caulaincourt, grand écuyer, Talleyrand, grand chambellan, Cambacérès, Lebrun, et toutes les princesses Bonaparte.

Un intervalle, et paraissait le carrosse de l'Empereur.

Treize berlines à six chevaux contenaient enfin les officiers civils, la dame d'honneur, Mme de la Rochefoucauld, la dame d'atours, Mme Lavallette, le cardinal Fesch, Duroc, grandmaréchal du palais, Berthier, grand veneur, les dames du palais, les chambellans. Le cortège était fermé par des grenadiers de la Garde, des cannoniers à cheval, et un escadron de gendarmerie d'élite.

Sept à huit mille cavaliers accompagnèrent ainsi l'Empereur, tous en bel uniforme où les couleurs n'étaient pas ménagées, un groupe de musiciens marchant avec chaque corps de troupe, entre deux haies continues de soldats d'infanterie. Il paraît que l'enthousiasme de la foule ne fut pas ce qu'on avait espéré. « Des acclamations se firent entendre, dit Miot de Mélito, mais rares. » On estima qu'il y avait quelque cinq cent mille spectateurs.

Le costume de Napoléon était si brillant que l'un d'eux compara l'Empereur à « une glace qui marche ». Il était coiffé d'un feutre noir, relevé devant avec une agrafe de diamants, et surmonté de plumes blanches. Il portait des bas de soie brodés d'or, une culotte et une veste de velours

blanc à boutons de diamants, un habit de velours cramoisi
étincelant d'or, une large écharpe blanche, à son cou le
collier de la Légion d'honneur en diamants. Il était ceint
d'une épée où l'on avait enchâssé le *Régent*. Il avait revêtu
enfin un manteau court, de couleur pourpre, brodé de fils
et de paillettes en or et en argent, « composant un riche
décor d'abeilles, lettres N entourées de rayons, couronnes
de laurier et de chêne, épis de blé, pampres, étoiles, palmettes. Sur le côté gauche, une plaque de l'ordre de la
Légion d'honneur en argent, sur une étoile de fils d'argent [1] ».

L'Empereur arriva peu avant midi à l'Archevêché, et y
resta près d'une heure [2]. C'est là que Joséphine reçut son
long manteau, et fut coiffée d'un diadème d'améthystes.
Aidé de ses valets, Napoléon revêtit son « grand costume ».
Un tableau célèbre de Gérard, sans parler de ceux de David,
d'Ingres, de Girodet, le représente ainsi. Sur ses épaules, le
manteau impérial semé d'abeilles d'or, qui s'ouvre sur le
côté pour laisser voir l'épée, dans sa main droite son sceptre,
sur sa tête la couronne de laurier à l'antique. Le jour du
Sacre, il tenait en outre la main de justice. « Sa petite taille
se fondait sous cet énorme manteau d'hermine... Il était
d'une pâleur extrême, véritablement ému, et l'expression de
ses regards paraissait sévère et un peu troublée. »

On a gardé les souliers, ou cothurnes, en soie blanche
brodée d'or, que Napoléon avait aux pieds. Tout le reste
a presque disparu. Le manteau a été morcelé en 1815 pour
servir en partie, dit-on, de coussins aux chanoines de Notre-
Dame. On en fit aussi un devant d'autel. Il reste au moins
une des feuilles d'or de la couronne, conservée par les des-
cendants de l'orfèvre Biennais, qui avait fabriqué les *rega-
lia* de l'Empereur. Celui-ci, à l'essayage, aurait trouvé la

---

1. Serge Grandjean, Catalogue de l'exposition « Souvenirs de la famille
impériale », Rueil-Malmaison, mai-septembre 1968. Ce manteau dit du « petit
habillement » est reproduit en frontispice.
2. *Courrier des Spectacles*, 13 frimaire an XIII (4 décembre 1804), et *Histoire
abrégée des couronnements...*, déjà citée.

couronne trop lourde, et Biennais en aurait détaché six feuilles, qu'il donna à ses six filles. C'est du moins ce qu'on raconte dans la famille [1].

Un cortège fut de nouveau formé, pour aller de l'Archevêché à Notre-Dame, par la galerie de bois. En tête marchaient les huissiers, des hérauts d'armes, des pages, le grand maître des cérémonies et ses assistants. Trois maréchaux, à leur droite et à leur gauche un chambellan ou un écuyer de l'Impératrice, s'avançaient ensuite, observant entre eux une distance de dix pas. Nous les retrouverons dans le tableau de David, derrière l'Impératrice à genoux. Murat y tient encore le coussin sur lequel il avait apporté la couronne, et Moncey la corbeille où serait déposé le manteau de l'Impératrice. Entre eux, on voit le visage fatigué de Sérurier qui dans le cortège avait porté, sur un coussin naturellement, l'anneau de l'Impératrice. Celui-ci fut d'ailleurs égaré, en entrant dans l'église, raconte la reine Hortense, mais Eugène de Beauharnais le retrouva à temps.

Joséphine était accompagnée de son premier écuyer et de son premier chambellan, et suivie des cinq princesses Bonaparte, portant le manteau avec le plaisir que l'on sait. Il est vrai qu'elles avaient toutes un officier de leur maison portant le leur : cela formait un groupe assez imposant, qui se déplaçait d'un seul mouvement, chacun tenant l'autre. La dame d'honneur et la dame d'atours terminaient le cortège de l'Impératrice. C'est elles que David a figurées, occupées du fameux manteau, à l'instant du couronnement.

Mme de La Rochefoucauld avait été nommée dame d'honneur à cause de son grand nom, et aussi parce qu'elle était une cousine lointaine des Beauharnais. Elle était toute petite, un peu contrefaite, vive et enjouée, persuadée qu'on lui devait bien de la reconnaissance pour avoir consenti à servir l'Empereur. Celui-ci écrivit un jour à Joséphine que

1. J.-R. de Valroger, « Les six feuilles d'or », *Historia*, janvier 1958, p. 95-97.

Mme de La Rochefoucauld était « une sotte qui ne dit que des bêtises... si bête que tu devrais la connaître et ne lui prêter aucune attention ». Elle quittera la cour au moment du divorce. La dame d'atours, Mme Lavallette, était une Beauharnais, que Bonaparte avait mariée malgré elle à son aide de camp, qu'elle trouva d'abord insupportable, pour devenir une héroïne de l'amour conjugal, par simple devoir, peut-être, sauvant son mari condamné à mort en 1815 et qu'elle fit évader en prenant sa place. Elle était assez jolie, avec des traces de petite vérole. Il paraît que Louis Bonaparte l'avait courtisée, avant ce mariage forcé qui tourna si bien. On a dit aussi que c'est elle qui aurait voulu épouser Louis Bonaparte, qui répondit qu'elle était trop laide « depuis sa petite vérole ». Un prêtre insermenté l'avait mariée à Lavallette, avant le Concordat : « C'était à peu près défendu, rappelle son mari; mais Émilie y tenait beaucoup, car elle avait une piété douce et sincère. » Elle mourut folle.

Le cortège de l'Empereur commençait par trois grands officiers, qu'encadraient un chambellan ou un aide de camp. Ils portaient *les honneurs* dits de Charlemagne, et dont aucun ne lui avait appartenu, bien entendu. Kellermann tenait la couronne d'or, qu'on venait de fabriquer d'après d'anciennes descriptions, et qui est au Louvre. L'épée était confiée au maréchal Lefebvre, et le sceptre au maréchal Pérignon. Vingt années d'histoire de France pourraient être évoquées par ces trois hommes. Kellermann avait commandé avec Dumouriez à Valmy, et rendu l'espérance aux patriotes en arrêtant l'envahisseur. Napoléon, qui mettait très haut l'art militaire de Dumouriez, disait volontiers : « Cette bête de Kellermann. » C'était l'armée de Sambre-et-Meuse que rappelait Lefebvre, resté plus plébéien que bien d'autres, et qui recevra pourtant le titre de duc de Dantzig, en 1807, inaugurant la noblesse impériale, tandis que sa femme sera connue de la postérité par son franc parler et ses manières toutes populaires, au demeurant femme généreuse et esti-

mable. Quant à Pérignon, il nous permet de sauter à nouveau jusqu'en 1815 et d'évoquer le triste épilogue de cette
aventure. Pérignon s'était rallié aux Bourbons, et retiré près
de Toulouse, où Vitrolles tenta pendant les Cent-Jours de
maintenir un gouvernement royaliste, y publiant quelques
numéros du *Moniteur*. Vitrolles fut tout heureux d'avoir
sous la main un glorieux maréchal, auquel il pourrait donner le commandement des troupes restées fidèles, et fit
venir Pérignon. Il vit un vieil homme qui accepta tout ce
qu'on voulait et ne comprenait manifestement rien. « Mes
regards étonnés s'arrêtèrent sur la tête chauve du maréchal
et sur ce crâne orné de la plus belle cicatrice. Je me deman-
dai en ce moment si l'esprit ne se serait pas échappé par
cette large ouverture. » Pérignon ne vit aucune honte à
servir contre celui qui l'avait fait sénateur, comte, gouverneur de Parme et de Plaisance, commandant en chef des
troupes françaises du royaume de Naples, puis il retourna
dans ses foyers où il attendit paisiblement Waterloo. Voilà
l'homme qui tenait dans le cortège du Sacre le sceptre de
Charlemagne, qui ne datait d'ailleurs que du XIVe et qu'on
avait allongé grâce à un « bâton de chantre », de même
époque, il est vrai, et en argent doré.

Derrière Pérignon, Lefebvre et Kellermann, étaient portés *les honneurs* de l'Empereur : Eugène de Beauharnais
l'anneau, Bernadotte le collier, et Berthier le globe impérial,
accessoire qui ne figurait pas au Sacre des anciens rois, mais
devait évoquer ici le souvenir du Saint Empire romain
germanique. On avait confié à Talleyrand la corbeille où
serait déposé, au début de la messe, le manteau. J'aimerais
dire un mot de Berthier.

Il est au premier plan du tableau de David, tout à côté
de Talleyrand. Un coussin est à plat sur sa main gauche,
et sur le coussin il y a le globe impérial, que Berthier retient
de la main droite. Il est vêtu comme les autres, de la cape
Henri III, coiffé du chapeau à plumes, et a un visage dénué
de toute grandeur, avec une sorte de gros nez et la lèvre

pendante. Il bredouillait en parlant, était petit, mal bâti, et se rongeait continuellement les ongles au point que ses doigts saignaient. Il servit Napoléon jusqu'à la fin avec la fidélité d'un chien. L'Empereur dit à Metternich que Berthier l'aimait comme une bonne d'enfant. C'était un organisateur et un exécutant. « J'ai de l'ordre, disait-il. Avec de l'ordre, on va loin. » Ce n'était pas un chef de guerre. « Il n'y avait pas au monde de meilleur chef d'état-major, mais il n'était pas en état de commander 500 hommes. » En 1812, quand Napoléon quitta la Grande Armée en retraite, Berthier le supplia vainement de l'emmener avec lui, disant qu'il ne l'avait jamais quitté. « Cela ne se peut, dit Napoléon, il est nécessaire que vous restiez avec le roi de Naples. Je sais bien, moi, que vous n'êtes bon à rien; mais on ne le croit pas, et votre nom est de quelque effet sur l'armée. » Allez donc, après cela, être dévoué aux grands hommes. Berthier fut assez fier de devenir prince souverain de Neuchâtel, et disait à qui voulait l'entendre : « Savez-vous que j'ai un tribunal qui condamne à mort, et me donne le droit de grâce!... Le droit de faire grâce! » C'est en 1806 que Napoléon fit de Neuchâtel un fief de l'Empire, après l'avoir reçu de la Prusse en échange du Hanovre, et le donna à Berthier. Celui-ci fut désormais « Son Altesse Sérénissime le Prince Alexandre ». Il ajoutait, fort sérieusement : « Par la grâce de Dieu. » Il ne mit jamais les pieds dans son domaine. Il en surveillait de loin l'administration, attentif surtout à n'en pas laisser perdre les revenus et à y faire appliquer les ordres de l'Empereur. En 1814, il renonça à ses droits, contre une rente.

Il avait rencontré en Italie, en 1796, Mme Visconti qui était belle et dont il devint amoureux. Mais voici ce qui étonne : cela dura. Le mari de Mme Visconti fut nommé ambassadeur à Paris de la République Cisalpine, et Berthier les installa quai Voltaire, à l'angle de la rue des Saints-Pères, dans le bel hôtel de Tessé. Mme Visconti était peu fidèle. Chênedollé, qui la rencontra chez Mme de Staël, parle de

« sa majestueuse beauté romaine, et de son tour d'épaule
éblouissant ». En Égypte, Berthier avait sous sa tente un
autel avec le portrait de sa divinité, entourée de feuillage
et de fleurs. On disait à la cour de l'Empereur que cet amour
avait conduit Berthier plus d'une fois « jusqu'au voisinage
de l'idiotisme ». Pendant la seconde campagne d'Italie, il
écrivit à Mme Visconti des lettres qui furent saisies par les
espions anglais, et publiées à Londres : elles défiaient la
pudeur. Napoléon, pour en finir, obligea Berthier à épouser
une Allemande, la princesse de Birkenfeld, et M. Visconti
mourut : « Ce diable d'homme, dit Berthier, aller mourir
quand je me marie! » Il n'en quitta pas pour autant Mme Visconti. Il eut la faiblesse d'accueillir Louis XVIII à Compiègne
et de l'escorter quand il entra dans Paris. On a raconté que
dans la foule on criait : « A l'île d'Elbe, Berthier! A l'île
d'Elbe! » Il resta à Paris, suivit le roi à Gand, l'année
suivante, et pour accompagner Berthier dans ce voyage il
faut lire *La Semaine sainte* d'Aragon : on n'a pas si souvent
l'occasion de lire un chef-d'œuvre, où se réalise l'union
presque impossible de l'histoire et de la poésie. Berthier se
retira avec sa femme allemande et ses enfants, loin de
Mme Visconti et de l'Empereur, à Bamberg. Le bruit courut
qu'il avait voulu rentrer en France, rejoindre Napoléon,
déguisé, et qu'on le surveillait. Le 1er juin 1815, des fenêtres
de son château il vit passer les troupes russes en marche
vers la France, et on le retrouva sur le pavé, la tête brisée, mort.

Napoléon venait enfin, avec la couronne de feuilles de
laurier, le sceptre et la main de justice. Ses frères, Lebrun
et Cambacérès soutenaient son manteau. Caulaincourt, Duroc
et divers autres personnages fermaient la marche, allant
quatre de front. Au portail de l'église, le cardinal de Belloy
présenta l'eau bénite à l'Empereur, et le cardinal Cambacérès
à l'Impératrice. Ils s'avancèrent ensuite sous un dais porté
par des chanoines, au son de la *Marche du Sacre*, jouée par
deux orchestres à quatre chœurs de trois cents musiciens,
« les plus distingués de Paris ».

LES PRÊTRES

Nous voici dans la Maison de Dieu, et il est juste de parler quelque peu de ses serviteurs. Le Pape avait donc attendu longtemps, immobile sur son trône et l'air accablé. Sa venue, il va sans dire, n'avait pas plu à tout le monde. Tout ce qui tenait à la tradition dans l'Église était indigné. Joseph de Maistre estimait « les forfaits d'Alexandre Borgia moins révoltants que cette hideuse apostasie de son faible successeur », qu'il traita de « polichinelle sans conséquence ». Le Pape, remarquait Mme de Chateaubriand, « consacrait l'usurpation », et Fouché notait dans ses rapports les bons mots qui couraient dans Paris, tel celui-ci : « Le Pape sacre un fin démon », anagramme approximatif de : « Napoléon empereur des Français ». Mme de Boigne en cite d'autres, pas plus drôles. Au faubourg Saint-Germain circulait une gravure évoquant le Sacre, agrémenté d'un fruit qui voulait être une pistache : « Pie-se-tache ». Il est vrai qu'à l'avènement de Pie VII, le nom de celui-ci avait suggéré aux libres penseurs un calembour aussi peu heureux, qui inspira aussi les dessinateurs. Après le Sacre, le caricaturiste anglais Gillray en fera une scène de foire où Mme de Talleyrand conduit le cortège, et où l'enfant de chœur, caché sous la chape du Pape et jouant avec les clefs de saint Pierre, est un petit diable cornu.

Pie VII n'avait guère obtenu ce qu'il espérait de Napoléon, et jusqu'à son retour en Italie n'en pourra obtenir davantage. Sans doute s'en ira-t-il avec des présents, dont une tiare de cent quatre-vingt mille francs, et sa suite ne partira pas non plus les mains vides : pensions, diamants, or. Mais s'il avait espéré qu'on lui rendrait Bologne et Ferrare, qu'on l'indemniserait pour Avignon, ou faire amender quelque peu les *Articles organiques*, il dut déchanter. En 1811, et parlant au clergé de Paris, Napoléon prétendra que le Pape

était donc reparti « avec un vif ressentiment ». Toute la
correspondance du Pape prouve le contraire. Jusqu'au bout,
on l'entoura d'honneurs et de respects. Il visita les églises
et les paroisses, la manufacture de Sèvres, celle des Gobelins,
et ses audiences étaient très courues. Il ne put dire que cette
France révolutionnaire, où si peu d'années avant on pour-
chassait les prêtres, l'avait mal reçu. Jusqu'à l'astronome
Lalande, athée déclaré, qui était venu le saluer, « à la tête
du Bureau des Longitudes ». Si on en juge par le nombre et
la variété des portraits, brochures, notices, qui furent inspirés par le Sacre, la curiosité et le succès populaires allèrent
moins à l'Empereur qu'au Pape. Celui-ci ne reprit le chemin
de Rome que fin avril 1805, et son futur retour en France se
fera entouré de gendarmes. Ce qu'il y a de curieux, c'est
qu'on pouvait prévoir, dès 1804, que tout finirait ainsi.
Environ deux mois avant le Sacre, Julie Talma écrivait à
Benjamin Constant : « On dit encore que si le Pape vient,
nous ne le laisserons plus partir. Nous le garderons à Versailles, — c'est une belle prison, — afin qu'il puisse régir
librement la chrétienté. » La belle prison sera Fontainebleau,
où le Pape signera *librement* un nouveau Concordat. Si Julie
Talma avait ainsi deviné l'avenir, rien n'interdit de penser
qu'au milieu de ces fêtes l'entourage du Pape, et le Pape
lui-même, se demandaient si ce n'était pas dans un guet-
apens qu'on les avait entraînés, et comment tout cela tour-
nerait. Après tout, ces prêtres pouvaient être moins intelli-
gents que Julie Talma.

David en a placé un certain nombre, à droite et à gauche
de l'autel, un évêque barbu de rite grec, et les cardinaux
Caprara et Braschi, celui-ci mitré. J'ai déjà dit que Caprara
a été dépouillé par David de sa perruque, ce qu'il res-
sentit douloureusement. Ils devaient tous être agités de
sentiments contradictoires, appréhension, peut-être, satisfaction, étonnement. Certains, si l'on en croit Bonaparte
lui-même, se félicitaient de le voir sur le trône de France :
« Après tout, disait-on à Rome dans certains milieux, c'est

une famille italienne que nous imposons aux barbares pour
les gouverner; nous serons vengés des Gaulois. » Le plus
heureux de ces ecclésiastiques, assurément, ce devait être
Fesch, que nous voyons au-dessus du globe porté par
Berthier, et au-dessous des trois têtes de Bernadotte, Caulaincourt et Eugène de Beauharnais. Il avait sous les yeux
toute sa famille, tous ces Bonaparte aujourd'hui couronnés
et empanachés, et quelle prodigieuse aventure cela devait
lui paraître, depuis la maison d'Ajaccio où l'on avait tiré le
diable par la queue.

A côté de Junot, superbe ici, mais qui finira fou en 1813,
qu'on ramènera en France serré de près par des gardes du
corps, et qui sautera d'une fenêtre, se croyant oiseau, notons
encore la présence du cardinal de Belloy, encadré par deux
vicaires et dominé de très haut par sa crosse. Junot qui tient
son sabre a l'air de peser sur l'épaule de l'insignifiant vieillard. L'archevêque de Paris est assis, sans doute à cause des
années qui l'accablent, et paraît en pénitence, en tout cas
parfaitement oublié. On avait pensé qu'un homme de quatre-
vingt-douze ans serait à sa place à l'archevêché de Paris, où
l'on ne voulait pas d'ennuis. « Pacifique, un des premiers
démissionnaires. Restera fidèle. Grand âge. Deux attaques
d'apoplexie », avait dit de lui un rapport de police. Et en
effet, il laissa le souvenir d'un personnage inoffensif et dévoué.
Il recommandait à son clergé « le plus profond respect et la
plus vive reconnaissance pour le gouvernement » : voilà un
homme d'Église comme il en faudrait beaucoup. Il fréquentait volontiers le salon de Fouché, ancien clerc tonsuré,
qu'on avait vu prêchant l'athéisme dans les églises et organisant les massacres de Lyon. Mais le cardinal de Belloy était
reçu chez Fouché avec « autant d'attendrissement que de
respect », Mme Fouché ne manquait pas de ranger devant
lui ses enfants, et lui demandait de bénir un jour le mariage
de sa fille, ce qui était souhaiter qu'il devînt centenaire. Il
devait mourir en 1808, à quatre-vingt-dix-huit ans.

Je ne saurais oublier, tout à droite du tableau, et séparé

des enfants de chœur par le sabre d'Eugène de Beauharnais, un autre évêque, carrément défroqué, celui-là, dont on peut penser que David a fait ici un portrait remarquable. La hauteur et l'ironie se partagent le visage de Talleyrand. Il y a un début de sourire sur cette bouche et un regard en coin qui en dit long. On peut être sûr que celui-là ne fut dupe à aucun moment. Il aurait pu dire cette phrase d'un autre sceptique, Benjamin Constant, après le retour des Bourbons : « Vingt-cinq ans de révolution m'ont assez appris à ne m'indigner d'aucune imposture, à ne m'étonner d'aucune absurdité. » Talleyrand avait, en plus, l'art d'en tirer parti. Il servira intelligemment Napoléon et l'adulera comme il convenait : « Votre Majesté a depuis longtemps épuisé l'admiration : notre amour et notre reconnaissance pour elle sont seuls inépuisables. » Puis il le trahira. On l'aurait surpris en conversation animée avec des dames du faubourg Saint-Germain, répétant avec jubilation : « Nous le perdrons, nous le perdrons! » Il récitait des vers sur l'Empereur qu'il avait composés, « ignobles et offensants ». En 1809, il fournira des renseignements à l'Autriche, bientôt en guerre avec la France : « Il m'a fait pressentir qu'il avait besoin de quelques centaines de mille francs », écrira Metternich. En 1810, il réclamera à l'Empereur de Russie, en rétribution de ses services, une somme de 1 500 000 francs. Tout pour lui aboutissait à une question d'argent, et à un bénéfice. Il considérait, a-t-on dit, sa situation « comme une mine d'or », et aurait évalué lui-même à 60 millions ce qu'il avait reçu, de-ci, de-là, dans sa carrière diplomatique [1]. Il était rentré en France en 1795, et avait accédé aux *affaires* le 16 juillet 1797, nommé ministre des Relations extérieures du Directoire, et palpant dès lors de tous côtés, habile, méprisant, froid, fertile en bons mots, redoutant longtemps un rappel des Bourbons qui risquaient de lui demander quelques comptes, dont il sut pourtant s'accommoder, quand il le

1. Sainte-Beuve, *Nouveaux Lundis*, Calmann-Lévy, tome XII, 1893.

fallut bien, et qu'il servit avec autant de détachement qu'il avait servi Bonaparte, devenu prince de Bénévent depuis 1806, en récompense « des services qu'il avait rendus à la couronne ». Déjà en 1795, la Convention thermidorienne avait autorisé son retour d'émigration, pour avoir « puissamment secondé la Révolution par sa noble conduite comme citoyen et comme ecclésiastique ». Napoléon raconta à Sainte-Hélène qu'il avait songé à le faire cardinal, lors du Concordat, mais que Talleyrand avait refusé, « son aversion pour l'état ecclésiastique étant invincible ». Il s'était marié en 1802, à la demande du Premier Consul, pour faire cesser une liaison coupable : « Cet hommage rendu aux mœurs et à la religion touche tout le monde », écrivit Julie Talma. C'est à l'ecclésiastique que je pense, justement, durant cette cérémonie du Sacre, à l'évêque qui avait porté la mitre et la crosse, dit la messe, et consacré le corps et le sang du Christ, et au regard qu'il devait porter sur ces génuflexions, ces signes de croix, ces onctions sacrées, ces processions, et tous ces cardinaux ou prêtres qui n'avaient pas su, comme lui, se débarrasser de toutes ces fariboles et devaient poursuivre une comédie sans vrai profit, alors qu'il avait pu accéder au grand théâtre du monde où il y avait tant à gagner, au détriment des sots.

UNE CÉRÉMONIE AUGUSTE

Les étapes diverses du couronnement avaient été réglées par Cambacérès, Ségur, Portalis, l'abbé de Pradt et Bernier, qui avaient prévu un mélange, approprié aux circonstances, du pontifical romain et de l'ancien cérémonial français utilisé pour le sacre des rois, agrémenté de quelques innovations de leur cru. On avait dû négocier avec le Pape pour mettre au point ces détails, qui ne manquaient pas d'importance aux yeux des initiés.

Leurs Majestés arrivèrent en cortège jusqu'au chœur de

l'église, et se placèrent dans les deux fauteuils, Joséphine à gauche de Napoléon, tandis que le Pape descendant de son trône allait jusqu'à l'autel où il entonnait le *Veni Creator*. Le compte rendu de la cérémonie assure qu'à ce moment-là Leurs Majestés « ont fait leurs prières, sur leur prie-Dieu ». Tout est possible.

Kellermann, Lefebvre et Pérignon, gardant les *honneurs* de Charlemagne dont on les avait chargés, restaient à l'écart. C'est pourquoi on les aperçoit à peine, à l'extrême gauche du tableau de David, derrière Joseph et Louis Bonaparte. Ce qui apparaît le plus distinctement, c'est la main de Kellermann, posée sur la couronne d'or. Selon le cérémonial, Berthier devait se mettre à leurs côtés, avec le globe impérial, qui ne serait pas davantage utilisé que les *honneurs* de Charlemagne.

Napoléon s'étant levé, remit la main de justice à Cambacérès, et son sceptre à Lebrun. Joseph Bonaparte lui ôta sa couronne, et Talleyrand son collier. On détacha son manteau. Il tira son épée, que prit Louis Bonaparte, connétable de l'Empire. Pendant ce temps, on enlevait le manteau de Joséphine, qui était ployé dans la corbeille et déposé avec sa couronne et son anneau à la suite des ornements impériaux, sur l'autel. L'anneau de Napoléon, qui est maintenant au Louvre, était passé de main en main pour être placé, lui aussi, sur l'autel. Les armes impériales étaient gravées sur l'émeraude, l'aigle ayant au bec, pour une fois, un rameau d'olivier [1].

On chanta et récita des prières, Leurs Majestés un moment à genoux sur les prie-Dieu, à un autre moment Napoléon les mains posées sur l'Évangile. Puis, conduits par Fesch qu'assistaient trois évêques, Napoléon et Joséphine allèrent au pied de l'autel. Passant devant son frère, l'Empereur aurait dit : « Joseph, si notre père nous voyait! » Ce fut l'instant du Sacre : sur la tête et dans les mains de Napo-

---

1. Serge Grandjean, Catalogue de l'exposition « Napoléon », Paris, Grand Palais, juin-décembre 1969.

léon et de Joséphine, agenouillés sur deux coussins, le Pape fit une triple onction avec le saint chrême. Mme d'Abrantès remarqua alors que l'Empereur paraissait plutôt songer « à s'essuyer qu'à autre chose ». C'est Fesch qui essuya les onctions de l'Empereur, et Mme de La Rochefoucauld celles de l'Impératrice.

Tandis que le Pape commençait la messe, les deux souverains retournèrent à leurs fauteuils. « L'Impératrice précédait l'Empereur, et marchait avec une dignité, une grâce inimitables; l'Empereur venait ensuite, et comme il traversait la nef, le soleil le couvrit de l'éclat subit de ses rayons, ce qui produisait un de ces effets de lumière aussi beaux qu'imposants. » C'est du moins ce qu'assure le compte rendu de la journée. Mme d'Abrantès nous dit que Napoléon parut trouver longue la cérémonie, et étouffait des bâillements. Quand la messe en fut au graduel, le Pape bénit les couronnes, l'épée, les manteaux et les anneaux qui étaient restés sur l'autel, au pied duquel Napoléon et Joséphine furent conduits une nouvelle fois, de la même manière que pour le Sacre.

Si l'on en croit Mme d'Abrantès, c'est avec la couronne de Charlemagne que Napoléon fut couronné, et elle dit même que « cette couronne fermée allait peut-être moins bien comme agrément à son visage ». Madelin a dû lui emprunter ce détail. Mais la couronne de Charlemagne, qui avait été l'ouvrage de l'orfèvre Nitot, était restée entre les mains de Kellermann, je l'ai dit plus haut, et ne devait avoir ici qu'un rôle symbolique.

Au pied de l'autel, Napoléon reçut l'anneau, l'épée, le manteau, la main de justice et le sceptre, et Joséphine son anneau et son manteau, tandis que le Pape prononçait, à chaque tradition, l'oraison qui convenait : « Recevez cet anneau, qui est le signe de la foi sainte, la preuve de la puissance et de la solidité de votre Empire... », ou encore : « Que le Seigneur vous revête de sa puissance... » Il s'agissait là du manteau.

Si Napoléon garda son épée au côté, il confia aussitôt son sceptre à Lebrun et la main de justice à Cambacérès. Dans le tableau de David qui fixe l'instant où nous arrivons, ils les portent tous deux, au tout premier plan. L'Empereur devait avoir en effet les mains libres, car il monta alors vivement à l'autel, prit la couronne de laurier d'or, et se tournant vers l'assistance, s'en couronna. Ce fut si rapidement fait, que beaucoup crurent qu'il avait devancé le Pape, d'un mouvement soudain, alors que cela avait été convenu et accepté. « Il était vraiment beau, dit Mme d'Abrantès. Sa physionomie, toujours expressive, avait un feu et un jeu de muscles tout particuliers, en cet instant unique dans sa vie. » Elle prétend aussi que de petites pierres tombaient des voûtes de Notre-Dame, assez délabrées, et que l'une d'elles vint frapper à ce moment l'épaule de l'Empereur. Elle y aurait vu un singulier présage, mais ceci fut écrit longtemps après, et le récit de la duchesse est plein d'erreurs.

Joséphine était toujours à genoux au pied de l'autel. La couronne qui lui était destinée était formée d'un cercle d'or, avec des brillants et des émeraudes, d'où partaient huit demi-cercles en forme de feuilles de laurier et de myrte, aboutissant à un petit globe que surmontait une croix. Napoléon saisit cette couronne, et les esquisses de David suggèrent qu'il la posa un instant sur sa tête, puis il en couronna Joséphine, par-dessus son diadème de diamants, avec des gestes adroits, gracieux et doux, nous apprend Mme d'Abrantès. Et nombre d'historiens se sont attendris sur ces gestes. Il semblerait plutôt que Napoléon ait tâtonné quelque peu, pour que la couronne s'emboîte exactement dans le diadème, ainsi qu'il avait été prévu. Savary prétend d'ailleurs que c'est la même couronne qui aurait servi aux deux souverains, et qu'on « en ajusta aussitôt une autre, plus petite, sur la tête de l'Impératrice ».

Napoléon descendit de l'autel, reprit son sceptre et la main de justice, et se dirigea lentement, traversant toute la nef, vers le grand trône, au fond de l'église. Il était précédé par Joséphine, l'un et l'autre entourés de toute leur suite, et marchant devant le Pape qu'accompagnaient ses cardinaux. Les chœurs chantaient le *Vivat* de l'abbé Rose, qui parut très beau. On a dit que les belles-sœurs de Joséphine soutinrent avec tant de mauvaise grâce son manteau, que celle-ci faillit basculer en arrière, tant il était lourd. « L'Empereur dit quelques mots secs et fermes, qui mirent tout le monde en mouvement. » Pareille mésaventure faillit arriver d'ailleurs à Napoléon lui-même.

Lorsqu'ils furent assis, au sommet du haut catafalque qui barrait la nef, Joséphine dans un fauteuil plus petit et une marche au-dessous, le Pape appela sur eux les bénédictions du ciel. Il baisa l'Empereur sur la joue, puis se retourna en criant : « Vivat Imperator in aeternum! » Les acclamations chaleureuses de la foule, réglées à l'avance par le protocole, répondirent. Il avait été précisé qu'on entendrait de tous côtés : « Vive l'Empereur et l'Impératrice! » Le Pape regagna son trône, entonna un *Te Deum*, puis la messe reprit.

A l'évangile, le cardinal Fesch vint présenter le missel aux deux souverains. A l'offertoire, ceux-ci reprirent, en grand cortège, le chemin du chœur, cinq dames du palais portant devant eux les offrandes : deux cierges incrustés de pièces d'or, un pain d'argent, un pain d'or, un vase, qui furent remis au Pape. A l'élévation, alors que Napoléon et Joséphine étaient toujours dans le chœur, sur ce qu'on avait nommé « le petit trône », Joseph ôta la couronne de l'Empereur, et Mme de La Rochefoucauld celle de Joséphine, et à l'*Agnus Dei*, Fesch leur donna le baiser de paix, qu'il avait reçu lui-même du Saint-Père. Il avait d'abord été écrit que Leurs Majestés communieraient, mais on fut d'accord pour qu'il n'en fût rien. On leur rendit leurs couronnes, et tout le monde retourna, toujours en cortège, jusqu'au grand trône. La messe finit vers les trois heures. Le Pape s'éclipsa alors avec sa suite, allant déposer à la sacristie ses ornements pontificaux, pour ne pas assister au serment civil où était rappelée, notamment, la liberté des cultes, tenue en ce temps-là par l'Église pour une monstruosité.

Le cardinal Fesch apporta à l'Empereur le livre des Évangiles, et le président du Sénat, qu'accompagnaient les présidents du Corps législatif et du Tribunat, lui remit la formule du serment constitutionnel que lut Napoléon, la main sur l'Évangile : « Je jure de maintenir l'intégrité du territoire de la République, de respecter et de faire respecter les lois du Concordat et de la liberté des cultes; de respecter et de faire respecter l'égalité des droits, la liberté politique et civile, l'irrévocabilité des ventes des biens nationaux; de ne lever aucun impôt, de n'établir aucune taxe qu'en vertu de la loi; de maintenir l'institution de la Légion d'honneur; de gouverner dans la seule vue de l'intérêt, du bonheur et de la gloire du peuple français. » Le chef des hérauts d'armes dit alors :

« Le très glorieux et très auguste Empereur des Français est couronné et intronisé. Vive l'Empereur! »

L'assistance répéta les derniers mots avec « le plus vif enthousiasme ». Les sentiments des spectateurs étaient mélangés. Dominique Larrey, chirurgien en chef de la Garde, qui était à Notre-Dame, écrivit le lendemain : « C'est avec une affliction profonde que j'ai vu cet illustre guerrier porter le sceptre des rois. Tout me prédit que cet instrument de tyrannie causera sa perte et la ruine de la France. » Pour faire croire que le Pape avait assisté à cette prestation de serment, les comptes rendus du Sacre mentionnèrent qu'il avait alors entonné le *Te Deum*. Mais, on le sait, il n'était plus là. Le procès-verbal du serment fut signé par Napoléon et par les personnages les plus importants. Leurs Majestés descendirent du trône, et furent reconduites sous un dais jusqu'à l'Archevêché. C'est là que Pie VII accorda au clergé de Paris qui avait participé à la cérémonie le privilège de lui baiser les pieds.

FOUCHÉ

Je ne voudrais pas quitter ces saints lieux sans marquer la présence à Notre-Dame, au rang des ministres, de cet étrange aventurier qui au début de sa carrière avait fait, lui aussi, le serment de « maintenir la liberté et l'égalité, ou de mourir en les défendant ». Car avec la Révolution française commença, imitée de l'Antique, la mode des serments pour rire, qui s'est perpétuée jusqu'à nos jours. C'est justement l'année du Sacre, 1804, que Fouché fit enlever des archives de Nantes, et disparaître, tous les documents le concernant. Mais ceux qui avaient vécu avec lui les événements des années passées, et qui jouaient gravement leur rôle à Notre-Dame, ne pouvaient avoir oublié. Fouché était devenu montagnard en votant la mort du roi, après avoir promis de voter contre, et pour le seul motif qu'il avait senti le vent tourner. Sans l'ombre d'une conviction, guidé toujours par l'intérêt et les circonstances, extrémiste ou modéré, selon les opinions du moment, il avait été président des Jacobins à la bonne époque, celle de Robespierre, et avait proclamé son « horreur des rois ». En ce temps-là, Fouché était de ceux qui voulaient voir s'accomplir une révolution sociale, affirmant le droit au travail des ouvriers, scandaleuse audace, prônant le partage des biens, tonnant contre les riches, et il amassait depuis lors une fortune telle qu'il laissera quelque quinze millions à ses enfants.

C'est la pompe religieuse du Sacre que dut regarder d'un œil froid celui qui parlait, en 1793, de « l'odieuse influence de la religion ». Dieu merci, il connaissait le dessous des cartes, et ce que valaient les sentiments religieux de l'Empereur, de Joséphine, et de tous les autres. Cependant, voici le Pape sur un trône, et cette masse de prêtres qui cernent l'autel. Fouché, commissaire de la Convention, avait tenté à Nevers et à Moulins une déchristianisation totale, écrivant

au Comité de Salut public : « Le fanatisme est foudroyé. »
C'était sur son ordre qu'on avait pillé les églises, et brisé
dans les rues, sur les places, au bord des chemins, tous les
signes de la superstition, toutes les images de ce Juif pro-
blématique mais malfaisant. A Lyon, Fouché s'était promené
derrière un âne vêtu d'une chape et coiffé d'une mitre, un
crucifix pendu à la queue, et qu'on fit boire dans un calice.
Au milieu des cris de joie, on avait brûlé le Christ. Et le
9-Thermidor, que Fouché avait préparé et organisé, avait été
aussi la victoire de l'athéisme sur les tenants de l'Être
suprême dont Robespierre venait d'établir le culte. Cette
messe solennelle, aujourd'hui, ces onctions saintes sur les
mains de l'Empereur, étaient le signe qu'il avait donc fallu
en revenir au fanatisme et à la superstition pour achever la
Révolution, et en consacrer les profits. Il y avait de quoi
être sceptique, en effet.

Opposé au Consulat à vie, Fouché avait été favorable à
l'Empire, le duc d'Enghien exécuté et tout rappel des
Bourbons paraissant désormais impossible. Il n'oublia jamais
son vote de 1793, et les représailles qui le menaçaient,
si l'Ancien Régime devait revivre. Bonaparte empereur,
et consacré aux yeux même des dévots par la grâce du
Pape, était le meilleur rempart contre un avènement de
Louis XVIII. Il s'agissait enfin, aurait dit Fouché avec
franchise, d'arrêter « la marche de la Révolution désormais
sans but, puisqu'on avait obtenu tous les avantages per-
sonnels auxquels on pouvait prétendre ». Comme Talleyrand,
Fouché dut avoir une claire vision de ce que signifiaient
l'Empire et les formalités burlesques du Couronnement,
« cet acte de la plus haute importance », disait à Las Cases
Napoléon, plus naïf.

Nommé ministre de la Police par le Directoire, Fouché
avait donné à ce poste un poids que nul n'aurait pu prévoir.
Il sut favoriser prudemment Brumaire, se ménageant une
brusque parade si le coup d'État avait échoué, et devenir
sous l'Empire une puissance avec laquelle Napoléon lui-même

devait compter. Pendant les absences, si fréquentes, de l'Empereur, c'était la Police qui gouvernait la France. Les autres ministres attendaient les ordres, fatalement longs à venir. Fouché parait à tout, de sa propre initiative, au jour le jour. En relation avec tous les milieux, se ménageant des intelligences et des complices, rendant volontiers service et plus soucieux de prévenir que d'avoir à punir, Fouché était un homme de famille, un père tendre, un mari très attaché à sa première épouse, fort laide : « Mon travail, mes lectures, mes promenades, mon repos, mon sommeil, tout était en commun avec elle. » Il était reçu familièrement dans le salon d'aristocrates mal repenties, la princesse de Vaudemont, Mme de Custine, et fréquentait avec un égal naturel les vieux Jacobins dont il était resté l'ami, souvent dévoué. On n'a pas oublié peut-être que l'archevêque de Paris lui rendait fréquemment visite, et le cardinal Consalvi parle à plusieurs reprises de la « vive amitié » que lui témoignait Fouché. Chez lui, on jouait au boston. Sur le coup de dix heures, l'ancien mitrailleur de Lyon se retirait dans la même chambre que sa femme et ses trois fils.

En 1804, tandis que Napoléon montait sur le trône, Fouché avait quarante-cinq ans, mais il était précocement vieilli, maigre, grand, un peu voûté, le teint pâle. Charles Nodier fut frappé par « son regard glauque, d'une fixité curieuse et exigeante ». Il était d'un tempérament peu vindicatif, sauf pour qui traversait ses desseins. Il avait toutes les indulgences, par mépris des hommes. « Ce mépris, disait Talleyrand, tient à ce que M. Fouché s'est beaucoup étudié. » Audacieux quand il le fallait, c'était son sang-froid qu'on remarquait plutôt, et sa patience à faire tourner tout au bien de sa carrière politique. Les colères de l'Empereur ne l'effrayaient pas. Il le servait parce qu'il le savait puissant, non sans prévoir toujours une issue de secours si cette puissance semblait décliner, ou si quelque malheur pouvait survenir. On sait qu'en 1808, il se rapprocha de Talleyrand, songeant à mettre Murat sur le trône en cas de mort de l'Empereur, qui était en Espagne. On disait alors à Paris que l'Empereur « y serait assassiné avant d'avoir fait dix lieues ». Napoléon fut presque toujours instruit du double jeu de Fouché, mais le garda longtemps, personne ne pouvant l'égaler dans son métier de policier. Sans doute, à Sainte-Hélène, affirma-t-il, qu'il tenait Fouché pour « un homme nul, futé comme un chat, mais voilà tout ». Ce qui est sûr, c'est qu'il se défiait de lui, et redoutait malgré lui l'influence que lui avaient acquise son habileté et ses intrigues. Tout au long de son ministère, Fouché protégera autant qu'il le pourra les Jacobins de 93, desservant au contraire les survivants de l'Ancien Régime, mais sachant persuader à ceux-ci qu'il leur était très favorable, tout prêt à les aider, ce qu'il faisait d'ailleurs quand l'occasion se présentait. Bien moins tourné vers le faubourg Saint-Germain que ne l'était l'Empereur, qui aurait voulu s'attacher tous ces gens qui flattaient sa vanité et savaient si bien « servir », Fouché réussit cependant à passer pour leur protecteur, au point qu'en 1815 les ultras l'imposèrent à Louis XVIII, le comte d'Artois lui-même ne jurant, quelques semaines, que par lui.

Or ce trône sur lequel vient de s'installer Napoléon, Fouché entend bien qu'il soit édifié « non sur les débris, mais sur les créations de la Révolution ». Ce fut sa constante pensée, et on peut dire qu'il fut toujours fidèle à la Révolution, à condition de bien préciser ce que pour lui ce mot signifiait. « Il ne faut pas étouffer la Révolution, disait-il, il faut la régulariser. » Elle l'a fait châtelain de Ferrières, premier propriétaire foncier de France, duc d'Otrante, donc l'égal des Montmorency à la cour de Louis XVIII. Voilà la Révolution. La propriété avait changé de mains, la féodalité ne renaîtrait plus, de nouvelles fortunes s'étaient édifiées, un nouvel ordre social était instauré où les révolutionnaires de jadis pouvaient avoir la première place, et parader comme à Notre-Dame : le Sacre de Napoléon consacrait définitivement cette mutation. En même temps que l'Empereur, c'étaient la bourgeoisie et les puissances d'argent qui étaient sacrées. Ces conquêtes de la Révolution, il fallait les sauver à tout prix.

D'où, la fidélité à éclipses de Fouché, toujours disposé à lâcher son maître, si un autre système venait à s'offrir qui pouvait assurer une sécurité meilleure aux intérêts qu'il représentait. « J'aurais dû le faire pendre, dit Napoléon en 1815. Je laisse ce soin aux Bourbons. » Ils se bornèrent à l'exiler, après en avoir fait leur ministre. Sa fortune, sous tous les régimes, sera sauve. Ce clerc, devenu grand bourgeois capitaliste, ne sera pas trahi par les siens : on pouvait à cette époque destituer les ministres, voire fusiller les hommes, mais l'argent s'en tirait toujours. Thibaudeau évoque Fouché en 1814, dans son château de Ferrières : « Le parc, bien boisé, était planté à la française; de vieux et beaux arbres formaient des allées majestueuses et de magnifiques ombrages. Les potagers et les vergers abondaient en fruits et en légumes. Il y avait une vaste pièce d'eau et des prairies. De cette résidence, l'ex-ministre, le duc d'Otrante, qu'autour de lui et dans le pays on n'appelait que Monseigneur, régnait sur plusieurs autres châteaux et parcs, des fermes, des bois, dont l'acquisition, me disait-il, lui avait coûté six millions. C'était un beau rêve, pour mieux dire une belle réalité pour Fouché de Nantes, père de l'Oratoire, arrivé à la Convention avec la cape et sans épée. »

RETOUR ET FÊTES

Si l'on en juge par les *Mémoires* de Fouché, Napoléon ne fut que faiblement acclamé par la foule, le jour du Sacre, et le public ne montra quelque enthousiasme que là où le renforçait « la multitude de fonctionnaires appelés de toutes les parties de la France ». On peut y lire aussi qu'arrivé aux Tuileries, Napoléon ne trouva que « des spectateurs muets et froids ». Ce retour se fit par le Pont-au-Change, la place du Châtelet, la rue Saint-Denis, les Boulevards, la place de la Concorde, le jardin des Tuileries. Le cortège allait si lentement que le jeune Henri d'Houdetot, accroché avec d'autres pages à la voiture de l'Empereur, put en descendre, aller embrasser sa famille, et reprendre sa place comme si de rien n'était. Le Pape suivait à une dizaine de minutes. Un peu avant sept heures seulement, on arriva. La nuit était alors profonde. Le jardin des Tuileries était éclairé par des lampions qui dessinaient les parterres et décoraient des ifs lumineux ou des colonnes, supportant des étoiles. La façade du château brillait et flamboyait. La place de la Concorde, les Boulevards, étaient illuminés de la même manière. « Un obélisque portant une étoile immense s'élevait au milieu de la place de la Concorde, et complétait ce magnifique ensemble. »

Il y eut un dîner chez Duroc, grand maréchal du palais. Il domine, coiffé de son chapeau à plumes, le groupe des princesses Bonaparte dans le tableau du Sacre. Ce personnage aussi, on aimerait le connaître, mêlé comme il le fut à la vie de l'Empereur, familier, et assez énigmatique, peut-être. Il avait fait la campagne d'Égypte avec Bonaparte, qui l'envoya en mission à Berlin dès après le 18-Brumaire. C'était le début d'une longue confiance. Duroc, dit Thiers dans ce plat style de bonne compagnie qui est le sien, avait alors « sur son front quelque reflet de la gloire des Pyramides ». Dans les années qui suivirent, les fonctions de Duroc furent plutôt domestiques. Il avait la charge de l'administration intérieure du palais, et s'en acquittait avec une extrême attention. Il passait pour rapporter tout à l'Empereur, dont il flattait ainsi la curiosité et alimentait la défiance, soucieux seulement d'obéir avec exactitude aux ordres qu'il en recevait. Cependant, il n'avait pas accepté d'épouser Hortense de Beauharnais, qui se croyait amoureuse de lui, bien qu'elle dise le contraire dans ses *Mémoires*, et que Bonaparte entendait qu'il épousât sous quarante-huit heures.

Duroc avait dit à Bourrienne : « Puisque c'est comme ça, mon cher ami, je vais voir les putains. » Il sera l'amant de la duchesse d'Abrantès, par qui nous retrouvons Metternich et, bien entendu, plus tard, Balzac, sans parler de Pauline Borghèse qui se garda bien de lui refuser rien, laquelle à Aix, en 1812, mettait dans son lit Talma tandis que la même duchesse d'Abrantès s'emparait du beau Maurice de Balincourt, qui lui-même... Tous ces gens tournaient en rond. Sans amitiés ni fantaisies, Duroc fut attentif jusqu'à sa mort à ne faire et dire que ce qui pouvait « plaire » à Napoléon, que cependant, paraît-il, il n'aimait pas. Napoléon le dit à Caulaincourt, avant d'abdiquer. Il fut tué à Bautzen, « les entrailles déchirées et expulsées hors de l'enceinte abdominale » (Larrey). « Il y a une autre vie, dit l'Empereur à Duroc; nous nous reverrons. Duroc se souciait-il beaucoup de le revoir? » (Chateaubriand). Il était de haute taille, svelte et assez élégant, mais ses traits manquaient de caractère, il avait les yeux à fleur de tête, et ceux qui ne l'appréciaient pas lui trouvaient l'air faux. C'est tout le contraire que dit de lui Napoléon : « Duroc avait des passions vives, tendres et secrètes, qui répondaient peu à sa froideur extérieure... Le hasard seul ou quelque accident ont pu me le faire connaître. Duroc était pur et moral, tout à fait désintéressé pour recevoir, extrêmement généreux pour donner. » Stendhal, qui l'aurait bien connu, le juge « le meilleur des hommes ». On trouve une appréciation identique dans les *Mémoires* de Bourrienne : « Il a existé peu d'hommes meilleurs et plus obligeants. » Et dans ceux de Thibaudeau : « ...un honnête homme, attaché à l'Empereur, et incapable de faire du mal ». Napoléon a dit aussi : « Il m'aime comme un chien aime son maître. » Que croire?

Napoléon dîna seul avec Joséphine, qui avait gardé sa couronne. Il paraît qu'il remit son uniforme de grenadier, répétant : « Enfin, je respire! » Il était très enjoué, et recevant ensuite ceux de sa cour qui n'étaient pas encore partis des Tuileries, il se félicita auprès des dames de les voir si jolies et parées, grâce à lui, galanterie exceptionnelle.

Le lendemain, 12 frimaire ou 3 décembre, une salve d'artillerie annonça vers 10 heures l'ouverture des réjouissances populaires. On avait dressé des mâts de cocagne, et des théâtres sur les boulevards où furent données de petites comédies et des pantomimes. Place de la Concorde, des emplacements avaient été réservés pour la danse, et on dansa aussi tout le jour sur les boulevards. Des chars circulaient, remplis de musiciens qui donnèrent un concert d'harmonie, jouant des fanfares et des airs joyeux. Depuis la place de la Concorde, « couverte d'une multitude immense de spectateurs », quatre ballons et un trophée orné de drapeaux s'élevèrent dans le ciel. A la nuit, on donna un feu d'artifice depuis le pont du Corps législatif. Des hérauts d'armes à cheval avaient parcouru la foule, jetant au peuple des médailles d'argent, frappées à l'occasion du Sacre.

Le 5 décembre, eut lieu au Champ de Mars la distribution des Aigles, dont David a fait en 1810 un tableau grandiloquent. Il avait songé d'abord à mettre Napoléon au centre de la composition, enveloppé dans les plis des drapeaux [1]. Puis il rejeta Napoléon, ses frères et ses maréchaux à l'une des extrémités du tableau, pour que devant eux accourent et se pressent les délégations de l'armée jurant fidélité. Berthier, les yeux au ciel, y porte son épée à son cœur, tous les maréchaux brandissent leurs bâtons, et les porte-drapeaux ont l'air de s'élancer pour une course de relais. Une victoire plafonnant aurait peut-être justifié ce mouvement et l'ardeur des personnages, mais elle ne plut pas, et dut disparaître. Certains militaires reproduisent sur cette toile, habilement transposés, les mouvements et l'attitude de statues antiques : *Mercure*, le *Gladiateur*. C'est un singulier travail, où paraît l'ennui d'une commande qui n'inspire pas. Napoléon couronné de lauriers est majestueux, et ses deux frères montrent

1. *Gazette des Beaux-Arts*, 1902, tome 91, p. 311.

des faces sans intérêt. Mais là, ce n'était pas la faute de
David. Il dut enfin supprimer Joséphine, car il y avait une
autre impératrice quand le tableau fut exposé.

Le cortège impérial avait suivi pour se rendre au Champ
de Mars la rue de Bourgogne et la rue de Grenelle, l'Empereur en « petit costume du Sacre ». Il avait revêtu les ornements impériaux dans les salons de l'École militaire. Quand
il prit place sur le trône, un jeune homme sortit de la foule,
criant : « La liberté ou la mort. » On le tint pour un esprit
dérangé, et ne lui fit aucun mal. Il fut interné à Charenton.
Plus tard, on l'aurait retrouvé « médecin oculiste » de la
duchesse de Berry. L'armée défila dans la boue, sous une
pluie épouvantable. Contre la façade de l'École militaire, on
avait dressé pour l'Empereur et sa suite des échafaudages
que recouvraient des toiles, au niveau du premier étage. Mais
la pluie traversait, et Joséphine n'y put tenir et s'en alla
avec sa fille. Les spectateurs, parapluie en main, finirent
aussi par se sauver, tandis que les soldats repartaient avec
leurs Aigles, ayant abandonné les anciens drapeaux.

Le soir, on donna un grand banquet aux Tuileries. Napoléon était à la droite de Joséphine, et le Pape à sa gauche,
l'Électeur de Ratisbonne, Dalberg, assis au retour de la
table. Le reste des convives était disposé autour d'autres
tables. Des pages servaient. Il y eut un concert, auquel
assista le Pape, qui se retira au moment des ballets.

Huit jours après le Sacre, sept mille hommes furent réunis
dans la grande galerie du Louvre, soldats de l'armée de terre
et de mer, et gardes nationaux. Napoléon fit un discours,
après avoir parcouru tous les rangs, parlant aux soldats.
« Dans cette collection nombreuse de tableaux les plus
célèbres, le tableau le plus noble et celui qui fixait toutes les
attentions était notre armée et son noble chef. » L'Empereur
rentra ensuite dans ses appartements, s'assit sur son trône,
et toutes les troupes défilèrent, conduites par Murat et « présentées par Monseigneur le Connétable », c'est-à-dire le triste
Louis Bonaparte. Une pièce nouvelle commandée à Chénier,

Cyrus, fut jouée au Théâtre-Français, en soirée et devant un public considérable. On y retrouvait au cinquième acte les cérémonies de Notre-Dame. Elle n'eut aucun succès.

Le 22 frimaire, le Sénat donna une grande fête dans les jardins du Luxembourg illuminé, où fut tiré un feu d'artifice. Une montagne vola en éclats, laissant apparaître une image de l'Empereur, la flamme du génie sur la tête, la Victoire lui tendant une palme, et la Paix une branche d'olivier. Dans l'après-midi, il y avait eu « un concert d'harmonie, sous les fenêtres de S. A. I. le prince Joseph, Grand Électeur ».

Le 25 frimaire, qui était le 16 décembre, un dimanche selon l'ancien calendrier, les souverains furent reçus à l'Hôtel de Ville. David avait été chargé de commémorer aussi par une vaste toile cet événement. Il n'a laissé qu'une esquisse, où Napoléon gravit les marches du perron, tandis que Joséphine descend du carrosse qui est celui du Sacre. Après des discours et des présentations dans la salle du Trône, on fit une halte dans les appartements qui avaient été préparés. Les nefs du service dit « Grand Vermeil », que la Ville de Paris donnait à l'Empereur, et qui sont aujourd'hui à la Malmaison, lui furent alors présentées, et Joséphine reçut une *toilette* en vermeil. Une foule énorme assista au banquet, dans la salle des Victoires, tandis qu'un orchestre jouait, dirigé par M. Plantade, membre du Conservatoire. Un nouveau feu d'artifice fut tiré, du pont Napoléon. C'est l'Empereur lui-même qui en déclencha le mécanisme, mettant le feu à un dragon qui traversa sur un fil de fer la place de Grève. On avait figuré, cette fois, le Grand-Saint-Bernard que franchissait le héros à cheval. Depuis le parvis de la cathédrale, un ballon s'éleva portant la couronne impériale illuminée, qui alla tomber près de Rome, ce qui fut regardé comme un heureux présage. Toute la ville était d'ailleurs illuminée, et on buvait à des fontaines de vin. On distribuait des volailles. On dansa dans l'Hôtel de Ville jusqu'à cinq heures du matin.

Il y eut d'autres fêtes, d'autres apothéoses, la plupart moins pacifiques, le canon annonça bien des victoires, Napoléon entra dans d'autres capitales, Vienne, Berlin, Moscou, il reçut en Allemagne des princes et des rois venus lui faire leur cour et qui le traitaient, dira-t-il, « comme le roi des rois ». Ils venaient aussi à Paris, et le comte de Ségur, grand maître des cérémonies, put écrire négligemment : « Nous sommes ici dans les bals, dans les fêtes; la foule des rois s'est cependant un peu éclaircie : il n'en reste que quatre ou cinq [1]. » L'armée prussienne, si puissante et illustre, si respectée et invincible, disparut à l'instant où l'Empereur se tourna vers elle. « L'Empereur siffla, a écrit Henri Heine, et la Prusse n'exista plus. » A Dresde comme à Tilsitt, « il gorgea de diamants ceux qui l'approchèrent ». Paris et Notre-Dame virent des cérémonies somptueuses pour le second mariage de l'Empereur et le baptême du roi de Rome, des fêtes « qui ont laissé bien loin derrière tout ce qui les avait devancées, et ne se renouvelleront probablement jamais ». Il est vrai qu'à l'ambassade d'Autriche un incendie effroyable interrompit la réception donnée à la nouvelle Impératrice, les toiles de tente s'effondrant en flammes, et il y eut de nombreux morts. Toute l'Europe, plutôt, brûla pendant dix ans, de l'Espagne à Moscou, les villes et les villages, et on ne se reprit à vivre après tant de gloire et de massacres que lorsque le grand homme fut embarqué sur le *Bellérophon*. Mais beaucoup eurent le sentiment qu'ils vivaient, dès lors, petitement.

HISTOIRE ET LÉGENDE

« Je n'ai qu'une passion, qu'une maîtresse; c'est la France : je couche avec elle. Elle ne m'a jamais manqué, elle me prodigue son sang et ses trésors. » Aussi, bien plus tard, Napoléon voulut-il reposer au milieu de ce peuple français « qu'il avait tant aimé ». Mais ce n'est pas vrai. Bonaparte se serait

1. Lettre inédite à Élisa Bacciochi, *La Revue hebdomadaire*, 5 septembre 1908.

taillé un empire en Orient, s'il avait pu. Il fut empereur des Français parce que là seulement les circonstances s'y prêtèrent. La France était devenue la nation la plus peuplée d'Europe, et Napoléon put sacrifier chaque année, longtemps sans dommage, une jeunesse qui ne trouvait pas sa place dans une société tournée tout entière vers la propriété et le profit. Les bourgeois gagnaient, et les conscrits payaient de leur sang. Il y avait, en outre, de la gloire pour tous. Le pays suivait donc, ou du moins suivit longtemps. Napoléon n'y vit que la masse humaine, riche et docile, qui lui permettrait de forger son destin.

A Sainte-Hélène, tout changea. C'est là, patiemment, qu'il soigna sa légende. Ce rocher lointain était en effet « une échelle peu commune pour mesurer les chances de la fortune et les forces de l'âme ». Pour cet homme si avide d'action, le pire sans doute était cette mer immense dont il était sûr qu'il ne la franchirait plus, sauf revirement improbable ou projets chimériques, et qui était la plus désolante des prisons. Il fallait ici renoncer à tout. « Aujourd'hui, disait-il, grâce au malheur on pourra me juger à nu. »

Mais, précisément, parce que « mis à nu », il n'était plus le même. Sans doute n'est-ce pas un autre homme qui apparut : simplement, il se trouvait débarrassé des tentations et des vertiges du pouvoir absolu. Ce qui l'en avait rendu digne, et qui le faisait dominer de si haut tous ceux qui l'avaient combattu et détrôné, put se montrer avec naturel, et même familièrement. La fortune se retirant, il redevint humain. Il exprima ce qui avait toujours été en lui, mais que le souci de sa gloire et une ambition sans mesure avaient étouffé.

Dans le *Mémorial de Sainte-Hélène*, il raconte qu'il parcourut un champ de bataille, lors de la campagne d'Italie : « C'était par un beau clair de lune et dans la solitude profonde de la nuit. Tout à coup un chien, sortant de dessous les vêtements d'un cadavre, s'élança sur nous et retourna presque aussitôt à son gîte, en poussant des cris douloureux; il léchait tour à tour le visage de son maître, et se lançait de

nouveau sur nous; c'était tout à la fois demander du secours
et rechercher la vengeance. Soit disposition du moment, soit
le lieu, l'heure, le temps, l'acte en lui-même, ou je ne sais
quoi, toujours est-il vrai que jamais rien, sur aucun de mes
champs de bataille, ne me causa une impression pareille...
Ce qu'est l'homme! et quel n'est pas le mystère de ses impres-
sions! J'avais sans émotion ordonné des batailles qui devaient
décider du sort de l'armée; j'avais vu d'un œil sec exécuter
des mouvements qui amenaient la perte d'un grand nombre
d'hommes; et ici je me sentais ému, j'étais remué par les cris
et la douleur d'un chien. »

Qui dit mieux? Il n'en finissait pas de dire, et ceux qui
l'écoutaient étaient souvent subjugués par sa sagesse, son
courage, son détachement des grandeurs de ce monde, et en
même temps par les rêves fulgurants qu'il exprimait encore.
Il parlait maintenant avec sérénité de la « faiblesse et de la
crédulité » des souverains, des intrigues de cour. Il ajoutait :
« Je ne suis pas un dieu; je ne pouvais pas faire tout à moi
seul... J'avais élevé et il s'est trouvé dans mon entourage de
fiers misérables. » Il reconnaissait s'être parfois trompé.
Ainsi évoquait-il avec une hauteur admirable, « ce temps où
il avait à faire les œuvres de la Providence », où il avait
« porté le monde sur ses épaules », remarquant : « Ce métier,
après tout, ne laisse pas d'avoir sa fatigue. » Il savait être
digne dans le renoncement, et en même temps riche de tout
ce qu'il avait fait et aurait pu faire, si sa course n'avait été
brisée. Il faisait la part des choses, connaissait les êtres,
jugeait avec équité ceux qui l'avaient servi, ou desservi. Il
estimait que ses ennemis, en fusillant Murat, avaient contre-
venu « aux bienséances publiques ». Car il se souciait de
celles-ci, désormais, sans regretter toutefois d'avoir fait
fusiller le duc d'Enghien. Des circonstances malheureuses l'y
avaient forcé. Il s'indignait du sort auquel on l'avait maintenant réduit, et disait que le droit des gens, que personne
ne peut contester, aurait dû lui servir de sauvegarde. Loin
était le temps où, devant le Conseil d'État, il avait soutenu

que « dans tous les siècles et dans la plus haute antiquité, on a toujours tenu pour maxime que le droit des gens donne pouvoir de vie ou de mort sur les vaincus. Le vainqueur est le maître de ne point faire quartier, maître d'enchaîner ses captifs ». Il l'avait bien montré à Toussaint-Louverture. Et le Pape? On l'avait séquestré à Savone, privé de tous ses familiers, injurié, assiégé d'exigences nouvelles chaque jour, on avait crocheté son secrétaire, on lui avait retiré jusqu'à une plume pour écrire, il n'y avait que des gendarmes ou des espions, dont son médecin, qui approchaient de lui, on l'avait réduit à un état d'abandon et d'angoisse tel que le pauvre homme était, par moments, très exactement devenu fou. Mais la roue a tourné depuis, Waterloo est passé par là, et le captif maintenant, c'est Bonaparte. Tout lui paraît donc différent, et surtout sa propre histoire. Il la récrit.

Il n'avait voulu que le bonheur de tous, la paix et l'ordre dans toute l'Europe, on l'avait contraint à la guerre, toujours il avait été attaqué. Il était né pour organiser, non pour détruire, si ce n'est de vieux préjugés et les sociétés d'un autre âge. Il jugeait les rois sur leurs sentiments : « Ne devraient-ils pas avoir un cœur? » Dès qu'il avait été vaincu, à Fontainebleau, il avait reproché aux Autrichiens de « n'avoir point d'entrailles ». Le sentiment et la tendresse, même en politique, devaient avoir leur place. Qui le savait mieux que lui? Aux autres, la dureté, l'insensibilité, mais ils seront condamnés par l'histoire, et sévèrement. Pour lui, il aimait la liberté, et restait « le prince des idées libérales » : la liberté de la presse elle-même, il l'aurait voulue « illimitée ». C'était Fouché qui avait voulu une étroite censure, par crainte qu'on lui reproche la mort de Louis XVI : tous ces gens avaient du sang sur les mains. « Quant à moi, je n'avais rien à craindre de la liberté de la presse. » Personne moins que lui n'avait aimé le despotisme, et c'était toujours lui, contre ses conseillers, « qui défendait les intérêts du peuple ». Aussi, disait-il, « même quand je ne serai plus, je demeurerai encore pour les peuples l'étoile polaire de leurs droits ».

Et tout ceci n'est pas faux : il y avait bien tout cela chez Napoléon Bonaparte. Mais ces intentions, ces sentiments, cette modération éclairée et juste, cette pitié à la vue même d'un chien malheureux, sont des entraves et des fardeaux que l'ambitieux secoue s'il veut parvenir. La ruse et la force, la mauvaise foi, le sang-froid cruel, le mépris de toute liberté, l'humiliation systématique de tout ce qui vous résiste, l'insensibilité devant les milliers de morts, sont les seuls moyens vraiment efficaces. C'est de quoi est faite l'histoire vraie de Napoléon Bonaparte. Sa légende n'est pas une contre-vérité : elle exprime ce qu'il aurait pu être, dans d'autres circonstances.

GOYA

L'étonnante destinée de Bonaparte n'a pas fini de faire rêver, et elle est trop fabuleuse pour que l'histoire ait le dernier mot. « Sa vie fut la marche d'un demi-dieu, de bataille en bataille et de victoire en victoire », disait Gœthe à Eckermann. Qu'on regarde cependant les eaux-fortes de Goya, en s'attardant justement sur les *légendes* qui les accompagnent. Elles sont le témoignage d'une réalité qu'il faut avoir toujours devant les yeux. Des fusillés, des empalés, des hommes coupés en deux, le soldat remettant, goguenard, son sabre dans le fourreau, des pendus au gibet, des châtrés, des cadavres détroussés et versés dans les fosses, des femmes violentées, égorgées, des enfants écrasés, voilà le revers bien réel de la gloire de Bonaparte, et le prix de cette sagesse tranquille à laquelle il parvint avant de mourir. C'était les payer, l'une et l'autre, très cher. Sans doute dans ces cuivres de Goya, y a-t-il d'abord Goya lui-même, et ces scènes de guerre ont succédé aux hommes plumés, aux sorcières, aux fœtus, aux tortures de l'Inquisition. La transition va de soi, et c'est le même monde, de l'horreur, du cauchemar et de l'épouvante. Mais avec l'entrée des Français en Espagne, l'épou-

vante et l'horreur sont devenues la vie quotidienne, le
cauchemar s'est fait réalité. Les obsessions de Goya, un
moment, sont devenues celles de tout un peuple, et ses
visions sont nées désormais de ce qu'il avait, effectivement,
vu et entendu.

« Pourquoi? Que peut-on faire de plus? On ne peut pas
voir cela. Inutile de crier. Personne à leur secours. On ne
peut pas savoir pourquoi. Tant et plus. Enterrer les morts et
se taire. Êtes-vous donc nés pour cela? » Il suffit de mettre
ainsi bout à bout *Les Désastres de la guerre*, et c'est un singulier chant qui s'élève, couvrant les fanfares de l'Empire.
La Grande Armée en Russie n'a pas eu son Goya, si l'Espagne a eu le sien, mais c'est dans toute l'Europe que le
peintre ou le graveur aurait trouvé des scènes à ne pas laisser
perdre, et partout il aurait pu dire : « Je l'ai vu. » Les Français ont tué, brûlé, pillé, détroussé, et à leur tour on les a
tués, brûlés, pillés, détroussés. Le général Saint-Laurent, qui
commandait à Vittoria, écrivait à un ami : « Nous avons tout
le pays contre nous. Comme l'armée est sans solde depuis
très longtemps, et que le mot distribution de vivres est rayé
du dictionnaire, on croit être avec des Vandales. Rien n'est
respecté; la guerre trop prolongée tue la morale, c'est à qui
pillera le mieux... Il faudrait se brûler la cervelle. » C'est à
quoi menaient les fêtes du Sacre, et face au tableau de
David, il est bon de placer *Les Fusillades du Trois Mai*. Le
2 décembre 1804 mettait en marche cette mécanique parfaitement au point, figurée par Goya dans ces soldats aux
lignes cubistes qui sont des automates dressés à tuer. Devant
eux qui tirent, le peuple vainement sacrifié s'aplatit et
s'écroule, tandis que la terre boit son sang.

APPENDICES

ACTES DU GOUVERNEMENT

Du 24 frimaire an 8 de la République française.

Les Consuls de la République aux Français.

Une constitution vous est présentée.

Elle fait cesser les incertitudes que le gouvernement provisoire mettoit dans les relations extérieures, dans la situation intérieure et militaire de la république.

Elle place dans les institutions qu'elle établit les premiers magistrats dont le dévouement a paru nécessaire à son activité.

La constitution est fondée sur les vrais principes du gouvernement représentatif, sur les droits sacrés de la propriété, de l'égalité, de la liberté.

Les pouvoirs qu'elle institue seront forts et stables, tels qu'ils doivent être pour garantir les droits des citoyens et les intérêts de l'état.

Citoyens, la révolution est fixée aux principes qui l'ont commencée : elle est finie.

ADMINISTRATION

Le ministre de la police générale,
à ses concitoyens.

Paris, 24 frimaire,
an 8 de la République.

CITOYENS,

Votre attente est remplie : la constitution est proclamée.

Tout ce qui porte dans son cœur l'amour de la liberté et le désir de la paix, l'accueillera avec transport.

Nous y trouvons la garantie de nos droits et de nos propriétés. Les passions révolutionnaires y sont enchaînées dans un gouvernement fort et puissant.

Nos alliés peuvent compter sur la foi et sur la durée des engagements.

De quoi se plaindront nos ennemis? que nous ne voulons pas voir s'anéantir les créations, les espérances et les principes de la liberté;

Que nous sommes résolus de conserver le gouvernement représentatif;

Que nous réchauffons dans toutes les ames les sentiments républicains, en plaçant à la tête de ce gouvernement des hommes que la confiance du peuple français et l'estime des nations y appellent également.

Le ministre de la police, FOUCHÉ.

LETTRE

*De M. de Couci, évêque de La Rochelle
à monseigneur le cardinal Cazoni, nonce en Espagne.*

MONSEIGNEUR,

Je suis pénétré des nouvelles réflexions que me fait votre éminence, en m'annonçant la remise fidelle de ma réponse au bref de notre saint Père le Pape, du 15 août dernier, sur la demande de nos démissions. J'ai obéi au cri impérieux de ma conscience en l'écrivant, j'ose le dire, aux pieds du crucifix, & j'ai développé tous les motifs de la détermination dans les lettres subséquentes que j'ai eu l'honneur d'écrire à votre éminence sur le même sujet, en la priant de les mettre aussi sous les yeux du saint Père. Je n'ai même eu le plus léger soupçon de contrister le père commun, pour lequel je suis plein de vénération, de respect & d'amour. Ne disoit-il pas lui-même dans son bref, que même, en cas de refus, il iroit en avant, & que nos résolutions, quelles qu'elles fussent, n'apporteroient aucun obstacle à ses vues? Je croyais, & je crois encore que la soumission aveugle peut plaire aux souverains de la terre; mais que le vicaire de Jésus-Christ, le chef suprême de la catholicité, aimoit mieux une soumission éclairée & réfléchie, qui ne cède qu'à l'évidence du bien, & qui discute & demande des lumières à l'autorité la plus vénérable sans doute, mais par respect & par amour pour cette autorité même.

Lié au roi très-chrétien Louis XVIII, par le serment de fidélité que j'ai prêté à son auguste frère le glorieux & saint martyr Louis XVI, il est trop profondément gravé dans mon cœur pour en être effacé. Ma démission ne seroit-elle pas contraire à l'ordre établi, & à toutes les convenances, sans son aveu? Et n'est-ce pas par lui seul qu'elle doit être présentée à sa Sainteté? J'ignore si le Concordat respecte ses droits sacrés & incontestables : je sais, ou du moins je crois savoir, sans aucun doute, que l'impiété, couverte du manteau de l'hypocrisie, se montre très satisfaite de ce traité; je sais qu'il n'est regardé comme le salut de la religion en France, que par des personnages de toutes les classes, de tout rang, qui, employant toute espèce de sophismes, ont justifié successivement les serments d'égalité & de liberté destructifs de l'ordre social, toutes les soumissions à des lois atroces, injustes & impies, l'abominable serment de haine à la royauté contre lequel l'immortel Pie VI a prononcé *non licet;* enfin la promesse de fidélité à la constitution présente, infectée des mêmes vices que celles qui l'ont précédée depuis le commencement de nos malheurs. Je vois dans ce moment environ trente de mes collègues, réunis aux quatorze de Londres, qui partagent mes alarmes & mes craintes, & qui, sans refuser précisément leur démission, supplient sa Sainteté de leur accorder des éclaircissements, & de prendre connaissance du mémoire qu'ils doivent lui adresser. Puis-je donc, Monseigneur, suivre une autre marche? Combien aurois-je à ajouter, d'après ce que mande un de mes vénérables ecclésiastiques résidant en France, qui a soutenu le poids de la persécution depuis dix ans, également recommandable par sa piété & ses vertus! Je joins ici copie de différens articles de sa lettre, & vous verrez, Monseigneur, combien j'ai des motifs d'être alarmé des suites du Concordat, s'il est tel qu'on l'annonce. Aussi pour acquitter ce que je dois au caractère dont j'ai l'honneur d'être revêtu, malgré mon indignité, j'aurai celui d'adresser à votre éminence, par le prochain courrier d'Italie, une nouvelle lettre au saint Père, & des observations sur les clauses du Concordat. J'espère que votre éminence voudra bien les faire passer sans délai; & je la supplie d'agréer l'hommage du respect & de la reconnaissance avec lesquels j'ai l'honneur d'être,

Monseigneur,

De votre éminence,

Le très-humble & très obéissant serviteur,

† J. C. évêque de La Rochelle.

18 février 1802.

PROCLAMATION

Les Consuls de la République, aux Français.

FRANÇAIS,

Du sein d'une révolution inspirée par l'amour de la patrie, éclatèrent tout-à-coup au milieu de vous des dissentions religieuses qui devinrent le fléau de vos familles, l'aliment des factions et l'espoir de vos ennemis.

Une politique insensée tenta de les étouffer sous les débris des autels, sous les ruines de la religion même. A sa voix cessèrent les pieuses solennités où les citoyens s'appeloient du doux nom de frère et se reconnaissoient tous égaux, sous la main du Dieu qui les avoit créés; le mourant, seul avec la douleur, n'entendit plus cette voix consolante qui appelle les chrétiens à une meilleure vie, et Dieu même sembla exilé de la Nature.

Mais la conscience publique, mais le sentiment de l'indépendance des opinions se soulevèrent, et bientôt, égarés par les ennemis du dehors, leur explosion porta le ravage dans nos départemens; des Français oublièrent qu'ils étoient Français, et devinrent les instruments d'une haine étrangère.

D'un autre côté, les passions déchaînées, la morale sans appui, le malheur sans espérance dans l'avenir, tout se réunissoit pour porter le désordre dans la société.

Pour arrêter ce désordre, il falloit rasseoir la religion sur sa base, et on ne pouvoit le faire que par des mesures avouées par la religion même.

C'étoit au souverain pontife que l'exemple des siècles et la raison commandoient de recourir, pour rapprocher les opinions et reconcilier les cœurs.

Le chef de l'église a pesé, dans sa sagesse et dans l'intérêt de l'Église, les propositions que l'intérêt de l'État avoit dictées; sa voix s'est fait entendre aux pasteurs : ce qu'il approuve, le gouvernement l'a consenti, et les législateurs en ont fait une loi de la République.

Ainsi disparaissent tous les élémens de discordes; ainsi s'évanouissent tous les scrupules qui pouvoient allarmer les consciences et tous les obstacles que la malveillance pouvoit opposer au retour de la paix intérieure.

Ministres d'une religion de paix, que l'oubli le plus profond couvre vos dissentions, vos malheurs et vos fautes; que la religion qui vous unit, vous attache tous par les mêmes nœuds, par des nœuds indissolubles, aux intérêts de la patrie.

Déployez pour elle tout ce que votre ministère vous donne de force et d'ascendant sur les esprits; que vos leçons et vos exemples forment les jeunes citoyens à l'amour de nos institutions, au respect et à l'attachement pour les autorités tutélaires qui ont été créées pour vous protéger; qu'ils apprennent de vous que le Dieu de la paix est aussi le Dieu des armées, et qu'il combat avec ceux qui défendent l'indépendance et la liberté de la France.

Citoyens qui professez les religions protestantes, la loi a également étendu sur vous sa sollicitude. Que cette morale commune à tous les chrétiens, cette morale si sainte, si pure, si fraternelle les unisse tous dans le même amour pour la patrie, dans le même respect pour ses lois; dans la même affection pour tous les membres de la grande famille.

Que jamais des combats de doctrine n'altèrent ces sentiments que la religion inspire et commande.

Français! soyons tous unis pour le bonheur de la patrie et pour le bonheur de l'humanité! Que cette religion qui a civilisé l'Europe soit encore le lien qui en rapproche les habitans, et que les vertus qu'elle exige soient toujours associées aux lumières qui nous éclairent.

Le Premier Consul, signé : BONAPARTE.

Chaque jour il arrive au gouvernement, de toutes les parties de la République, de nouvelles Adresses d'adhésion à la prorogation indéfinie du *Consulat* de *Bonaparte*. Les Magistrats ou Officiers publics de tout ordre, qui signent ces Adresses, soit pour eux-mêmes, soit au nom de leurs concitoyens, n'ont rien négligé nulle part pour inspirer leurs sentiments au Peuple. Dans une circulaire aux Maires du Département voisin de *Seine & Oise*, le *Préfet* de *Versailles* a dit : « Donner à la Magistrature suprême une continuité d'existence, c'est assurer le repos, la puissance & la prospérité de la Nation. L'expérience des Siècles a confirmé cette vérité. Ceux qui n'ont point été égarés par d'ambitieuses et fanatiques chimères, sont restés fidèles à cette Doctrine, au milieu de tous les délires de la Révolution. » A *Paris* plusieurs citoyens, accordant plus qu'il n'étoit demandé même, ont ajouté à leur vœu que *Bonaparte* fût *Consul à vie*, celui qu'il pût nommer aussi son successeur. Un officier, le Chef-de-Bataillon *Bonneville-Ayral*, est allé plus loin encore dans une Brochure, publiée il y a quinze jours, où il exprime son désir de voir le *Premier-Consul* nommé par le peuple *premier Empereur des Gaules*, & cette Dignité attachée à sa famille, sauf la Loi *Salique*, qui exclut les femmes du Gouvernement. Il n'a cependant pas manqué non plus des Personnes, qui dans cette circonstance aient émis des opinions tout-à-fait contraires : il est même de ces gens, qui ont tâché de faire de la prorogation du *Consulat* de *Bonaparte* un sujet d'alarme pour le Peuple de la Capitale, excitant en même temps ses inquiétudes sur les Subsistances...

Supplément aux Nouvelles politiques
publiées à Leyde, le 4 juin 1802.

Voici le discours adressé au Premier Consul par le cit. Regnault (de St-Jean-d'Angely), en sa qualité de président de l'institut national :

« Citoyen Premier Consul, le gouvernement anglais pouvait, en frappant une seule tête, frapper la république entière.

« Veuve du héros qui l'a sauvée, la patrie voyait renaître tous ses malheurs.

« Nous perdions en vous, citoyen Premier Consul, la garantie du repos de nos familles, de la paix de nos cités, de la gloire de nos armes, du salut de notre pays.

« Des institutions savantes et littéraires à peine renaissantes, des collèges à peine ouverts, des écoles à peine établies, pleuraient leur fondateur.

« Les élèves de Saint-Cyr, de Compiègne, de Fontainebleau, de nos nombreux lycées redevenaient orphelins.

« Le génie de la France vous a préservé. Heureux de lui devoir votre salut, l'institut national lui rend graces encore de ce que vous n'avez pas eu, de ce que vous n'aurez jamais à redouter des conspirations conçues en France, et par des français. Les complots qui vous menaçaient étaient tramés sur un territoire étranger, par les éternels ennemis des français et de la France.

« Ceux qui ont voulu les servir, les seconder, en profiter, égaux devant la justice qui les a saisis, seront égaux devant la loi qui les jugera; et les anglais qui n'ont pu vous atteindre avec leurs poignards impuissans, trembleront bientôt devant votre épée victorieuse.

« Pourquoi faut-il que cette pensée nous ramène à celle d'un autre danger pour votre personne, et au sentiment d'une crainte nouvelle?

« Il est permis de l'exprimer, quand la France entière le partage, quand ces bataillons intrépides, cette garde fidèle, ces braves de toutes les armes, que leurs propres périls n'ont jamais émus, frémissent à l'idée des vôtres.

« Ah! du moins, citoyen Premier Consul, n'oubliez jamais que la grande nation vous a remis le dépôt de ses destinées. Secondez par une prudence que nous implorons, les vœux de la France et les nôtres. Secondez la Providence, qui veille sur vous, et qui veut que, pour la paix du monde, vos institutions protégées, perfectionnées par vous-même, deviennent immortelles comme votre gloire. »

A madame Bonaparte.

« Madame, la France a été menacée de perdre son chef, l'armée son héros et vous un époux.

« La Providence l'a préservé.

« L'institut national vient unir l'expression de ses sentiments à ceux de la France, de l'armée et de l'épouse du Premier Consul.

« Votre tendresse, madame, a vivement senti les dangers qui l'ont environné : qu'elle veille pour en écarter de nouveaux, et doublez vos droits à la reconnaissance publique, en vous occupant de conserver la vie du Premier Consul, comme vous vous occupez de la rendre heureuse. »

. . . .

Paris, 4 ventose.

— S. E. M. le cardinal archevêque de Paris vient de rendre un mandement par lequel il sera célébré une messe en musique dimanche 6 ventose, à 10 heures très-précises, en l'église Notre-Dame, pour rendre grâce à Dieu de la conservation des précieux jours du Premier Consul. L'orgue sera touché par M. Desprez, organiste de ladite église.

. . . .

— La police a fait arrêter à Strasbourg la dame Lajollais et saisir ses papiers. Elle était de retour de Londres depuis six mois. Elle avait reçu de l'argent depuis quelques jours, et se disposait à partir pour Paris, où elle devait voir son ancien amant Pichegru.

— Le rapport du grand-juge ministre de la justice, sur la conspiration découverte, a été adressé à tous les évêques de France, par le Conseiller d'État Portalis.

— M. le cardinal archevêque de Paris, à la tête du clergé de la capitale, a été admis hier à l'audience du Premier Consul, et lui a renouvellé, au nom de tous les ministres du culte catholique, le témoignage de leur dévouement à sa personne.

— Les officiers de la garde des consuls ont été présentés le 1er ventose à Mme Bonaparte.

Le général commandant Bessières lui a adressé la parole en ces termes, au nom du corps :

« Madame, en apprenant l'affreux complot tramé contre la vie du Premier Consul, la garde a frémi d'indignation... »

> *Feuille économique, ou Courier universel*
> Du vendredi 4 au samedi 5 ventose an 12
> de la République (24 et 25 février 1804).

A L'IMPÉRATRICE JOSÉPHINE

Madame et chère femme, depuis quatre jours que je suis loin de vous, j'ai toujours été à cheval et en mouvement sans que cela prît nullement sur ma santé.

M. Maret m'a instruit du projet où vous étiez de partir lundi : en voyageant à petites journées, vous aurez le temps d'arriver aux eaux sans vous fatiguer.

Le vent ayant beaucoup fraîchi cette nuit, une de nos canonnières qui étaient en rade a chassé et s'est engagée sur des roches à une lieue de Boulogne; j'ai tout cru perdu, corps et biens; mais nous sommes parvenus à tout sauver. Ce spectacle était grand : des coups de canon d'alarme, le rivage couvert de feux, la mer en fureur et mugissante, toute la nuit dans l'anxiété de sauver ou de voir périr ces malheureux! L'âme était entre l'éternité, l'Océan et la nuit. A cinq heures du matin tout s'est éclairci, tout a été sauvé, et je me suis couché avec la sensation d'un rêve romanesque ou épique; situation qui eût pu me faire penser que j'étais tout seul, si la fatigue et le corps trempé m'avaient laissé d'autre soin que dormir.

Mille choses aimables toujours.

NAPOLÉON.

A S. S. LE PAPE

Cologne, 15 septembre 1804.

Très saint-Père, l'heureux effet qu'éprouvent la morale et le caractère de mon peuple par le rétablissement de la religion chrétienne me porte à prier Votre Sainteté à me donner une nouvelle preuve de l'intérêt qu'elle prend à ma destinée et à celle de cette grande nation, dans une des circonstances les plus importantes qu'offrent les annales du monde.

Je la prie de venir me donner, au plus éminent degré, le caractère de la religion à la cérémonie du sacre et du couronnement du premier empereur des Français. Cette cérémonie acquerra un nouveau lustre lorsqu'elle sera faite par Votre Sainteté elle-même. Elle attirera sur nous et nos peuples les bénédictions de Dieu, dont les décrets règlent à sa volonté le sort des empires et des familles.

Votre Sainteté connaît les sentiments affectueux que je lui porte depuis longtemps, et par là elle doit juger du plaisir que m'offrira cette circonstance de lui en donner de nouvelles preuves.

NAPOLÉON.

A FOUCHÉ

Trèves, 6 octobre 1804.

Les commissaires de police ne pensent qu'à gaspiller. C'est là le cas de Pierre-Pierre à Bordeaux. Je vous envoie une lettre sur la conduite des jeunes gens de Bordeaux; voilà deux ans que j'en entends parler. Une soixantaine de polissons est-elle donc si difficile à mettre à la raison?

C'est la même chose de Charron à Turin. Vous lui donneriez cent mille écus qu'il ne serait pas content. Il a plus de traitement et de bureaux qu'un préfet; il a des fonds extraordinaires, et je n'entends jamais parler de lui dans vos bulletins. C'est un mauvais homme, qui a des ministres plénipotentiaires à Paris, et qui fait intriguailler au Conseil d'État au lieu de faire tout bonnement son métier de police.

Témoignez au général Menou, ainsi qu'au commissaire de police, mon mécontentement de ce que les administrations interviennent pour des danseurs. Il est très ridicule de ne pas laisser aux Piémontais le droit de siffler aux spectacles, et d'en faire une affaire de nation. Si on ne veut pas laisser les Piémontais applaudir la danseuse qu'ils veulent, il ne faut pas arborer les enseignes de l'Empereur, mais faire élever cent potences dans la ville.

Au surplus, on ne me fera jamais penser que siffler ou applaudir les danseurs puisse être un acte contre la France.

NAPOLÉON.

— A une heure après-midi, on a fait partir de la place de la Concorde, cinq ballons; leur départ a été précédé d'un petit ballon d'or qui s'est élevé avec une grande rapidité, et a paru dans les airs comme un point brillant colorié de tous les rayons du soleil. Le plus grand des cinq ballons, d'un diamètre très-majestueux, portait un aigle aux ailes éployées, et tenant dans ses serres deux grands drapeaux sur lesquels était inscrit le nom de *Napoléon*, *Empereur*. Les cinq ballons se sont élevés à une grande hauteur, et là, se sont enflammés d'une manière très brillante; l'aigle est redescendu soutenu sur ses ailes et les drapeaux qu'il portait. La place de la Concorde était couverte d'une multitude immense de spectateurs.

— Les médailles distribuées aujourd'hui au sujet du couronnement, sont d'argent et d'un diamètre plus petit que les quarts de franc. Elles portent d'un côté l'effigie de l'Empereur couronné de lauriers, et pour légende *Napoléon*, *Empereur;* elles représentent de l'autre côté l'Empereur en pied vêtu à la romaine, le sceptre à la main et élevé sur un bouclier par deux soldats, l'un vêtu de l'habit romain, l'autre de l'habit gaulois. La légende est *le Sénat et le Peuple*.

— Les Tuileries ont été remplies pendant tout le jour d'une grande affluence de spectateurs qui attendoient, avec un extrême intérêt, l'occasion de voir Sa Sainteté.

— Le Collège de France et l'École de médecine ont donné vacances pour huit jours.

— La plus grande police s'exerce et l'on ne s'aperçoit pas de son action. Les citoyens arrivent librement dans Paris et y circulent sans qu'on paroisse seulement s'occuper de savoir qui ils sont. Tous néanmoins sont connus, et des patrouilles nombreuses qui se succèdent, maintiennent partout l'ordre par leur seule présence, au milieu de ce concours, jusqu'à présent inconnu, d'étrangers arrivés de tous les points de l'Europe.

Courrier des spectacles,
Mardi 13 frimaire an XIII (4 décembre 1804).

DÉTAIL DES CÉRÉMONIES

qui auront lieu aujourd'hui au Champs-de-Mars,
pour la distribution des Drapeaux aux Députations
des 108 Départements et des Armées.

Art. 1er S. M. l'Empereur fera la distribution des drapeaux aux corps de toutes les armes de l'armée, et aux gardes nationaux des 108 départements de la république, et recevra leurs serments. 2. L'Empereur partira à dix heures des Tuileries, dans l'ordre qui a été observé, et avec le cortège qui l'a accompagné le jour du couronnement. 3. Le cortège traversera le jardin des Tuileries, la place de la Concorde, suivra le pont de la Concorde, la place du Corps législatif, la rue de Bourgogne, celle de Grenelle, les boulevards neufs, et entrera à l'École Militaire par la grille méridionale. 4. Le départ de leurs majestés sera annoncé par une salve d'artillerie; elles seront saluées à leur passage devant les Invalides par l'artillerie. Elles le seront encore à leur arrivée par la batterie du Champ-de-Mars. 5. Les membres du Corps diplomatique seront admis à faire leur cour à leurs majestés dans les grands appartements de l'École militaire; en conséquence, ils seront invités à se rendre dans le salon des ambassadeurs qui sera au rez-de-chaussée. 6. Immédiatement après cette audience leurs majestés prendront leurs ornements impériaux et paraîtront sur leur trône. 7. Au moment où elles monteront sur le trône elles seront de nouveau saluées par les batteries des Tuileries, des Invalides et du Champ-de-Mars. 8. Les princes et dignitaires, les princesses, les ministres, les maréchaux et les grands officiers civils et militaires de la maison de l'Empereur, auront leur place à la droite, à la gauche du trône et derrière le trône, suivant l'usage. Les dames et officiers de l'Empereur, de l'Impératrice, des princes et des princesses seront placés derrière LL. MM. 9. Des places seront destinées à droite et à gauche du trône, sur la façade de l'École militaire, aux princes étrangers, au corps diplomatique, au Sénat, au conseil d'État, au corps législatif, au tribunat, à la cour de cassation. Les Aigles seront tous rangés sur les degrés du trône. Chaque Aigle sera porté par un colonel ou, en son absence, par celui qui commandera la députation. Les 108 drapeaux de départements seront portés par les présidents des collèges électoraux de département; à leur défaut, par un préfet.

19. Le grand maître des cérémonies, placé sur la première marche au bas et près du trône prendra les ordres de S. M. et les fera transmettre à M. le maréchal, gouverneur de Paris qui fera sur le champ avancer, au son de la musique, les trois colonnes des députations militaires. Ces colonnes s'approcheront le plus près possible du trône; alors, l'Empereur, adressant la parole à l'armée, dira : « Soldats, voilà vos drapeaux; ces aigles vous serviront de point de ralliement; ils seront partout où votre Empereur les jugera nécessaires pour la défense de son trône et de son peuple. Vous jurez de sacrifier votre vie pour les défendre, et de les maintenir constamment par votre courage sur le chemin de la victoire. » Dans ce moment, les colonels qui tiennent les aigles les élèveront en l'air et diront : *Nous le jurons.* Ce serment sera répété par toutes les députations militaires et départementales, au bruit des salves d'artillerie. Les soldats présenteront les armes, et mettront leurs chapeaux au bout de leurs bayonnettes, ils resteront dans cette situation jusqu'à ce que les drapeaux aient rejoint leurs armes. La musique exécutera et les tambours battront la marche des drapeaux. LL. MM. retourneront dans les appartements et remonteront en voiture. Le cortège impérial, à son retour, prendra le même chemin qu'il aura suivi pour venir à l'École militaire. LL. MM. à leur retour, seront saluées par les différentes batteries, comme elles l'avaient été à leur départ et à leur arrivée.

Le grand maître des cérémonies, L. P. SÉGUR.

DISPOSITIONS DE L'ORDONNANCE
du Conseiller d'État Préfet de police
concernant la fête du 25.

Le dimanche, 25 frimaire, la voie publique sera balayée et débarrassée avant huit heures du matin. Les places Saint-Jacques-la-Boucherie, du Parvis Notre-Dame et du Marché Saint-Jean, seront débarrassées avant midi. Les personnes invitées au déjeuner du Corps municipal, se rendront à l'Hôtel-de-Ville, par le quai Pelletier. Leurs voitures longeront les décorations en face de l'Hôtel-de-Ville, pour venir s'arrêter au pied du grand escalier, et fileront ensuite par l'arcade Saint-Jean, les rues du Martois, du Monceau, la place Beaudoyer et la rue Saint-Antoine.

Il est défendu de traverser les cortèges.

Le soir du dimanche, 25 frimaire, les habitans de Paris sont invités à illuminer la façade de leurs maisons. La circulation des voitures, autres que celles des personnes invitées à la fête, sera interdite pendant la nuit du 25 au 26 frimaire. Sont exceptés les couriers de la malle et les diligences.

DESCRIPTION DU TABLEAU
EXPOSÉ AU MUSÉE NAPOLÉON

Représentant le Couronnement de LEURS MAJESTÉS IMPÉRIALES ET ROYALES,
peint par M. David, peintre de Leurs Majestés.

A PARIS
Chez Madame LABARRE,
rue St.-Germain-l'Auxerrois, n° 27.

1808

DESCRIPTION DU TABLEAU

Leurs Majestés l'Empereur et l'Impératrice sont allées à l'atelier de M. David, voir le tableau représentant la cérémonie de leur couronnement.

Elles étaient accompagnées de plusieurs dames du palais, de M. le maréchal Bessières, de M. Lebrun, l'un des aides-de-camp de l'Empereur, de plusieurs de leurs chambellans, et de plusieurs pages. Leurs voitures étaient précédées et suivies d'un garde à cheval.

Pour apprécier toutes les particularités de cette visite où l'Empereur semble avoir eu l'intention d'honorer les arts dans la personne de son premier peintre il est nécessaire d'avoir présent à l'esprit le beau tableau de M. David.

Description.

Ce tableau a trente pieds de large et dix-neuf pieds de haut. On y voit plus de deux cents figures grandes comme nature. Voulant autant qu'il était possible, représenter dans une seule action le couronnement de l'Empereur et celui de l'Impératrice, qui lors de la cérémonie, n'eurent lieu que successivement, l'artiste a choisi le moment où l'Empereur, après avoir lui-même posé sur son front, l'une après l'autre, deux couronnes, vient d'y reprendre la seconde, et où l'élevant dans ses deux mains, il s'apprête à la placer sur la tête de son auguste épouse.

Ces deux figures principales occupent le centre du tableau.

L'Empereur est debout sur une des marches de l'autel : l'Impératrice est représentée à genoux, les mains jointes et élevées vers son souverain, en signe de reconnaissance et de respect.

Cette belle figure a toute la dignité que le sujet pouvait exiger; elle a toute la noblesse et la grace du modèle.

A droite, près de l'Empereur, et devant l'autel, est assis le pape. Le cardinal Fesch, grand aumônier, d'autres cardinaux, un évêque grec, un grand nombre de prélats italiens et français; le prince archi-chancelier, le prince archi-trésorier, le prince de Neufchâtel, le vice-roi d'Italie, le grand écuyer, le prince de Ponté-Corvo; plus loin, le prince Murat, les maréchaux Moncey, Sérurier, Bessières, et le grand-maître des cérémonies, sont groupés auprès de Sa Sainteté, et entourent l'autel.

A gauche, près de l'Impératrice, sont placées les sœurs de l'Empereur, la reine de Naples, la reine de Hollande, les rois, frères de S. M.; les maréchaux Lefebvre, Perrignon, Kellermann, plusieurs dames d'honneur, et les chambellans des princesses.

Sur le devant d'une tribune qui se trouve vers le milieu du tableau, se voient Madame, mère de l'Empereur, ses dames d'honneur et les officiers de sa maison; et dans le fond quelques hommes recommandables dans les lettres et dans les arts, que l'artiste y a placés, pour que toutes les parties de sa composition présentassent de l'intérêt.

Dans une tribune voisine de celle-là, et sur le même rang, sont les ambassadeurs des puissances étrangères.

Lorsque Sa Majesté a jeté les yeux sur ce bel ouvrage, ses premières paroles ont exprimé la satisfaction que l'ensemble lui a causée.

Elle disait, en approchant du tableau :

« Que cela est grand! quel relief ont tous les objets! Cela est bien beau! Quelle vérité! Ce n'est pas une peinture; on marche dans ce tableau. »

Les regards de Sa Majesté se sont d'abord fixés sur la tribune du centre : l'Empereur a aussitôt reconnu Madame mère, et auprès d'elle madame Soult, madame de Fontanges, M. de Cossé, M. de Laville, le général Beaumont : « J'apperçois plus loin, a-t-il dit, le bon M. Vien. — Oui, Sire, a répondu M. David; j'ai voulu rendre hommage à mon maître, en le plaçant dans un tableau qui sera, par son objet, le plus important de mes ouvrages. »

Ce sentiment a été applaudi par Sa Majesté, qui a paru prendre plaisir à prouver à M. David, qu'elle reconnaissait tous les personnages.

Son attention s'est ensuite portée sur le groupe où elle est représentée elle-même prête à couronner l'Impératrice.

Elle a témoigné sa satisfaction par ces mots:

« Le moment est bien choisi; l'action est bien indiquée; chacune des deux figures est très-bien. »

S. M. l'Impératrice unissait souvent sa voix à celle de son époux, pour adresser à l'artiste les éloges les plus flatteurs.

Après quelques momens de silence, pendant lesquels l'Empereur a paru faire un examen approfondi du tableau, Sa Majesté, employant des expressions pleines de bonté, daignant prendre les ménagemens les plus délicats, a communiqué à M. David quelques observations.

Le peintre, reconnaissant à leur justesse le tact fin, le goût exquis, les pensées profondes que S. M. l'Empereur manifeste dans tous ses jugemens, quand il s'occupe des sciences et des arts, s'est engagé à perfectionner son tableau, en se conformant aux avis qui venaient de l'éclairer.

L'Empereur est resté long-tems encore devant le tableau; il en a loué plusieurs fois et l'ensemble et toutes les parties.

Enfin, le jour baissant, S. M. sur le point de sortir, s'est arrêtée un instant devant l'artiste; elle a découvert son front, et a exprimé par une salutation, les sentimens de bienveillance qu'elle accorde à tous les talens.

Les amis des arts n'apprendront pas sans intérêt les détails d'une scène qui doit confirmer leurs légitimes espérances.

Quelque satisfaction que M. David puisse éprouver de la visite que son souverain lui a faite, ce sentiment sera sans doute partagé par tous les artistes.

Cette visite du prince, la pompe dont S. M. s'est environnée en se transportant dans l'atelier de son premier peintre, les témoignages de bonté dont elle l'a honoré, deviendront et pour les élèves, et pour les émules de cet habile maître, un juste sujet d'orgueil et d'encouragement.

L'honneur accordé à l'artiste auquel la peinture doit parmi nous, tant de succès, rejaillit sur notre école toute entière.

Bientôt nous en reconnaîtrons les salutaires effets aux chefs-d'œuvre qui seront enfantés de toutes parts.

C'est par de tels moyens que le génie d'Alexandre enflammait le génie de Lysippe et celui d'Appelles; c'est ainsi que Charles V et Louis XIV honoraient le Titien et le Brun dans les ateliers mêmes de ces grands peintres, et que François Ier témoignait à Léonard de Vinci son estime et sa bienveillance.

L'Empereur a droit d'attendre des efforts encore plus grands des artistes qu'il sait si bien honorer, et auxquels les merveilles de son règne offrent de si nobles travaux.

FIN

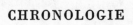

CHRONOLOGIE

1800

1er *janvier (11 nivôse an VIII)*. — Installation du Corps législatif et du Tribunat.

17 janvier (27 nivôse). — Arrêté supprimant 60 des 73 journaux publiés à Paris.

26 janvier (6 pluviôse). — Bonaparte ordonne l'arrestation d'Ouvrard.

9 février (20 pluviôse). — Cérémonie aux Invalides en l'honneur de Washington.

17 février (28 pluviôse). — Loi instituant des préfets.

19 février (30 pluviôse). — Installation de Bonaparte aux Tuileries.

3 mars (12 ventôse). — La liste des émigrés est déclarée close à dater du 25 décembre 1799.

18 mars (27 ventôse). — Loi sur la nouvelle organisation des tribunaux.

8 avril (18 germinal). — Fouché s'oppose à l'établissement d'une liste d'une cinquantaine de Jacobins qui seraient l'objet de sanctions.

25 avril (5 floréal). — Moreau ouvre la campagne sur le Rhin contre les Autrichiens.

6 mai (16 floréal). — Bonaparte quitte Paris pour aller commander l'armée de réserve.

9-10-11 mai (19-20-21 floréal). — Bonaparte est à Genève.

20 mai (30 floréal). — Bonaparte passe le Grand-Saint-Bernard.

2 juin (13 prairial). — Bonaparte entre à Milan.

5 juin (16 prairial). — Discours au clergé de Milan.

9 juin (20 prairial). — Victoire de Lannes à Montebello.

10 juin (21 prairial). — Arrivée de Desaix au quartier général de Bonaparte.

14 juin (25 prairial). — Victoire de Marengo, où Desaix est tué. En Égypte, assassinat de Kléber.

18 juin (29 prairial). — *Te Deum* à Milan.

2 juillet (13 messidor). — Retour de Bonaparte à Paris.

3 juillet (14 messidor). — Arrivée de Pie VII, nouveau pape, à Rome.

14 juillet (25 messidor). — Fête de la Concorde, où l'armée est à l'honneur.

5 septembre (18 fructidor). — Les Anglais reprennent Malte.

1er octobre (9 vendémiaire an IX). — Traité de Saint-Ildefonse avec l'Espagne, qui restitue la Louisiane. La Toscane est érigée en royaume d'Étrurie au profit de l'infant Louis de Parme.

3 octobre (11 vendémiaire). — Traité de Mortefontaine, qui rétablit les relations de la France avec les États-Unis.

10 octobre (18 vendémiaire). — A l'Opéra, conspiration manquée d'Arena, Ceracchi, Topino-Lebrun et Demerville.

5 novembre (14 brumaire). — Arrivée à Paris de Mgr Spina, envoyé du Pape.

6 novembre (15 brumaire). — Chaptal remplace Lucien Bonaparte à l'Intérieur.

3 décembre (12 frimaire). — Victoire de Moreau à Hohenlinden.

20 décembre (29 frimaire). — L'archiduc Charles demande un armistice à Moreau.

24 décembre (3 nivôse). — Attentat de la rue Saint-Nicaise.

25 décembre (4 nivôse). — Armistice entre l'archiduc Charles et Moreau.

1801

5 janvier (15 nivôse). — Sénatus-consulte ordonnant la déportation sans jugement de cent trente Jacobins.

18 janvier (28 nivôse). — Arrestation de Carbon, l'un des auteurs de l'attentat du 3 nivôse. Saint-Réjeant sera arrêté dix jours plus tard.

30 janvier (10 pluviôse). — Arena, Ceracchi, Topino-Lebrun et Demerville sont guillotinés.

9 février (20 pluviôse). — Paix de Lunéville avec l'Autriche.

8 mars (17 ventôse). — Réunion à la France des quatre départements de la rive gauche du Rhin.

21 mars (30 ventôse). — Réunion à la France du duché de Parme.

24 mars (3 germinal). — Assassinat du tsar Paul Ier.

2 avril (12 germinal). — Nelson bombarde Copenhague.

21 juin (2 messidor). — Arrivée à Paris du cardinal Consalvi.

16 juillet (27 messidor). — Signature du Concordat.

15 août (27 thermidor). — Bref *Tam multa* du pape Pie VII invitant les évêques de France à se démettre.

2 septembre (15 fructidor). — Les Français commencent à évacuer l'Égypte.

1er octobre (9 vendémiaire an X). — A Londres, préliminaires de paix entre la France et l'Angleterre.

8 octobre (16 vendémiaire). — Signature du traité de paix franco-russe.

29 novembre (8 frimaire). — Bulle *Qui Christi Domini* du Pape, déposant les évêques non démissionnaires.

1802

8 janvier (18 nivôse). — Bonaparte part pour Lyon, présider le consulte de la République cisalpine.

25 janvier (5 pluviôse). — Il est élu président de la République cisalpine, qui devient République italienne.

31 janvier (11 pluviôse). — Il est de retour à Paris.

18 mars (27 ventôse). — Un sénatus-consulte élimine du Tribunat et du Corps législatif les principaux opposants.

25 mars (4 germinal). — Signature avec l'Angleterre de la Paix d'Amiens.

4 avril (14 germinal). — Arrêté des Consuls proposant aux Assemblées le Concordat et les *Articles organiques*.

8 avril (18 germinal). — Après un discours de Lucien Bonaparte, le Corps législatif adopte le Concordat et les *Articles organiques*.

14 avril (24 germinal). — Publication du *Génie du christianisme*.

18 avril (28 germinal). — Jour de Pâques, promulgation solennelle du Concordat.

26 avril (6 floréal). — Sénatus-consulte accordant amnistie aux émigrés (sauf un millier nominalement exclus), qui rentreront au plus tard le 1er vendémiaire an XI (23 septembre 1802) et jureront fidélité au nouveau gouvernement.

1er mai (11 floréal). — Loi sur l'instruction publique : création des lycées.

4 mai (14 floréal). — Dépôt du projet de loi sur la Légion d'honneur.

6 mai (16 floréal). — Le Tribunat émet le vœu que soit donné à Bonaparte « un gage éclatant de la reconnaissance nationale ».

8 mai (18 floréal). — Le Sénat déclare Bonaparte réélu « pour dix ans qui suivront immédiatement les dix années pour lesquelles il a été nommé »

10 mai (20 floréal). — Arrêté consulaire ordonnant un plébiscite sur le consulat à vie.

19 mai (29 floréal). — Le Corps législatif vote la loi instituant la Légion d'honneur.

20 mai (30 floréal). — La traite des Noirs est rétablie, l'esclavage maintenu dans les colonies françaises.

8 juillet (19 messidor). — Fesch et quatre autres évêques français sont nommés cardinaux.

2 août (14 thermidor). — Le Sénat proclame Bonaparte consul à vie.

3 août (15 thermidor). — Le Sénat se rend aux Tuileries pour transmettre à Bonaparte les résultats du plébiscite.

4 août (16 thermidor). — Sénatus-consulte adaptant la Constitution de l'an VIII, qui devient celle de l'an X.

27 août (9 fructidor). — L'île d'Elbe est réunie à la France.

11 septembre (24 fructidor). — Le Piémont est réuni à la France.

13 septembre (26 fructidor). — Fouché quitte le ministère de la Police. Il va être nommé sénateur.

10 octobre (18 vendémiaire an XI). — Naissance de Napoléon-Charles, fils aîné d'Hortense et de Louis Bonaparte.

22 novembre (1ᵉʳ frimaire). — Quatre dames d'honneur sont données à Joséphine : Mᵐᵉˢ de Rémusat, de Talhouët, de Lauriston et de Luçay.

5 décembre (14 frimaire). — Aux Tuileries, l'ambassadeur d'Angleterre présente ses lettres de créance à Bonaparte.

1803

23 janvier (3 pluviôse). — Réorganisation de l'Institut, la classe des sciences morales et politiques étant supprimée.

15 février (26 pluviôse). — A Londres, lord Hawkesbury annonce que l'Angleterre n'évacuera pas Malte.

18 février (29 pluviôse). — Violents reproches de Bonaparte à l'ambassadeur d'Angleterre, Withworth.

19 février (30 pluviôse). — Acte de médiation de la Confédération helvétique, qui met la Suisse sous la dépendance de la France.

23 février (4 ventôse). — Recès de l'Empire qui prévoit la réorganisation de l'Allemagne au profit de l'influence française.

13 mars (22 ventôse). — Nouvelle scène de Bonaparte à l'ambassadeur d'Angleterre.

28 mars (7 germinal). — Loi prévoyant que la tête du Premier Consul figurera à l'avers des monnaies.

12 avril (22 germinal). — Loi interdisant les coalitions d'ouvriers.

2 mai (12 floréal). — L'ambassadeur d'Angleterre demande ses passeports.

3 mai (13 floréal). — La France vend la Louisiane aux États-Unis pour 80 millions.

12 mai (22 floréal). — L'ambassadeur d'Angleterre quitte Paris.

16 mai (26 floréal). — L'Angleterre met l'embargo sur tous les navires français et hollandais.

20 mai (30 floréal). — Les assemblées sont informées de la rupture de la Paix d'Amiens avec l'Angleterre.

22 mai (2 prairial). — Ordre est donné d'arrêter tous les Anglais se trouvant en France.

5 juin (16 prairial). — Mortier occupe Hanovre.

29 juin (10 messidor). — Bonaparte arrive à Boulogne, où il inspectera la côte et poussera l'organisation de la « Grande Armée ».

21 juillet (2 thermidor). — Bonaparte arrive à Bruxelles.

11 août (23 thermidor). — Il est de retour à Saint-Cloud.

30 août (12 fructidor). — Arrivée de Cadoudal à Paris.

24 septembre (1ᵉʳ vendémiaire an XII). — Fête de la République, célébrée pour la dernière fois.

3 novembre (11 brumaire). — Départ de Bonaparte pour une nouvelle inspection à Boulogne.

18 novembre (26 brumaire). — Retour à Saint-Cloud.

1ᵉʳ décembre (9 frimaire). — Institution du Livret ouvrier.

1804

1ᵉʳ janvier (10 nivôse). — Bonaparte est de nouveau à Boulogne.

6 janvier (15 nivôse). — Il est revenu à Paris.

16 janvier (25 nivôse). — Débarquement à Biville de Pichegru et de Jules de Polignac.

28 janvier (7 pluviôse). — A Paris, première entrevue de Moreau et de Pichegru.

15 février (25 pluviôse). — Arrestation de Moreau, sur la route de Grosbois.

27 février (7 ventôse). — Arrestation de Pichegru.

9 mars (18 ventôse). — Arrestation de Cadoudal.

10 mars (19 ventôse). — Un conseil de gouvernement décide l'arrestation du duc d'Enghien.

15 mars (24 ventôse). — Arrestation du duc d'Enghien.

20 mars (29 ventôse). — Le duc d'Enghien est amené à Paris et enfermé à Vincennes.

21 mars (30 ventôse). — Il est fusillé. Une loi crée le Code civil, réunion de tous les textes déjà votés.

27 mars (6 germinal). — Le Sénat souhaite que Bonaparte rende « son ouvrage immortel ».

28 mars (7 germinal). — Bonaparte reçoit le Sénat et lui dit qu'il réfléchira.

6 avril (16 germinal). — Pichegru étranglé dans sa prison.

25 avril (5 floréal). — Bonaparte invite le Sénat à lui faire connaître « toute sa pensée ».

26 avril (6 floréal). — Le Sénat se prononce pour le principe d'une monarchie héréditaire.

28 avril (8 floréal). — Le tribun Curée dépose une motion contenant le vœu que Bonaparte soit nommé empereur, avec hérédité dans sa famille.

30 avril (10 floréal). — Début au Tribunat de la discussion de la motion Curée.

3 mai (13 floréal). — Elle est votée.

18 mai (28 floréal). — Le Sénat défère à Bonaparte le titre d'empereur, et va l'en informer à Saint-Cloud.

19 mai (19 floréal). — Nomination de dix-huit maréchaux.

10 juin (21 prairial). — Jugement du procès Cadoudal-Moreau.

28 juin (9 messidor). — Exécution de Cadoudal.

10 juillet (21 messidor). — Portalis devient ministre des Cultes, Fouché redevient ministre de la Police.

15 juillet (26 messidor). — Aux Invalides, première distribution de la Légion d'honneur.

19 juillet (30 messidor). — L'Empereur est à Boulogne.

16 août (28 thermidor). — Distribution de la Légion d'honneur à l'armée.

3 septembre (16 fructidor). — L'Empereur est à Aix-la-Chapelle.

15 septembre (28 fructidor). — De Cologne, il écrit au Pape pour lui demander officiellement de venir à Paris le sacrer.

12 octobre (20 vendémiaire an XIII). — Retour de Napoléon à Saint-Cloud.

2 novembre (11 brumaire). — Le Pape quitte Rome.

17 novembre (26 brumaire). — A Saint-Cloud, scène violente entre Napoléon et Joseph Bonaparte.

25 novembre (4 frimaire). — A la Croix de Saint-Hérem, l'Empereur rencontre, comme fortuitement, le Pape, avec lequel il arrive à Fontainebleau.

28 novembre (7 frimaire). — Napoléon et Pie VII sont à Paris.

29 novembre (8 frimaire). — Isabey explique les cérémonies du Sacre, grâce à de petites poupées.
30 novembre (9 frimaire). — Réceptions du Pape.
1er décembre (10 frimaire). — Le Sénat apporte à l'Empereur les résultats du plébiscite sur l'Empire. Mariage avec Joséphine.
2 décembre (11 frimaire). — Sacre et couronnement.
5 décembre (14 frimaire). — Distribution des Aigles au Champ de Mars.
16 décembre (25 frimaire). — Réception de Napoléon et de Joséphine à l'Hôtel de Ville.
20 décembre (29 frimaire). — David est nommé premier peintre de l'Empereur.

1805

26 mai (6 prairial). — A Milan, Napoléon est couronné roi d'Italie.
19 octobre (27 vendémiaire an XIV). — Capitulation à Ulm de l'armée du général autrichien Mack.
21 octobre (29 vendémiaire). — Victoire de Nelson à Trafalgar.
14 novembre (23 brumaire). — Entrée de Napoléon à Vienne.
2 décembre (11 frimaire). — Austerlitz.
26 décembre (5 nivôse). — Traité de Presbourg.

1806

5 juin. — Louis Bonaparte nommé roi de Hollande.
12 juillet. — Création de la Confédération du Rhin.
14 octobre. — Victoire d'Iéna-Auerstaedt.
27 octobre. — Entrée de Napoléon à Berlin.
21 novembre. — Signature du décret établissant le Blocus continental.
19 décembre. — Entrée de Napoléon à Varsovie.

1807

8 février. — Bataille d'Eylau.
14 juin. — Bataille de Friedland.
25 juin. — Entrevue de Napoléon et d'Alexandre, sur le Niémen.
9 juillet. — Traité de Tilsitt.

16 août. — Jérôme Bonaparte devient roi de Westphalie.
30 novembre. — Entrée de l'armée de Junot à Lisbonne.

1808

2 février. — Entrée de l'armée de Miollis à Rome.
1ᵉʳ mars. — Sénatus-consulte organisant la noblesse française.
23 mars. — Entrée de Murat à Madrid.
30 avril. — A Bayonne, entrevue de Napoléon, de Charles IV et de la reine d'Espagne.
2 mai. — Soulèvement contre les Français à Madrid.
3 mai. — Répression à Madrid.
5 mai. — Charles IV cède ses droits et Ferdinand VII abdique.
4 juin. — Napoléon cède à Joseph Bonaparte ses droits à la couronne d'Espagne.
15 juillet. — Murat est nommé roi de Naples, à la place de Joseph Bonaparte.
27 septembre. — Napoléon et Alexandre se rencontrent à Erfurt.
4 décembre. — Capitulation de Madrid.

1809

13 mai. — Capitulation de Vienne.
17 mai. — Un décret impérial réunit à la France ce qui restait des États du Pape.
22 mai. — Bataille d'Essling.
5-6 juillet. — Victoire de Wagram. Pie VII est arrêté à Rome et emmené.
14 octobre. — Traité de Vienne.
30 novembre. — Napoléon annonce à Joséphine sa volonté de divorcer.
15 décembre. — Sénatus-consulte qui dissout le mariage de l'Empereur.

1810

9 janvier. — Le tribunal diocésain de Paris déclare nul le mariage religieux de l'Empereur.
11 mars. — A Vienne, mariage par procuration de Napoléon avec Marie-Louise.

1er avril. — Mariage civil à Saint-Cloud.
2 avril. — Mariage religieux au Louvre.
9 juillet. — Napoléon réunit la Hollande à la France.
13 décembre. — L'Empire comprend cent trente départements.

1811

20 mars. — Naissance du roi de Rome.
9 juin. — Baptême du roi de Rome à Notre-Dame.
17 juin. — Ouverture à Notre-Dame d'un concile national.

1812

26 janvier. — La Catalogne est réunie à la France et formera
quatre départements.
27 avril. — Kourakine, ambassadeur de Russie, remet à Napoléon
un ultimatum d'Alexandre.
18 mai. — A Dresde, Napoléon reçoit les souverains d'Autriche.
21 mai. — Napoléon ordonne au prince Borghèse de faire transférer le Pape de Savone à Fontainebleau.
24 juin. — L'armée française et ses alliés passent le Niémen.
7 septembre. — Bataille de Borodino ou de la Moskowa.
14 septembre. — Entrée à Moscou.
15-20 septembre. — Incendie de Moscou.
19 octobre. — Napoléon quitte Moscou.
23 octobre. — A Paris, conspiration Malet.
26-29 novembre. — Passage de la Bérésina.
5 décembre. — Napoléon quitte la Grande Armée avec Caulaincourt.
18 décembre. — Il arrive aux Tuileries.

1813

11 janvier. — Sénatus-consulte mobilisant 350 000 hommes.
25 janvier. — A Fontainebleau, Napoléon et Pie VII signent un
nouveau Concordat, que le Pape rétractera deux mois plus
tard.
17 mars. — La Prusse déclare la guerre à la France.
3 avril. — Sénatus-consulte mobilisant 180 000 hommes de plus.
2 mai. — Victoire de Napoléon à Lützen.

20 mai. — Victoire de Bautzen.

4 juin. — Un armistice de deux mois est signé à Pleiswitz.

21 juin. — Victoire de Wellington à Vittoria.

12 août. — L'Autriche déclare la guerre à la France.

27 août. — Victoire de Napoléon à Dresde.

8 octobre. — La Bavière abandonne Napoléon.

16-18 octobre. — Défaite de Napoléon à Leipzig.

9 novembre. — Il arrive à Saint-Cloud.

11 décembre. — Traité de Valençay qui prévoit la restauration de Ferdinand VII en Espagne.

21 décembre. — Les armées alliées entrent en Suisse.

29 décembre. — Le Corps législatif vote le rapport de la Commission Lainé qui invite le gouvernement à ne plus verser le sang des Français « que pour défendre une patrie et des lois protectrices ». Napoléon fera fermer la salle des séances et ajourner l'assemblée.

BIBLIOGRAPHIE

*Les ouvrages ou documents cités
en notes, et qui n'ont jamais été utilisés que pour un point particulier,
ne sont pas mentionnés ici.*

1º CORRESPONDANCE, MÉMOIRES, RECUEILS DE DOCUMENTS CONTEMPORAINS.

ABRANTÈS (Duchesse d') : *Mémoires*, 10 vol., Garnier, 1893.
ANTOMMARCHI (F.) : *Mémoires*, 2 vol., Barrois l'aîné, 1825.
BERTRAND (Général) : *Cahiers de Sainte-Hélène*, 3 vol., Albin Michel, 1959.
BEUGNOT (Comte) : *Mémoires*, 2 vol., Dentu, 1868.
BOIGNE (Comtesse de) : *Mémoires*, tome I, Plon, 1907.
BOURRIENNE : *Mémoires*, 5 vol., Garnier, 1899-1900.
(CADOUDAL) : *Procès de Georges, Pichegru et autres*, 8 vol., Patris, imprimeur de la Cour de justice criminelle, 1804.
CAULAINCOURT (Duc de Vicence) : *Mémoires*, 3 vol., Plon, 1933.
CHASTENAY (Mme de) : *Mémoires*, tome II, Plon, 1896.
CHATEAUBRIAND (Mme de) : *Mémoires et Lettres*, H. Jonquières, 1929.
CHATEAUBRIAND (F.-R.) : *Mémoires d'outre-tombe*, 2 vol., Bibliothèque de la Pléiade, Gallimard, 1962-1964.
COIGNET (Capitaine) : *Cahiers*, Cercle du nouveau livre d'histoire, 1968.
CONSALVI (Cardinal) : *Mémoires*, 2 vol., Plon, 1864.
CONSTANT (Benjamin) : *Mémoire sur les Cent-Jours*, Pichon et Didier, 1829. — *Journaux intimes*, Gallimard, 1952.

CONSTANT (Benjamin) et STAËL (Mme de) : *Lettres à un ami* (Claude Hochet), Neuchâtel, A la Baconnière, 1949.

CONSTANT (Louis-Constant WAIRY) : *Mémoires intimes*, Mercure de France, 1967.

COURIER (P.-L.) : *Œuvres complètes*, tome III, Paulin et Perrotin, 1384.

FAIN : *Manuscrit de Mil Huit cent treize*, 2 vol., Delaunay, 1825. — *Manuscrit de Mil Huit cent quatorze*, Bossange frères, 1825.

FOUCHÉ (Duc d'Otrante) : *Mémoires*, Flammarion, 1945.

GIRARDIN (S. de) : *Mémoires, Journal et Souvenirs*, tome I, Moutardier, 1829.

GŒTHE (J.-W.) : *Conversations avec Eckermann*, Gallimard, 1942.

HORTENSE (Reine) : *Mémoires*, 3 vol., Plon, 1928.

JOUBERT (J.) : *Pensées et correspondance*, tome I, Didier et Cie, 1862.

LAS CASES (Comte de) : *Mémorial de Sainte-Hélène*, 9 vol. Delloye, 1840.

LAVALLETTE (Comte) : *Mémoires et Souvenirs*, Société parisienne d'édition, 1905.

MACDONALD (Duc de Tarente) : *Souvenirs*, Plon, 1892.

MARBOT (Général baron de) : *Mémoires*, 3 vol., Plon, 1892.

MÉNEVAL (C.-F. de) : *Mémoires pour servir à l'histoire de Napoléon Ier*, 3 vol., Dentu, 1893-1894.

METTERNICH (Prince de) : *Mémoires*, tome I, Plon, 1880.

MIOT DE MELITO (A.-F.) : *Mémoires*, 3 vol. Michel Lévy frères, 1858.

MOLÉ (Comte Mathieu) : *Souvenirs d'un témoin de la Révolution et de l'Empire*, Genève, Éd. du Milieu du Monde, 1943.

MOLLIEN (Comte) : *Mémoires d'un ministre du Trésor public*, 3 vol., Guillaumin et Cie, 1898.

NAPOLÉON Ier : *Lettres à Joséphine*, Jean de Bonnot, 1968. — *Correspondance*, six cents lettres de travail, présentées par Maximilien Vox, Gallimard, 1948. — *Lettres, ordres et apostilles*, extraits des Archives Daru, édités par Suzanne d'Huart, Imprimerie Nationale, 1965. — *Napoléon au Conseil d'État*, notes et procès-verbaux de J.-G. Locré, édités par Jean Bourdon, Berger-Levrault, 1963.

NEUVILLE (Baron Hyde de) : *Mémoires et Souvenirs*, tome I, Plon, 1888.

PEPE (Général Guillaume) : *Mémoires*, Librairie académique Perrin, 1906.

PONTECOULANT (Comte de) : *Souvenirs historiques et parlementaires*, 3 vol., Michel Lévy frères, 1861-1863.

RÉMUSAT (Mme de) : *Mémoires*, 3 vol., Calmann-Lévy, 1880.

RÉMUSAT (Charles de) : *Mémoires de ma vie*, tome I, Plon, 1958.

RŒDERER (P.-L.) : *Journal*, Daragon, 1909.

ROUSTAM (Roustam-Raza) : *Souvenirs*, Ollendorff, 1911.

SAVARY (Duc de Rovigo) : *Mémoires*, 8 vol. Bossange, 1828.

STAËL (Mme de) : *Considérations sur les principaux événements de la Révolution française*, 2 vol., Treuttel et Würtz, 1820. — *Dix années d'exil*, Treuttel et Würtz, 1821.

STENDHAL : *Vie de Napoléon* et *Mémoires sur Napoléon*, Livre-Club du Libraire, 1962. — *Œuvres intimes*, Bibliothèque de la Pléiade, Gallimard, 1955.

TALMA (Julie) : *Lettres à Benjamin Constant*, Plon, 1933.

THIBAUDEAU (A.-C.) : *Mémoires*, Plon, 1913. — *Histoire de la France et de Napoléon Bonaparte. L'Empire*, 4 vol., Renouard, 1834-1835.

VAUBLANC (Comte de) : *Mémoires*, Firmin Didot, 1857.

VILLEMAIN (A.-F.) : *Souvenirs contemporains d'histoire et de littérature*, tome I, Didier, 1864.

VITROLLES (Baron de) : *Mémoires et Relations politiques*, tome I, Charpentier, 1884.

2º ÉTUDES ET COMMENTAIRES.

AUBRY (Octave) : *Vie privée de Napoléon*, Flammarion, 1939. — *Napoléon et l'amour*, Flammarion, 1949.

AULARD (A.) : *Paris sous le Consulat*, 4 vol., Cerf, Noblet et Quantin, 1903-1909.

BERTAUT (Jules) : *La Vie à Paris sous le Premier Empire*, Club du Livre d'Histoire, 1955.

BIGO (Robert) : *La Caisse d'Escompte et les origines de la Banque de France*, Presses Universitaires de France, 1927.

COURVOISIER (Jean) : *Le Maréchal Berthier et sa principauté de Neuchâtel*, Neuchâtel, A la Baconnière, 1959.

DARD (Émile) : *Napoléon et Talleyrand*, Plon, 1935. — *Dans l'entourage de l'Empereur*, Plon, 1940.

DAUDET (Ernest) : *Récits des temps révolutionnaires*, Hachette, 1908. — *L'Exil et la mort du général Moreau*, « Revue des Deux Mondes », 15 octobre, 15 novembre, 1er décembre 1908.

DAYOT (Armand) : *Napoléon*, Flammarion, s. d.

DESPATYS (Baron) : *Un ami de Fouché* (Gaillard), Plon, 1911.

DUNAN (Marcel) : *Le Système continental et les débuts du royaume de Bavière*, Plon, 1943.

ERNOUF (Baron) : *Maret, duc de Bassano*, Didier-Perrin, 1884.

FAURE (Élie) : *Napoléon*, L'Herne, 1964.

FOUCHÉ (Maurice) : *Percier et Fontaine*, Henri Laurens, 1904.

GARROS (Louis) : *Itinéraire de Napoléon Bonaparte*, Éditions de l'Encyclopédie française, 1947.

GAUBERT (Henri) : *Le Sacre de Napoléon I*er, Flammarion, 1964.

GAUTHEROT (Gustave) : *Un gentilhomme de grand chemin. Le maréchal de Bourmont*, Presses Universitaires de France, 1926.

GÉNIES ET RÉALITÉS (Collection) : *Napoléon*, Hachette, 1962.

GOBERT (Adrienne) : *L'Opposition des assemblées pendant le Consulat*, Ernest Sagot et Cie, 1925.

GODECHOT (Jacques) : *La Contre-Révolution*, Presses Universitaires de France, 1961. — *Napoléon*, Albin Michel, 1969.

HAUSSONVILLE (Comte d') : *L'Église romaine et le Premier Empire*, 5 vol., Michel Lévy, 1869.

HAUTECŒUR (Louis) : *Louis David*, La Table Ronde, 1954.

HAUTERIVE (Ernest d') : *La Police secrète du Premier Empire, 1804-1805*, Perrin, 1908. — *La Police secrète du Premier Empire, 1808-1809*, Clavreuil, 1963. — *La Contre-Police royaliste en 1800*, Librairie académique Perrin, 1931.

HÉROLD (J. Christopher) : *Germaine Necker de Staël*, Plon, 1962.

LAMOTHE-LANGON (Comte de) : *Les Après-dîners de Cambacérès*, Fournier-Valdès, 1946.

LATREILLE (André) : *Napoléon et le Saint-Siège, 1801-1808*, Alcan, 1935. — *Le Catéchisme impérial de 1806*, Les Belles-Lettres, 1935.

LEDRÉ (Charles) : *Le Cardinal Cambacérès*, Plon, 1943.

LEFEBVRE (Georges) : *Napoléon*, Presses Universitaires de France, 1965.

LEFLON (Jean) : *Étienne-Alexandre Bernier*, 2 vol., Plon, 1938.

LENOTRE (G.) : *Napoléon, croquis d'épopée*, Grasset, 1949.

MADELIN (Louis) : *Fouché*, Plon, 1900. — *L'Ascension de Bonaparte*, Hachette, 1937. — *De Brumaire à Marengo*, Hachette, 1938. — *Le Consulat*, Hachette, 1939. — *L'Avènement de l'Empire*, Hachette, 1939. — *La Nation sous l'Empereur*, Hachette, 1948.

MASSIN (Jean) : *Almanach du Premier Empire du 9-Thermidor à Waterloo*, Club Français du Livre, 1965.

MASSON (Frédéric) : *Napoléon et les femmes*, Ollendorff, 1913 —. *Joséphine de Beauharnais*, Ollendorff, 1909. — *Joséphine impératrice et reine*, Ollendorff, 1908. — *Joséphine répu-*

diée, Ollendorff, 1908. — *L'Impératrice Marie-Louise*, Ollendorff, 1902. — *Le Sacre et le Couronnement de Napoléon*, Albin Michel, 1925. — *Napoléon chez lui*, Arthème Fayard, 1951.

MICHELET (Jules) : *Histoire de la Révolution française*, 2 vol., Bibliothèque de la Pléiade, Gallimard, 1961-1962.

MISTLER (Sous la direction de Jean) : *Napoléon et l'Empire*, 2 vol., Hachette, 1968.

NETON (Albéric) : *Sieyès*, Librairie académique Perrin, 1901.

PEYRE (Roger) : *Napoléon Ier et son temps*, Firmin Didot, 1888.

RAMON (Gabriel) : *Histoire de la Banque de France*, Grasset, 1929.

REMACLE (L.) : *Relations secrètes des agents de Louis XVIII*, Plon, 1899.

SAINTE-BEUVE (C.-A.) : *Chateaubriand et son groupe littéraire sous l'Empire*, 2 vol., Calmann-Lévy, 1889.

SAUNIER (Charles) : *David*, H. Laurens, 1904.

SAVANT (Jean) : *Les « Fonds secrets » de Napoléon*, Académie Napoléon, 1952.

SOBOUL (Albert) : *La Ire République*, Calmann-Lévy, 1968.

SOUBIRAN (André) : *Le Baron Larrey, chirurgien de Napoléon*, Fayard, 1966.

SUARÈS (André) : *Vues sur Napoléon*, Grasset, 1933.

TAINE (H.) : *Les Origines de la France contemporaine*, tomes V et VI, Hachette, 1891-1894.

TARLE (E.) : *Napoléon*, Moscou, Éditions en langues étrangères, s. d.

THIERS (A.) : *Histoire du Consulat et de l'Empire*, 20 vol., Paulin, 1845-1862.

THIRY (Jean) : *Cambacérès, archichancelier de l'Empire*, Berger-Levrault, 1935. — *Le Concordat et le consulat à vie*, Berger-Levrault, 1956. — *L'Avènement de Napoléon*, Berger-Levrault, 1959.

TURQUAN (Joseph) : *Caroline, sœur de Napoléon*, Tallandier, 1954. — *Le Roi Jérôme, frère de Napoléon*, Tallandier, s. d.

VILLEFOSSE (Louis de) et BOUISSOUNOUSE (Janine) : *L'Opposition à Napoléon*, Flammarion, 1969.

VILLEMAIN (A.-F.) : *M. de Chateaubriand*, Michel Lévy, 1858.

INDEX

TROISIÈME PARTIE

LE TRÔNE ET L'AUTEL

DU MÊME AUTEUR

POUR SAINTE-BEUVE.

LE CRIME DE TORCY *suivi de* FAUSSES NOUVELLES.

MAURIAC. LE ROMAN ET DIEU.

Impression S.E.P.C. à Saint-Amand (Cher),
le 13 avril 1994.
Dépôt légal : avril 1994.
Numéro d'imprimeur : 686.
ISBN 2-07-032816-3./Imprimé en France.

66759